山西省图书馆 编

文源讲坛

2015年下半年讲座精选

山西出版传媒集团 北岳文艺出版社
BEIYUE LITERATURE & ART PUBLISHING HOUSE

图书在版编目（CIP）数据

文源讲坛.2015年下半年讲座精选 / 山西省图书馆
编.— 太原：北岳文艺出版社，2017.3
ISBN 978-7-5378-4872-5

Ⅰ.①文… Ⅱ.①山… Ⅲ.①社会科学—文集 Ⅳ.①C53

中国版本图书馆CIP数据核字(2016)第198856号

书名:文源讲坛 ——2015年下半年讲座精选	编者: 山西省图书馆	责任编辑:韩玉峰 装帧设计:张永文

出版发行 山西出版传媒集团·北岳文艺出版社
地　　址 山西省太原市并州南路57号
邮　　编 030012
电　　话 0351-5628696(发行部)
　　　　　　0351-5628688(总编室)
传　　真 0351-5628680
网　　址 http://www.bywy.com
E - mail bywycbs@163.com
经 销 商 新华书店

印刷装订 山西人民印刷有限责任公司
开　　本 710mm×1000mm　1/16
字　　数 305千字
印　　张 20.75
版　　次 2017年3月第1版
印　　次 2017年3月山西第1次印刷
书　　号 ISBN 978-7-5378-4872-5
定　　价 42.00元

前言

　　"治天下者先治己，治己者先治心。"读书既是一种生活态度、也是一种工作责任，更是一种精神追求。在倡导"全民阅读"、构建"书香社会"的大背景下，公共图书馆作为公共文化服务体系建设中的中坚力量以及公共文化产品与服务的生产者和提供者，不断致力于创新服务，将免费、高质的文化服务平等地提供给每一个读者，满足社会公众多样化的阅读需求和文化需求。

　　文源讲坛是山西省图书馆精心策划与推出的公益讲座平台，始创于1999年，经过十七年的探索、十七年的发展，业已成为弘扬优秀传统文化、传播科学文化理念，丰富市民文化生活的社会讲堂。十七年来，山西省图书馆邀请800余位专家学者做客"文源讲坛"，举办了2000余场公益讲座，听众达28万余人次。李学勤、二月河、王蒙、阎崇年、阎肃、于丹、邓小南、周国平、单霁翔、林华、孟宪实、荣维木、邵永灵、萨苏、韩田鹿、焦利等曾亲临讲坛，奉献了一场场精彩的讲座，在省内外产生了广泛而深远的影响。

　　经过多年的探索与创新，文源讲坛已经逐渐形成"星期日讲座""中国古典诗词欣赏与创作系列讲座""网上公益课堂""影视经典展播厅""分会场讲座""领导干部讲座""文源朗诵团公开课"等诸多板块。星期日讲座于每周日上午开讲，邀请省内外专家、学者做客讲座现场，每到周日，市民便早早地走进这里，一起聆听智慧的声音，分享知识带来的力量！长风启新，2013年7月，山西省图书馆长风馆正式对外开放，一流的环境、一流的书籍、一流的管理、一流的服务、一流的成果、一流的队伍，一座凸显公益性、基本性、均等性、便利性的文化新地标屹立于读者面前，成为省城人民的社会课堂与城市书房。文源讲坛文化山也积极适应新的环境与读者群体，秉承"聚焦百姓话题 浓缩信息精华的"服务宗旨，不断摸索与创新，形成一系列讲座思路和形式上的新常态。

本书收录了文源讲坛2015年下半年讲座的精选内容，分为"文学·经典""抗战·记忆""历史·争鸣""家国·情怀""中医·养生"五个部分，在将现场的讲座内容经过整理与编辑后，以文字的形式呈现给广大读者。"人不读书，其犹夜行"，走进来聆听、走出去阅读，文源讲坛与每一位读者携手建设书香社会，在此也对积极参与文源讲坛公益讲座的各位老师表示感谢！

目 录

德意志文学中的人性主题

聂 军

聂军,西安外国语大学教授,博士生导师,陕西省"三五"人才;现任陕西省外国文学学会会长、中国德语文学研究会常务理事。1984年毕业于西安外国语学院德语语言文学专业,1990年、1996年分别获奥地利维也纳大学文学硕士、博士学位。多年来从事德语文学研究与教学工作,出版学术著作、文学译著若干,发表学术论文四十余篇,其中多篇刊于国内权威和知名刊物并被人大复印资料全文转载;曾参与《中国大百科全书·外国文学》分册"德语文学"词条的修订和编撰,参与国家社会科学基金项目"西方美学史"(2008年)并主持子项目"19世纪德意志浪漫主义美学"。多次被评为西安外国语大学年度优秀科研工作者;获得陕西省第七、八、九、十、十一次哲学社会科学优秀成果奖,分别获得2005、2013年度陕西省高校人文社会科学研究优秀成果奖。

文源讲坛

文化圣地

慧华

2015.10.25

改革开放以来,大量的德国文学作品被译成了汉语,令中国读者领略到德国文学在世界文坛的重要影响。十多年来,德语作家屡次获得诺贝尔文学奖(君特·格拉斯,1999年;埃尔弗里德·耶利内克,2004年;赫塔·米勒,2009年),这无疑显示了德意志文学在世界文坛的地位。很多读者对英国、美国、法国、俄罗斯文学的了解可能要多于对德国文学的了解,其原因并不完全在于读者的阅读兴趣,也在于德国文学本身的特点。而根据我多年从事德语文学研究的经验,阅读德语文学作品不能只看情节,是要通过思考和品鉴才能领悟的。

尊敬的各位女士,各位先生,朋友们,大家上午好!

我很高兴能够接受山西省图书馆的邀请,来到太原和大家一起就德国文学方面的一些话题进行交流和学习。山西是陕西的邻省,是一片充满深厚历史文化底蕴的胜地,是一个人杰地灵的地方,有很多令我们陕西人羡慕和值得我们学习的地方。我本人也来过几次山西,参观过不少名胜,有五台山、悬空寺、大院等。每一次来到山西都不禁对这里的文化历史赞叹不已,收获很大。今天能在这里和大家交流德国文学方面的话题,我感到非常幸运,也在此对山西省图的盛情邀请表示感谢。

我报告的题目是"德意志文学中的人性主题"。在座的朋友们可能有对德国文学有所了解,或者有深究的人,可能大多数人对语言文学有兴趣,但涉及德国文学的人不会很多。对中国读者来说,我觉得德国文学可能是一个比较偏僻的领域。虽说偏僻,但是德国文化在世界上的影响之大,应该也是大家所共知的。谈起德国,大家肯定不会感到陌生,马上会想到德国先进的科学技术,先进的汽车工业孕育出奔驰、宝马、大众等一系列世界名牌汽车。不仅如此,德国人在政治、经济、文化、艺术、哲学等领域都为世界做出了很大贡献,涌现出了很多令全世界敬仰的科学家、思想家、艺术家,比如康德、黑格尔、叔本华、尼采、海德格尔等哲学家,都是影响全世界的哲人,马克思、恩格斯影响了中国一百多年,科学家爱因斯坦的相对论影响了全世界;还有巴赫、亨德尔、莫扎特、贝多芬、舒伯特等都是世界上无与伦比的音乐家。这类例子特别多,说明了德国是世界上非常先进的国家,它的先进不仅表现在卓越领先的科技领域,而且还根深蒂固地表现在德意志民族的文化意识方面。

文化意识这一概念非常重要,因为成熟的文化意识会促使一个民族对自身的命运进行深刻思考,并且把自身的命运置于全人类的普遍命运中进行考量,然后不断地为完善自身做出不懈的努力。德意志民族就是这样做的。可以说,德国的先进性首先表现在它先进的文化意识方面,表现在这个民族在自身发展过程中对人类的积极关注和思考,并且在不断认识自身、完善自身的过程中创造出丰富的物质财富和精神财富。

一个具有先进文化的民族,不可能没有卓越的文学大家,像德国的文学大师歌德、席勒是为中国所熟知的大文豪,但他们只是整个德国文学发展史上的冰山一角,在他们身后还有很多优秀的作家和大量优秀的作品。作家们以精湛的艺术手法表现了德意志民族的文化意识和生活情感,而所有这些艺术作品表现的核心就是人,即人性。客观地说,由于地域、文化、意识形态、思维方式等多方面的差异,中国读者对德国文学作品的阅读、理解和认识是很不够的。改革开放以来,大量的德国文学作品被译成了汉语,令中国读者领略到德国文学在世界文坛的重要影响。十多年来,德语作家屡次获得诺贝尔文学奖(君特·格拉斯,1999年;埃尔弗里德·耶利内克,2004年;赫塔·米勒,2009年)这无疑显示了德意志文学在世界文坛的地位。很多读者对英国、美国、法国、俄罗斯文学的了解可能要多于对德国文学的了解,其原因并不完全在于读者的阅读兴趣,也在于德国文学本身的特点。大家可能会觉得德国文学作品比较抽象、晦涩,可读性不强,这些特点可能影响了读者的阅读兴趣。根据我多年从事德语文学研究的经验,阅读德语文学作品不能只看情节,是要通过思考和品鉴才能领悟的。德国文学用标准德语来写作，当然也有一些方言作品。德国文学是德意志文学的分支，另外还有奥地利、瑞士德语区以及侨居海外的一些德国移民也用德语创作，也属于德意志文学的一部分。

德意志文学的基本特征有两点：其一，对艺术本体的认识以及对艺术本质的思考，不仅使文学作品充满了思想性和哲理性，从而引申出一系列唯心主义的美学思想体系，而且表现出非常明显的形式主义特征；其二，人性的探寻以及对生命意义的思考贯穿整个德意志文学的发展过程，中世纪文学表现人与上帝之间的关系，世俗化之后作家力求塑造道德意义上的人文主义理想，理想主义之后转入对人内心世界的表现，探索人的生存意义。总括地说，在德意志文学中，无论作家采用何种表现手法，其作品及其所追求的思想性和审美内涵是每一个作家都绕不开的创作意图，这一点也正是德国文学晦涩、难懂的原因之一，也正是这一点说明了德国文学蕴含着深厚的文化和审美内涵，等待中国读者去挖掘和认识，并为弘扬中国民族文化所利用。因此，我们希望读者在阅读德国文学作品时能够真正从中领悟德意志民族的文化精神，进而获得思想上的启发和收获。

一、古希腊自然人性美的典范

德意志文学中的人性主题部分地吸收了古希腊文化中自然人性的成分，因为历代作家自始至终把古希腊的人性和谐美当作人性塑造的楷模，尤其是德国古典主义时期出现的人文主义理想可以证明这一点。

虽然德国文学见于文字史料起始于公元8世纪，并且其文字大多是以各种古高地德语方言写成的，但是必须看到，德国的文化历史和其他欧洲国家一样，受到了古希腊和希伯来文化这两大文化源头的影响。（如果从欧洲整体的角度来看待西方文化发展，这一点就不难理解了。）希伯来文化的核心在于追求道德的精神和愿望，在于要求人的行为受道德准则约束，进而达到品行的完善；而古希腊文化的精髓是"如实看待事物"，通过细致敏锐的观察达到对真理的探求，最后做出深刻的判断。正是这种"如实看待事物"的方式孕育出了古希腊人客观、理性的思维方式,从中发展了奠定西方思想基础的古希腊哲学。

　　古希腊文化中有两个概念:逻各斯和米索斯。逻各斯是一条理性的道路,发展出了以理性为主导的古希腊哲学,在西方近代形成了理性主义的文化思维方式,促进了科学技术的发展;米索斯是一条文艺的道路,从古希腊神话发展出了古希腊文学,进而成了西方古典文学的楷模,在艺术表现形式、法则和题材等方面都为西方文学提供了典范。古希腊文学中的神和人都具有自由奔放、独立不羁、狂欢取乐、享受人生的个体本位意识,而在困难面前又表现出艰苦卓绝、百折不挠的精神。威力无穷的自然给古希腊人带来了困惑与恐惧,也培养了他们的自我意识和个体精神,使他们在与命运的抗争中激发出了蓬勃的生命活力。希腊神话中的神像人一样,有情欲,有善恶,有计谋,互有血缘关系,都是人格化了的形象,而且是自然的人,有着自然的、原始的欲望,而没有任何道德、伦理、法律、经济的约束。在他们身上体现的是爱、恨、嫉妒、欲望等自然情感,而没有对财富和利益的追求。例如,天父宙斯就经常下界追逐引诱凡间女子,而他的妻子赫拉则如同一个妒忌心极强的女人一样迫害她的情敌。正是这种对人对现世价值的追寻、人与命运的矛盾和抗争的描写,展示了自然人性的活泼与美丽,表现了人类童年时期的自由、乐观与浪漫精神。因此,生命意识、人本意识和自由观念构成了古希腊文学的基本精神,也成为西方文学表现人性主题方面的楷模。

　　粗略地说,古希腊的自然人性美具有以下特点:其一,古希腊文学的一个重要的美学思想就是和谐美。文学作品中,男性大多具有非凡的力量、英俊的相貌和发达的肌肉;女性则有惊世骇俗的容貌和诱人的身体。神其实和人一样拥有情感和缺点,只是他们拥有人所不具有的神力,换言之,神只是理想化了的人。由此,古希腊文学中的人性美体现了一种理想主义的性质。其二,古希腊的自然人性美还体现了一种人文主义精神。古希腊人重视个人价值,追求自由和享乐。希腊神话中经常出现半神般的英雄,像赫拉克勒斯、忒修斯、珀耳修斯等。神同人一样,追求女色,争强好胜,本为人性所具有。其三,人的命运的悲剧性：人自身的理想追求与命运之间的矛盾形成了悲剧。《荷马史诗》就是悲剧的代表。阿喀琉斯和赫克托尔是两种典型的悲剧人物，前者体现了自身追求与命运的矛盾，后者则体现了个人的思想与国家使命之间的矛盾。正是这种悲剧性展示出英雄主义色彩，奠定了文学艺术的审美基础。

古希腊文学中的自然人性美对德国文学的影响是不可估量的。仅举两例。

例一：如果说欧洲文艺复兴运动的核心是人性的回归，那么回归则是在对古希腊罗马文化艺术进行再接受的前提下进行的。意大利文艺复兴运动对欧洲文化历史的影响在每个国家产生的效应不尽相同，比如，英国出现了伟大的剧作家莎士比亚，使戏剧艺术达到了辉煌的顶峰；法国在政治体制方面出现了专制主义政治体制，从而步入欧洲17世纪文明的前列，成为其他国家效仿的范例；而德国则出现了一批学者，对古希腊罗马文学、哲学、艺术领域的著名作品进行翻译、注释、出版，同时也产生了当时最古老的一批大学。

德国人文主义运动是在意大利文艺复兴运动影响下的一场伟大的精神文化运动，其主要内容是对古希腊罗马文化艺术的接受、研究、整理和出版，其宗旨是，借助古典文学以及人文社会科学创造一种新的世界观和人文价值体系，力图摆脱教会势力的束缚和主宰，塑造一种新的、由世俗力量主宰的人文理想。这场运动的结果是造就了一大批享誉欧洲的人文主义学者，为本民族人文精神的凝聚和形成奠定了思想基础。拉丁语词"humanitas"的本义为人性化，即人性的塑造和形成，主要是对人的自然情感的肯定、认可和强调，相信自然人性的塑造能够促使人的发展达到完美境界。因此，人性的全面发展成为这场人文主义运动的核心。德国人文主义者力图摆脱教会的影响，摒弃来世，肯定现世，追求世俗人性的完美塑造，使人在肉体和精神上获得同等发展的条件，以便在尘世生活中创造出辉煌成就。这一时期，不仅几乎所有的古希腊罗马文学、哲学、艺术作品被翻译、整理，出版介绍到德国来，而且同时期欧洲其他国家著名的人文主义作品也被译介到德国。与此相配套,还出现了一批希伯来语和希腊语词典、语法、研究评论等辅助专业工具书,出现了像约翰内斯·罗伊希林(Reuchlin Johannes, 1454—1522)、伊拉斯谟(Erasmus von Rotterdam, 1466—1536)等一大批人文主义学者,为德国的人文主义文化发展创造了浓厚的学术基础。

例二:德国18世纪末至19世纪初的古典主义代表作家歌德和席勒在大量的文学作品中分别从不同角度表现了德意志民族文化精神中的人文主义理想。歌德笔下体现神性的人是高贵、善良、友爱的化身,席勒作品中所赞扬的人的自由、尊严、友谊、欢乐,也深刻体现了人性和谐的理想。值得一提的是,这两位诗人在创作中始终把古希腊的人性和谐美视为完美人性的楷模,并在作品中运用了大量的古希腊罗马典故。(关于这一点,后面还将做详细论述。)

二、日耳曼文化精神

追溯历史,德意志文学中的人性主题也有着古老的日耳曼文化渊源。日耳曼人是原来生活在北欧的一支游牧民族,公元1世纪左右开始南迁,经过几百年的战争拼杀,最后在北海、莱茵河东岸、多瑙河流域定居下来,成为德国人的祖先。简单地说,日耳曼文化精神就是强调绝对忠诚与服从,高度的组织纪律性,不屈不挠的战斗意志,不断地深刻反省,具体体现在秩序、整洁、严谨、认真、果断、团结、进取等方面。19世纪以铁血手段统一德国的帝国宰相俾斯麦有一句名言就是对这种精神的最好注解:"德意志民族就像强壮的男人,他的对手就像女人,男人就算常常摔倒但总能很快就站起来,而女人一旦跌倒往往就无法康复!"正是这种日耳曼文化精髓构成了德意志民族精神的基础,自然也成为德国文学中弘扬人性的一大主题,突出地表现在两部英雄史诗里:《希尔德布兰特之歌》和《尼伯龙根之歌》。这两部史诗相隔四五百年,但是主题非常相近,即忠诚、服从、荣誉,简言之,人可以献出生命而不可失去荣誉。

日耳曼史诗《希尔德布兰特之歌》流传于8世纪,残存68行。作品描述了日耳曼民族大迁移末期随东哥特国王狄特利希出征的希尔德布兰特在离乡背井30年后返回故乡和自己的儿子决斗的故事。青年时代的希尔德布兰特是东哥特国王狄特利希的一名勇士。由于日耳曼的一个首领奥多亚克的进逼,希尔德布兰特随同国王逃到匈奴疆域生活了30年。返乡途中,他在边界遇见了一个年轻士兵,通过对话认出是自己久别的儿子哈都布兰特。但儿子却视他为狡猾的匈奴人,拒绝他的礼物并骂他是懦夫。为了捍卫荣誉,父子之间发生了一场战斗。史诗到此中断。据文献记载,父亲在交战中打败了儿子,并宽恕了儿子,但儿子却耍弄诡计,最后死于父亲之手。虽然这首诗不长,但却是古代高地德语中最早,也是最有认识和鉴赏价值的一篇作品。它反映了民族大迁徙时代的动荡和战乱以及氏族制度时期日耳曼人的生活,表现了战士的荣誉感重于血缘关系这一习俗。

另一部英雄史诗《尼伯龙根之歌》是用中古高地德语写成的作品,大约问世于1200年,作者为多瑙河流域某位不知名的骑士。全诗共39歌,2379节,9516行。分上下两部,叙述了日耳曼英雄复仇的故事。勃艮第王国的公主克里姆希尔特嫁给了几乎刀枪不入的英雄齐格弗里德,与此同时,她的哥哥、国王龚特尔得到齐格弗里德暗中相助,也迎娶了强悍的冰岛女王布伦希尔特。多年以后,齐格弗里德和克里姆希尔特应邀前往沃尔姆斯省亲,两位王后因身份尊贵的问题大起争执,布伦希尔特备受羞辱而恼羞成怒,其忠实的仆从哈根·封·特罗涅立誓为主人报仇雪耻。哈根在对丹麦和萨克森的大战出征前夕,从克里姆希尔特口中骗得齐格弗里德的致命要害之处,并伺机害死了齐格弗里德,夺得尼伯龙根宝藏并将之沉入莱茵河底。克里姆希尔特悲痛欲绝,立誓为夫复仇。几年后,克里姆希尔德应允远嫁匈奴国王埃采尔,后向埃采尔提出邀请兄长龚特尔一行来匈出席节日庆典并借机报仇。在她的唆使下,两国军队陷入混战,血流成河,尸横遍野,全体勃艮第人无一生还,克里姆希尔特本人也悲惨丧命。

这部英雄史诗取自纯粹的日耳曼文化历史题材。忠诚、服从是这部史诗的主题,因而在作品中被表现为一种高于生命的道德力量。忠诚促使一个英雄去复仇,去为自己的主人而献身,由此而获得高尚的荣誉。比如,哈根出于对国王的忠诚前去谋害齐格弗里德,克里姆希尔特出于对丈夫的忠诚拿起刀剑为夫君报仇,由此陷入灾难。但是,对英雄们来说,生命在所不惜,因为他们用生命捍卫了荣誉,实现了自己的价值。《尼伯龙根之歌》把忠诚与服从演绎到了极致,主仆之间、夫妻之间、亲属之间、朋友之间无不体现着忠诚的力量,因为忠诚就是一切,就是正义,就是最高的道德准则,就是世界的秩序和法则。这就是日耳曼文化的精髓,世世代代流淌在德意志民族的血液里。因此,这部德意志民族最优秀的英雄史诗不仅流传极广,其表现主题无不体现德意志民族的气质,其影响之深远是可想而知的。比如,在1815年的解放战争中,当德国士兵为反对拿破仑而奔赴战场的时候,他们身后那人人皆知、并用以增强战斗力的"背囊里的拳头"就是《尼伯龙根之歌》,是由当时著名学者奥古斯特·策欧纳(August Zeune,1778—1853)于1815年特地作为"战地军营版"出版发行的,"因为众多的年轻人渴望把这部书作为守护神带在身边奔赴战场。"([德]亨利希·C.赛巴:《民族文学经典——早期日耳曼文学在民族教育模式中对文学经典的构建》,史忠义主编《思想与诗学》,河南大学出版社,2011年,第215页)

三、中世纪神本主义背景下的人性演绎

如果单纯地把欧洲中世纪看作一个"黑暗的中世纪",一个压抑人性的时代,那么这种观点至少是片面的。从人性探寻的角度看,在中世纪骑士文化中,人为了展示自身价值而塑造了崇高的精神理想,其内涵是服从上帝旨意,达到自身完善。骑士文化在西方历史发展过程中发挥了一个承前启后的作用。一方面,它继承了古希腊哲学的精髓并将其融入宗教神学的理论体系之中,在颂扬神性的同时潜在地肯定了人性的力量,为人类在精神领域寻求和认识自身开辟了空间;另一方面,精神领域的自我探寻过程为人在理性支配下在现实世界中确定自我、促醒自我意识做了必要的铺垫。因此,把中世纪看作是欧洲文化历史上人文精神的一部分是比较客观的。这一方面,德国的中世纪文化是非常有代表性的。

中世纪文化的载体是骑士，文化中心是骑士城堡，代表着中世纪宫廷文化。中世纪文化的最高理想是宫廷理想，即良好的道德教养和高雅的品行，包含荣誉、爱情、上帝的恩赐和财富等价值。具体地说，一个骑士要达到崇高的宫廷理想，就必须具备荣誉、爱情、上帝的恩惠和财富等价值。若不具备这些素质，就必须通过一系列高尚行为来为自己赢得这些价值，通过一系列冒险、施善行为来考验自己，体现自身价值，完成上帝旨意。可见，冒险和考验是中世纪骑士在上帝面前证明自己的一种方式。这是一种理性主义之前生产力水平低下且物质财富缺乏的时代所必然形成的文化道德风尚，一种人文精神发展初期的纯精神文化现象。当然，这种纯精神的道德理想是有其社会和政治原因的：德国骑士文化的辉煌时期正是施陶芬家族统治（亨利五世）走向衰落的时期，国家政治和经济落后的局面致使当时的主要文化载体——骑士阶层对统治者缺乏信心，而把注意力转向自身，希冀通过自身价值的体现来实现精神理想。因此，骑士文化表现出一种脱离政治、脱离社会现实、趋于内向（骑士理想）的文化倾向，表现在文学方面同样也具有脱离现实的内倾化特征。

简要地说，荣誉、爱情、上帝的恩惠、财富是中世纪骑士文化的核心概念，是每一个骑士为达到宫廷理想所追求的精神价值。为了获得这些精神价值，一个骑士还必须具备相应的道德品行，必须践行一系列的道德风尚和准则。例如，忠诚、勇敢、尺度、宽容、坚强、英雄气概、慷慨、大度、仁慈、修养、高尚的心灵等等。显然，德国中世纪骑士道德风尚体系融入了日耳曼文化精神、古希腊伦理观和基督教道德学说。这里，爱情并非普通意义上的概念，而意味着一种社会义务。"敬妇，即屈从于妇女，等于屈从于一个崇高的理念，一种善的弘扬，而服务于至善则比占有财富更受赞扬，更有荣誉感。表达爱情的人，其生活是一种希望、渴念、期待和向往，这种希望和向往不可能实现，也不允许实现，因为实现意味着终结。"（赫伯特·普赫拉特克：《德国文学史入门》，维也纳，1966年）此外，荣誉也着重体现为一种主仆关系意义上的社会性，意指通过社会认可获得一种社会声誉，同时还意味着获得一定的社会地位，当然也包含一定程度上的自尊心。还有，上帝的恩赐不仅仅指去教堂做弥撒、信守基督教义就能得到，还意味着要积极参加反异教徒的战斗，如西方的十字军东征。那么，怎样才能实现骑士的最高理想呢？什么是最重要的价值呢？德国中世纪文人在文学作品中分别以不同的方式给出了不同答案，并由此塑造了自己的精神理想。以宫廷诗体小说为例：小说家海因里希·封·维尔德克（Heinrich von Veldeke，约1150—1200）在其长篇小说《埃涅阿斯纪》（作于1189年）中把爱情描写为人生的最高价值，所表现的爱情是与传统的社会责任联系在一起的。另一位作家戈特弗里德·封·斯特拉斯堡（Gottfried von Strassburg，？—1220）同样在其小说《特里斯坦》（作于1210年）中描写了爱情，出于对当时封建社会的反叛，把爱情描写为一种绝对的、理想的、完全体现个体意志的、融最大幸福和最深痛苦为一体的个人情感，因而长期被视为淫秽的、亵渎神灵的低级作品而受到歧视。哈特曼·封·奥厄（Hartmann von Aue，1165—1215）在其小说《埃里克》（作于1180年）中把节制和尺度作为一个骑士应该追求的精神价值。主人公埃里克之所以能和妻子幸福生活，并在决斗中成功打败巨人马伯纳格林，完全是出于恪守节制的结果。还有，作家沃尔夫拉姆·封·埃申巴赫（Wolfram von Eschenbach，1170—1220）的小说《帕尔齐法尔》（1200—1210）把上帝的恩惠描写为骑士的精神理想，让主人公经历迷茫和怀疑之后最终获知宽容、仁慈和同情的意义，由此走向成熟，获得上帝的恩赐，与美丽的妻子幸福团聚，成为守护圣杯的英雄国王。

以上作品说明，中世纪骑士文化是一种神本主义文化背景下纯精神理想的追求，是人在上帝面前接受考验，通过各种精神价值检验自己、锻炼自己、实现上帝意志、与上帝精神融合的一种尝试。表面上看，这种纯精神理想追求显得天真和幼稚，但它是中世纪神本主义文化背景下一种自然人性演绎的文化现象，具有深层的人文内涵。因为，尽管一个骑士在上帝面前通过各种冒险行为来证明自己，但他的一切行为都是由人来完成的，因而所体现的道德价值适用于特定的社会规范。仅此一点便可说明，骑士文学展示了神本主义文化背景下人性探寻的必然选择,而这种人性的演绎无疑为后世文学描绘和塑造现实的人文主义理想奠定了基础。

四、德国古典主义的人文理想

德国古典主义文学的艺术理想就是表现人性的和谐美,其作品表现出一种积极乐观的理想主义人生观和世界观。在古典主义诗人看来,这种人性与自然的和谐美恰恰以完美、典雅的形式体现于古希腊罗马艺术作品之中,这一点在歌德的一句诗中得到了生动的表达:"用灵魂去追寻古希腊的和谐美。"

德国最伟大的诗人歌德在其一生的文学创作中无不表露出对人性的探寻、对人生意义的思考以及对人道和谐理想的艺术表现。他在早期创作中发表了大量歌颂自然、弘扬个人情感的优秀诗篇,也塑造了葛茨·封·伯利辛根和少年维特这样极具个性的人物形象,其作品成为本时代的一面镜子,产生了巨大影响。尽管这些狂飙突进时期的作品在极大程度上弘扬了个人情感,但是从另一面看,作品中的人物(尽管是非常优秀的人物,如葛茨)不是因与社会环境的不和谐而陷入悲惨结局,就是因其(维特)将个人情感推向极端而走入人生的死胡同。因此,歌德在发表剧作《铁手葛茨·封·伯利辛根》(作于1773年)和书信体小说《少年维特之烦恼》(作于1774年)之后发表的诗歌《游子夜歌》(作于1776年)中很明显地表露出另一种情绪,即对狂飙突进的厌倦情绪:

> 你来自天堂,
> 消除一切烦恼和悲伤,
> 谁有双重的愁肠,
> 你也给他双重安慰,
> 啊,我已厌倦浮生波荡!
> 痛苦欢乐又能怎样?
> 甜美的宁静啊,
> 来吧,进驻我的胸膛!

这是一种对内心宁静的期盼和渴望。诗人厌倦尘世奔波和情感激荡,进而追求一种平静的心情。这首诗体现了诗人内心的变化,即欲克服和摆脱狂飙突进运动那种过热的个人激情,渴望内心平和、追求和谐的倾向。歌德的这一变化在其诗歌《神性》(作于1783年)中表现得非常充分,同时也展示了他那趋于成熟的人文主义理想:

愿人类高贵、
友爱而善良!
因为只有这样
才使他有别于
吾人所知的
芸芸众生。
……
因为大自然
麻木不仁:
太阳照好人
也照歹人,
月亮和星辰放光
为高尚的人,
也为罪人。
……
只有人类能做出
不可能的事情:
人能区别,
选择,裁判;
他能让瞬间
变成永续。

只有人类能
报答善人，
惩罚恶人，
治病救人，
把一切迷误歧途的
变成有用的人。
……
愿高贵的人类
友爱而善良！
愿人类不倦地做着
有益的、正当的事情，
愿人类做那位
被预感的神的典范！

　　如果说《游子夜歌》所表现的还只是诗人有所渴望但依然顺从天命的情绪的话，那么《神性》则表明了诗人对狂飙突进的摒弃态度。诗人认为，人不仅是大自然的一部分，更是理性道德秩序中的一分子。因此，人不能听任个人情感背离社会道德秩序而不顾，应该用一种自觉的道德意识来主宰生活。大自然没有情感，善恶不分，也并不规定道德法则。这一点和歌德早期的真善自然观是相悖的。不过，尽管人和一切生物一样隶属于大自然，但人是唯一能调节这种约束的动物，并且能区分和选择善恶，凭借认识和道德意志去压制恶、弘扬善。为此，人必须明确正确的人生道路，必须为自己设定一个奋斗目标。从这个意义上来说，追求和谐，追求善，热爱人类，便是人类的最高目标，也正是这一点体现了神性的存在和人性的完美。

　　1786年，歌德赴意大利度假。在意大利的两年中他领悟到古希腊罗马艺术的精华，由此崇拜古希腊的和谐美，并接受了温克尔曼提出的"高贵的单纯、静穆的伟大"的艺术观点，形成了他的古典主义艺术思想。他完成了《埃格蒙特》（作于1788年）、《在陶里斯的伊菲格尼亚》（作于1787年)、《塔索》(作于1790年)等一系列剧作,塑造了伊菲格尼亚这一完美的人文主义理想形象,也从塔索这个人物的反面衬托了他的人文主义理想,登上了他和谐艺术的顶峰。尤其是《在陶里斯的伊菲格尼亚》最后一幕,当伊菲格尼亚向国王图阿斯泄露自己的身份以及和奥列斯特的姐弟关系时,她毫不畏惧地说出了这样一句话:"你胆敢,就杀了我们吧!"这句话是正义的挑战,是人的尊严和追求真理的体现,更是一种人文意义上的考验和设定。最后,国王图阿斯经过艰难的内心斗争,放弃岛上的规定,释放了这些希腊人。其结果:伊菲格尼亚维护了真理,保持了贞洁;奥列斯特和皮拉德斯维护了人的尊严;图阿斯也完成了人道主义神圣义务。歌德在此最大程度地利用这个设定空间集中表现了他的人文主义思想。

纵览歌德一生的文学成就不难看出,他的主要作品均体现了德国古典主义追求和谐美的创作原则,尤其在表现主题上显示出一贯性的特点。这一点明显地反映在他的巨著《浮士德》(1772—1832)中。尽管这部诗剧在长达六十年间随着诗人年龄增加、生活阅历不断丰富以及艺术创作思想变化,在艺术风格、表现形式等方面显示出了明显变化,但是作品的表现主题则是一贯性的:人性的探寻、对人生意义的思考。主人公浮士德经历了"小世界"和"大世界"之后的最终选择是善行——围海造田,为民造福,这无疑象征着人生意义的最高境界,也是诗歌《神性》核心思想的具体展现。浮士德在生命的最后一刻发出的感叹——"请停留一下,你是如此的美呀!"——以极为丰富的热情表现了诗人对人性和谐美的肯定与赞叹。正因为如此,他的灵魂不可能如约归属魔鬼,而最终天使战胜魔鬼,浮士德的灵魂得以拯救。作品序幕中的诗句(上帝的预言)"奋斗中的人总会有迷茫","善良的人在迷茫中总会找到正确的道路"等无疑是贯穿整部作品的主题,由此也展示了诗人以何等乐观的理想主义情怀表现了人类的普遍命运。当然,这一主题也非常典型地体现在其他作品之中。如长篇小说《威廉·迈斯特的学习时代》(作于1795年)、长诗《赫尔曼与窦绿苔》(作于1798年)均以浓重的笔墨塑造了特蕾莎、奥泰丽、窦绿苔等一批美丽善良的女性形象,描绘了人的高贵、善良、友爱的品格，以生动细腻的手法诠释了德国18世纪市民文化所推崇的"美的心灵"的人文内涵。

如果说歌德在对人性探寻、塑造人文主义理想的过程中表现出一种典雅的、超凡脱俗的风格的话，那么处在相同时代、有着不同经历的另一位伟大诗人弗里德里希·席勒（1750—1805）在同一主题上则表现出更深层、严肃，更贴近社会现实、富于哲理思考的特性。席勒出身于一个普通的平民家庭，早年进入当地一所军事学院学习时便处于专制暴政的现实环境之中，饱受生活的困苦和精神压抑。他在学习期间创作了第一部剧作《强盗》（作于1781年），大获成功，作品中强烈讨伐专制暴政的反叛精神使他不得不踏上逃亡之路，从此命运充满了坎坷。然而，席勒一生不为贫苦和疾病所困扰，勤奋写作，创作了多部戏剧和诗歌作品，还撰写了大量艺术理论和美学研究著作。

席勒笔下最重要的表现主题是人，而且是精神高尚、品质优秀的人。他塑造的人物大多处于残酷专制的社会环境下，为争取自由和尊严而表现出高尚的品质和强烈的社会反叛精神。他以细腻、生动、感人的方式展示人的灵魂和意志，表现人的自由和尊严，由此歌颂了人性的完美，达到震撼心灵的目的。因此，他的戏剧作品总是蕴含着激情和力量，通过戏剧性冲突来反映人追求自由的高贵精神。《强盗》中的卡尔激情洋溢，正直坦诚，在受到迫害之后揭竿而起，表现出刚正不阿的男子汉气概。虽然他成了一名强盗，但实际则是劫富济贫、伸张正义、反对邪恶与暴政的英雄。市民悲剧《阴谋与爱情》（作于1784年）的女主人公露伊丝小姐出身低微，但她心地善良，质朴纯洁，身上凝结了席勒心目中德国妇女优美品德的总和；男主人公费迪南出身贵族，却不顾门第差异，敢于抗拒首相父亲的意志去追求自由纯洁的爱情，体现了对封建制度的反叛精神。他们的爱情悲剧表现了腐败的封建制度对人类最美好的感情的摧残。《唐·卡洛斯》（作于1787年或1788年）中的波沙侯爵为了崇高的目标而奋斗，为了友谊而献身，为反对独裁暴政、争取自由甘愿做最后努力，尤其是在戏剧第三幕第十场波沙侯爵与菲利普国王之间的对白中，他充分表达了自己的思想，向国王提出"请您允许思想自由"的要求,可以说是时代的呐喊,是对专制暴政的挑战,也是对自由与尊严的奋争。《玛利亚·斯图亚特》(作于1800年)的主人公玛利亚被同父异母的姐姐伊丽莎白女王囚禁二十余年,受尽凌辱和折磨,仍初衷不改,渴望自由,最后在得知释放无望、被判死刑的情况下,坦然面对命运安排,表现了坚强的性格和高贵的心灵,最终取得了精神和道义上的胜利。还有《威廉·退尔》(作于1803年或1804年)的主人公退尔忠厚本分,乐于助人,在家是一个好丈夫和好父亲,虽不问世事,洁身自好,但是当他受到奥地利总督格斯勒的恣意羞辱时,则不畏强暴,奋起反抗,一箭射死总督,成了瑞士人民结盟起义、推翻奥地利专制暴政的英雄先锋……从席勒所塑造的人物群像的特征来看,他们都具有高尚的品质,为了争取自由和尊严,为创造一个合理的世界,反抗专制暴政和一切邪恶势力,与苦难搏斗,与命运搏斗,可歌可泣,体现了人类的高贵精神和优美品质。

席勒既是一位具有哲学头脑的诗人,也是一位充满艺术灵感的思想家。他在戏剧里所表现的反对暴政、追求自由和尊严的主题同样也展现在他的叙事歌谣和哲理诗中。例如,《潜水者》《手套》等都是非常杰出的诗作。前者揭露统治者为寻欢作乐而视人命为草芥的残酷暴行,让读者不禁对那位敢于再次下海捞指环的勇士的悲惨结局发出叹惜;后者描写一位勇敢的骑士冒死跳下斗兽场捡手套的场面:骑士捡回手套,以出乎意料的言辞回应了那位讲求虚荣、玩弄恋人感情的贵族小姐,为自己赢得了尊严。席勒的诗歌既充满激情又富于哲理,从多方面讴歌人间的真善美,歌颂艺术之美,描绘理想的生活,塑造了完美人性的和谐理想,特别是他运用了大量古希腊罗马神话典故,以隐喻和象征手法表达他的和谐理想,创造了一种肃穆庄严的艺术效果,给人一种崇高感。例如,《理想和生活》(作于1795年)中的"奥林波斯山"是一个既抽象又具体的象征物,象征着诗人所要表现的理想世界聚集着人世间一切美善与和谐的事物,其深刻含义与诗中的"死园"概念加以对照便不言自明:

幸福的天神在奥林波斯山上，

生活就像轻风一样，

永远澄明、清如明镜而平稳。

尽管日月推移、人世代谢，

他们青春美好的盛开的蔷薇，

却在永劫之中没有变更。

对于感官享乐和心灵平安，

世人还忧心忡忡、不知取舍；

但在崇高天神的额头上面

却闪耀着和谐的光辉。

你想在世间能跟天神一样，

在冥府中得到解放，

不要采下死园中的果子！

　　这些诗句中，理想与现实的差距非常鲜明地衬托出诗人所推崇的高尚境界："人类的神姿在那里徘徊流连，/ 没有一切尘世的污点，/ 闪发着完美的青春灿烂的光芒。"因此，人要追求高尚，弘扬人间的美和善，"看看那'美'的山上，能飞达的可喜的目标"。"你要驾她的翅膀高高飞翔，/ 就要把尘世间的忧苦摆脱，/ 从狭隘、阴沉的现实生活中逃亡，/ 进入那座理想的王国！"这里，诗人表达了何等崇高的理想境界！这里蕴含着人世间最为美好的东西，充满着善良、真诚、友爱、互助，囊括了人类的一切美德。这一切在他那首闻名全世界的诗歌《欢乐颂》中达到了顶峰：

无情的时尚隔开了大家，

靠你的魔力重新聚齐；

在你温柔的羽翼之下，

人人都彼此结为兄弟。

......

合唱
大家拥抱吧，千万生民！
把这飞吻送给全世界！

欢乐来自真正的友情，只有经历过苦难的人才知道欢乐的价值和友情的可贵。这些激情洋溢的优美诗句表达出诗人渴望友爱和欢乐的强烈愿望，希望普天之下人人彼此友善相待，情同手足，这才是真正的人间乐园。这一点与歌德所推重的"高贵、友爱而善良"的人文主义理想形成了对照和互补。

歌德和席勒从各自的角度以及亲密友好的合作中创造出了极其辉煌的文学艺术成就，达到了德国文学发展的顶峰，故被称为德国古典主义。他们对人性的探寻以及对和谐美、人的自由和尊严的艺术表现，完美地体现了德意志民族的精神内涵，因而被奉为德意志民族精神的代表。

五、现代人的信仰缺失与生存困惑

德国古典主义的人文理想无疑展示了人性完美的最高境界，但仅仅像浮士德在生命最后一刻的呼唤——"请停留一下，你是如此的美呀！"——只是人心灵中一个昙花一现的美好愿望，因为歌德和席勒是从本时代出发，即基于工业化以前的社会状况，对人性完美的可能性进行了艺术构想和塑造，而实际上他们笔下的人文理想与社会现实相距甚远。在现代社会中，虽然古典美的典范性还依然散发着光辉，但它已经成为一个遥远的理想。此时，如果文学还依然眷恋着这种理想而不顾及社会现实的话，那么它的表现力必然会变得苍白虚弱。于是便产生了现代派文学，即贴近现实，真实反映现代社会生活，表现现代人的生存困惑和精神危机的文学，扭曲、怪异、悖谬、荒诞成为现代派文学常见的表现手法。

现代派文学是西方现代工业社会的产物,是动荡不安的欧美社会的时代精神的艺术表达。19世纪中后期以后,西方社会工业化的发展推动了科学技术的快速进步,刷新了西方文明的面貌,改变了人们的生活方式、思维方式和传统价值观念。当然,更重要的是改变了社会结构,加剧了社会矛盾,带来了许多新问题。例如,无产者的出现带来的贫困化、犯罪、酗酒、疾病医疗、劳动保障、住房条件、卫生条件等问题。这些现实问题反映了社会的阴暗面,动摇了传统的真善美观念和宗教信仰,给现代人带来的是生存危机感,面对现实的悲观、焦虑和无奈。生活在这一时期的劳苦大众是丧失自由和尊严的人,是不享受高贵和友善的人,是终日为生计发愁而心灵枯萎的人,是社会中弱小、孤独和无助的人,因而也是绝不能成为英雄的人。这是一个英雄消失的时代,传统价值崩溃的时代,信仰陷入危机的时代。生活在这个时代的作家,无不深深感受到现代人的生存困惑和危机,因此在文学创作上不可能置赤裸裸的现实问题而不顾,去描写过去那种闲适、优雅的田园理想。尼采提出的"上帝死了""打倒偶像""一切价值重估"等口号深深地影响了现代派作家。他们感到,传统文学过于强调再现外部世界,而人内在的主观因素却没有得到重视,致使文学自身应有的表现功能没有发挥出来。然而,若要表现真实世界和人的真实情感,则必须抛弃传统文学对客观外在真实的刻意追求,而重视主观内心世界的真实展示,尤其是对社会阴暗面的揭露,对丑陋对象的描写。

现代文学的表现主题依然是人——人的生存困惑和信仰的缺失所导致的人性异化。现代文学对文化与文明的批判,正基于西方人力图摆脱异化走向自然的愿望。因此,异化也就成了现代文学的重要主题。这种异化主题主要从个人与自然、个人与社会、个人与个人、个人与自我的关系方面表现出来。这是一个涉及整个西方世界的问题,突出地表现在西方各个国家的文学之中。美国作家奥尼尔的剧作《毛猿》(作于1921年)表现了物质文明发达的现代社会使人的价值等于甚至低于禽兽的状况;英国作家艾略特的长诗《荒原》(作于1922年)描写了物质世界全面毁灭人的精神世界的可怕情景。这些都表明了人与生存环境的对立以及人被物质世界所制约而走向异化的现象。

德国作家阿尔弗雷德·德布林（Alfred Doblin, 1878—1957）的长篇小说《柏林，亚历山大广场》（作于1929年）的主人公弗兰茨因误杀女友而遭到监禁，于是，冷酷的社会现实让他永远失去了重新做人的机会，命运注定要把他拉回到犯罪的绝望世界，致使他最终精神失常，对生活彻底失去了信心。奥地利小说家罗伯特·穆齐尔未完成的长篇小说《没有个性的人》（1930—1943）描写了奥匈帝国的最后岁月人的精神世界和生活情感。当过军官、工程师、数学家的主人公乌尔里希企图成为一个出人头地的人，但未能如愿以偿，因为他在一个技术化的时代找不到"整体秩序"，觉得自己是个没有个性的人，因为他不再把人而是把物质看作世界的中心，如他所言："今天……已经产生了一个无人的个性的世界，一个无经历者的经历的世界。"作家托马斯·曼的长篇小说《魔山》（作于1924年）的主人公卡斯托普是一个有抱负的健康青年，本打算去瑞士高山疗养院看望表哥，并顺便在美丽的山区度假三个星期，可是他进入疗养院之后便成了一名病人，竟然在疗养院生活了七年。作家通过对疗养院生活的描写影射了西方世界现代人浑浑噩噩、信仰迷茫的精神状态。尤其值得一提的是，奥地利作家卡夫卡的小说中所描绘的社会像一个强大而又无形的魔掌，掌握着个人的命运，个人成了弱小无力、惶惶不可终日的"甲虫"。例如中篇小说《变形记》（作于1915年）中，一个银行小职员不堪工作压力和家庭重负，早晨一觉醒来发现自己变成了一只大甲虫。作品表现了现代社会造成的压力导致个人精神变异、崩溃的结果。卡夫卡的另一部短篇小说《判决》（作于1913年）完全颠覆了人与人之间的正常关系，令个人的生存命运处于外界的嘲笑和愚弄之中。父子之间没有亲情，表面的亲情下面隐藏着欺诈与威胁。主人公格奥尔格依遵父亲的无情判决，踉跄走出门外，翻越大桥栏杆，跳下湍急的河流之中而溺亡。试想，如果作家不把正常的人描写成一只大甲虫，没有把正常亲情的父子关系描写为敌对关系，那么如何才能真实反映现代社会中人性扭曲的真相呢？如何才能产生如此具有震撼力的艺术效果呢？在此，读者从作家笔下人性主题的艺术表现领悟到了现代人真实的精神状态,也领悟到了他们对社会现实的审视态度、观察和感受方式以及所采用的各种抽象、扭曲、变异、荒诞,甚至丑陋的艺术手法的真实意图。当然,以理想主义方式辩证地表现现代人性理想的作家也不乏其人其作,例如赫尔曼·黑塞的长篇小说《玻璃球游戏》(作于1946年)。此乃后话。

六、结语

文学反映现实生活,已是理论界不争的事实。这里以德国文学中的人性主题为视角,粗略描绘了德意志民族在社会发展过程中追求精神理想的文化背景,阐述了历代作家在表现人性主题方面所采取的态度和方式,尤其是在传统文学和现代文学之间出现严重差异的情况下作家对人性、人的生存、生命意义的执着探寻和深刻思考。显而易见,德国作家对人性主题的执着思考和艺术表现,至今一直延续着这一传统。不言而喻,一个民族有信仰,有追求,便能成就事业。因此,在当前全球性的看重经济利益、轻视精神价值的文化氛围下,文学中的人性主题应该被当作现实的文化精神取向问题而加以深刻思考。前面说到,德国的先进不仅仅是技术的先进,更是一种文化的先进、思想的先进。这一点或许能给生活在当代快节奏、功利化社会的人们某些有益的启发。

我的报告完了,谢谢大家!

二〇一五年十月二十五日

读书与人生智慧

——如何智慧地读和读出智慧

杨　蠢

杨蠢,男,文学博士,文艺学教授,著名人文学者和文艺评论家,长期从事美学、文学理论、影视批评等教学和研究。已出版《人的文化解读》《对话诗学》《文学的原创空间》《影视批评》等多部著作,发表文章若干篇。

好书是人类
的思想明灯，
灵修的道路，
身心归依的
圣洁殿堂

张燕 于北京

古人强调"书山有路勤为径，学海无涯苦作舟"，主张以书结缘，以文会友，不光读有字的书，还要读无字的书。其实从这个角度来看，传统的中国乡村文明中"耕读传家""亦农亦学"的传统可以说是我们的一种标志。中华传统文明为什么能够几千年历久不衰？原因就是我们不光耕作，还要阅读。耕作解决的是吃饭的问题，是物质资料的获取；而阅读则是精神资料的获取。你不养心，只有一副臭皮囊，这副皮囊很快就塌下去了，它需要鼓荡起来，饱满起来。上帝把人类从第一伊甸园驱逐出来，人类就要充当精神的上帝，要重建阅读、知识、智慧的伊甸园，这便是"读书与智慧"的总思想。

前言

读书是一个非常普通的话题，说好讲也不太好讲。为什么呢？说不好讲，是因为差不多每个人都有自己的读书经验，有自己的读书体会，甚至于很多人都有读书的智慧。因此，讲不好就会很一般化，讲不出什么新意、深意，这是不好讲的一面；说好讲，是因为每个人都有经验，都有认识，都有接受的基础和条件，讲起来大家都会有共鸣。所以它有好讲的一面，也有不好讲的一面。

当然，我在这个地方讲这样一个问题，尽量努力讲出几分新意，甚至还有些深意，不至于让大家在这个宝贵的时光里浪费光阴，这是我努力的目标。

今天我把它提炼成"读书与人生智慧"，从命题本身来看，这不是一般读者从一般的阅读经验出发来看读书，当然也包括这样的视角在内；更主要的是人这一生的存在价值，这一生如何安身立命，在天地之间如何寄托我们个体的身躯和生命，我们如何去依托、安顿心灵，尤其在今天这样非常盲目、压力非常大、高度物质化的世界，人的生存变得简单、单调、扁平，天地之间好像有一个字便可以解决一切问题，那就是"钱"。

世界上最美丽的花朵是艺术的花朵,最绚烂、最多彩、最有意味的是人的精神世界,不幸的是,今天都被转换成了一个钱字。人一旦被钱置换了,这个人就没意义了,有意义的是钱本身,人自身没意义了,这是一个很不幸的异化。

我们当然不能没有钱,关键是,人不能做金钱的奴隶,这个关系我们一定要摆正。很多人是钱的奴隶,这叫"心为钱役",很多人因此而扭曲了。没钱当然是不行的,我们要生存,要满足、保障最基本的生存需要,但你一定要知道,尤其到了中晚年你才发现,原来钱不是最重要的,快乐地活着,健康地活着,这才是最重要的。

那么快乐地活着,健康地活着,凭什么? 凭心灵的博大和强大。心灵的博大和强大靠什么?靠人类全部的坚强力量,靠天地之间全部智慧的整体来充实你、支撑你,最终靠阅读。你如何获得人类的精神财富呢? 条条大道通罗马,但我们今天只有一条道,那就是精神修炼,通过阅读重建人类第二伊甸园。上帝把人类从第一伊甸园驱逐出来,人类就要充当精神的上帝,要重建知识、智慧的伊甸园,这便是"读书与智慧"的总思想。

下面我用前言开篇。中国古人非常重视读书,《左传·襄公二十四年》提出了"三不朽"之说,就是立德、立功、立言。我们的肉身是可以腐朽的,我们要在天地之间永恒不朽凭什么? 凭立德、立功、立言。而"立言",你的语言要传播,要流传下去,要薪火相传,在没有文字的时代,当然是口耳相传,可能就会变成神话传说,变成史诗,这个传就变成了民族历史,再经过那些创始人、伟大的先祖,加上他们的人生经验,传下来的就是历史。后来有了文字,有了史官,有记言的,有记史的。史官记的东西,其中就有很多人说的言论。当然,这个"言"还有很多意思,你把自己的想法,把自己思维的语言变成汉字写出来,再把它写在书里面,通过书籍,通过靠别人阅读你写的书籍来传播你的思想智慧,所以书籍就是我们人类历史的又一个重要载体,是文明的阶梯,是优秀文化薪火相传的、绵延不绝的历史和精神纽带。

人类之所以几千年还能屹立在天地之间靠什么? 就靠精神的血

脉，就靠书籍这样一种精神的香火。我们不能小看书，不要以为我们有冷兵器，有核武器就足够了，书籍其实是最厉害的武器，它可以改变人的认识、人的素质，由蛮荒走向文明，由懦弱变成勇敢，由渺小变得强大，变得坚不可摧。

毛泽东曾经有一句诗我依稀记得："屈子当年赋离骚，手中握着杀人刀。"意思是说他的诗其实是具有可"取人性命"的伟力的，像战斗的刀枪、武器。所以毛泽东当年提出革命要靠两杆子：笔杆子、枪杆子，革命离不开这两杆子。从这个意义来看，写书、读书这事儿，使人类变得有力量，变得生命力强，变得血脉不断，我们有根，我们还有脉，我们的文化能够源远流长，这是一个宝贵的载体和媒介。

千古悠悠，书道宏大。为此，魏文帝曹丕说："盖文章，经国之大业，不朽之盛事。"白居易慨叹："文章千古事，得失寸心知。"

我国是一个礼仪之邦，我们有灿烂、悠久的文明历史和读书历史，古人认为"开卷有益"，还有"万般皆下品，唯有读书高"，主张"读万卷书，行万里路"，当然现在行万里路大家越来越自觉了，现在旅游不光是境内游，还有跨境游、跨国游。前年我到欧洲，每到一个景点，到处可见中国的旅游团，一个团撞一个团，不是撞衫，是撞团。当然，去美国的中国游客相对较少，我假期在美国待了一个月，在洛杉矶有华人聚集的地方。不管怎么说，"行万里路"大家觉悟比较高，而"读万卷书"今天对很多人来说比较困难。因此，我们今天需要讲读书的重要性。

古人强调"书山有路勤为径，学海无涯苦作舟"，主张以书结缘，以文会友，不光读有字的书，还要读无字的书。其实从这个角度来看，传统的中国乡村文明中"耕读传家""亦农亦学"的传统可以说是我们的一种标志。

中华传统文明为什么能够几千年历久不衰？原因就是我们不光耕作，还要阅读。耕作解决的是吃饭的问题，是物质资料的获取；而阅读则是精神资料的获取。你不养心，只有一副臭皮囊，这副皮囊很快就塌下去了，它需要鼓荡起来，饱满起来。一个人如果精气神垮了，很快这个人就蔫儿了。

我老家是晋南的，小时候去解州关帝庙，有全世界最为传神的关帝塑像，就在关帝老家，那个关帝庙是一个什么样的形象呢？是关帝捋着自己的胡须长髯，在夜读《春秋》，读的是中国古代的五经之一。大家注意，关帝不光是"勇"，不光讲"义"，是武财神，其实他有文的一面。我们今天只知道强调他作为武财神的同时，是不是也应该把关帝读《春秋》的形象塑造在图书馆门口？商人以赚钱为第一要务，而关帝不还在这儿读《春秋》吗？

当然，我们今天是一个多媒体的时代，是电子媒介或计算机互联网、手机等新媒介越来越成为强势媒介的社会。但我认为纸媒介的图书仍然是必要的、重要的和无法替代的，它仍然应作为我们阅读的主干。当然，电子书、网络书也是书，读书这个概念在今天要刷新、要扩大，也要包括电子性的、网络性的、手机性的阅读。它改变的只是书籍的媒介、载体，它改变的只是阅读的方式、途径，乃至于阅读的习惯。尽管纸媒阅读和电子媒阅读是不一样的，但从这个意义来讲，都是读书。

今天我们已经进入了学习型的社会和时代，更应该自觉地去阅读。我发现一个变化，也有人在网上这么讲，创业的、商业的丛林时代过去了，丛林法则也过时了。中国改革开放的第一批商人，他们一开始黑吃黑，靠冒险，靠某种越轨，即使不读书，他们也赚钱了，成功了。但是成功之后，我们再看21世纪第一代成功企业家、商界的精英们，他们现如今已经转型了，主要有三大变化：第一是移民，资金外移，这是一个现象；第二，信教，皈依宗教的人越来越多；第三，读书。移民、信教、读书，这是今天成功人士时尚的标签。开始读书了，职场的、励志的、商业的他们都读，但他们也读人类一流的经典。

我有一个朋友也属于成功人士，找我给他讲康德，讲海德格尔，痴迷于现象学、存在学。大家都很诧异，一个商界的成功人士怎会忽然沉迷于海德格尔这样一种高端哲学的学习、研修！其实他此时已开始真正进入精神修炼这一人生至高境界了，这个变化我们要看到。大家都一样，都在天地之间，都是中国的一分子，人家第一批创业成功了，你没赶上；人家今天开始阅读了，你再不赶上，我觉得你没有任何理由。人家当年下海冒险，还要贷款，有很多常人难以担当的事，那么今天阅读不需要多少成本，这样一个阅读的自觉，人家又是先行者，我们一般民众不能落下。

当然，阅读的重要性不需要多讲，问题是，今天是一个知识爆炸、书籍如海的时代，出版社、出版机构和书籍太多了，已经成了一个书的世界。在这种情况下，我们的精力是有限的，你能读得过来吗？过去我们讲图书汗牛充栋，才子学富五车，今天你要读遍世界好书是万万做不到的。中国古代虽然书也不少，但比较起来还是少，比方十三经，只要你肯下苦功，把它倒背如流，都是可以做到的，据说陈寅恪先生就做到了。那么今天在这样一个书籍的海洋，你能最大限度地占用这些书籍吗？不可能。央视有一个"挑战不可能"的节目，我觉得这件事，再挑战也不可能，只有上帝能做到，人这一辈子别想了。那怎么办？我们更应该去思考、研究如何读书。也就是说，你得有选择地读书，应该智慧地读，读出智慧，或者说，今天的读书更重要的反而在于不读，即知道应该读什么，不应该读什么，应该具有合理选择的智慧。抑或说，在今天读什么书就不仅仅是一个时间精力允许不允许的问题了，而是一种认识能力、水平、智慧的表现。

很多人属于最基层、最一般的阅读者，见书就读，读得很乱，乱读书，读乱书，读杂书，读下来等于没读，没意义，因为没有应有的效果。清风不识字，何故乱翻书？你没有选择，你在那儿瞎读一气，你的时间就容你随便乱挥霍吗？那叫践踏自己的生命，那是对你此生最宝贵的资源——生命的浪费。

怎么办？我们就要讲怎么样智慧地读书，和怎样读出人生智慧。下面我想讲三个问题。

一、常见的几种读书类型及价值预设

人是唯一能够知道自己行为目的，并实现预设目的，事后检验目的的高等动物。

(一)学历性读书

学历性读书主要是指学历教育当中学生们的读书类型,这是一种制度化的读书,按教材,按学制规定,按学历阶段,按专业分类,按国家通行的秩序、程序、规范来读书。这是中国最典型的应试教育当中的读书类型。我们民族现在最大的问题是什么？大家可能会想到官僚腐败,想到环境污染,想到信任的危机、民族性的焦虑。而我个人认为,教育的问题在某种意义上才是我们这个民族最深层次的、最大的疾患。为什么新中国成立以后到现在,变成了纯粹的应试教育？到现在我也没想明白。它是按照唯一的标准答案组建起来的,为着考试而实行的"死读书、读死书"的类型。教师向学生传递着现成知识,学生只会被动地接受现成的死知识,它毁掉了个人的爱好和兴趣。相反只有追求未知,探求可能性,冒险、解密、创新等创造性思维、创造性教育方式才能培养出创造性人格及养成创造性习惯及精神生活方式,这样培养人才才是现代教育的目的。而应试教育的结果就在于它致使一批批孩子们丧失了用自己的大脑创造性地思考问题、解决问题的能力和习惯。一句话就是只会学习知识而不会能动地去创造知识。

有人做了一个详细的统计,华人获诺贝尔奖的绝大部分都是新中国成立前培养出来的,也就是说,是旧中国"非应试教育"体制培养出来的。这些年我们中国不断往欧美输送留学生,出去的留学生里面,当然有些是平时学习不怎么样的人,但是也不乏精英和佼佼者,这些人也有数据统计,他们到了欧美先进的体制里面,仍然缺乏原创的思维习惯和应有的创造活力。为什么？他们的青少年时代被应试教育给毁了,你想要拥有超越那个体制的创造力,很难。

美国小学不开数学课,但是美国在数学方面获诺贝尔奖的科学家大有人在。中国呢？数学在学前班就开了,学得那么多、那么深、那么难,你的数学家在哪里？华罗庚、陈景润,那是新中国成立前培养的,最宝贵的教育是在新中国成立以前。有人统计,后来在人文社科领域,只有一个人是特殊的例子,是在国内成长起来的,这就是著名的哲学家、思想史家、美学家李泽厚先生。但李泽厚中小学是新中国成立前读的,新中国成立初考上北京大学,在读大学期间患了肺结核,不能正常听课,不能正常参加班级活动,怎么办? 他一个人在图书馆泡了几年。也就是说,李泽厚最后成为大师,其实是应试教育体制的最大叛逆者,他的成功是这么来的,不是说应试教育培养出来的李泽厚,他其实相当于是自学成才的。

人类最宝贵的能力,就是不断地探求解决问题的可能性,探求未知、创新,而不是反复地在那儿重复现成的、已知的问题。你看我们中学生,高考那年就是不断地做题。我很纳闷为什么没人改呢? 真是想不通,百思不得其解,我们民族究竟出什么问题了? 为什么没有人解决这个问题? 这个问题就那么难解决吗? 其实有人提出过,教育经费不要按现在的形式划拨,鼓励私人办大学,放开办教育的权力,然后像美国那样宽进严出,不要在考试那个门槛上卡那么严。你可以进来探索性学习,最后能不能毕业,看实际的学习成绩,完全可以做到。

(二)工作性读书

这是一种功利性、目的性明确,有针对性,非常注重实用、实践,追求立竿见影读书效果的读书类型。我们简单梳理了一下,比如党政机关、企事业单位的从业人员,各集体或私营的从商人员等等,为了工作之需、之用,临时抱佛脚地来读书,因此它是一种小视点、窄口径,也相对表浅和相对注重知识性的读书。

(三)研究性读书

这类读书是应该值得推广的,它的特点是侧重思想、知识或学术的研究、创造,从而推进社会的思想、文化、科学和学术的发展、进步。我们今天国内各种研究机构的研究人员、高校教师,可以归到这一读书类型。但我想说的是这类读书从理论上讲是这个要求,是这个追求,但是今天在国内行政化、商业化、工业化的管理体制,或者现有制度条件下,这种研究性的读书其实变形了。包括研究生写论文,多半都是在生产无用知识,包括大学教授,制造了一批没有价值的所谓“知识”。

我在高校工作,现在高校老师的管理,可以说基本上就是单纯看你在什么级别的刊物上发了多少篇论文,至于这些论文是否真有质量那就不管了，因此真正有世界性的重大原创的论文并不多。当然，自然科学领域，我们确实在世界上还有一些占份额的创新，可那大多都是跟国外交流的结果，向国外学习的结果，也多是一些海归学者回来拉动的。所以说，研究性的读书现在其实是名不副实。

（四）素质性和养生性读书

这个也可以分成两类，有的人不是为了简单的功利目标，不是为了某种实用的目的，他就是为了提高、丰富、优化、升华自我的精神素质来读书。还有一些人把读书看成是一种精神的历练和修养，在这个意义上，我们可以把它看成是养生性的读书。

其实这种读书，我们中国古代许多文人很早就是这样做的，今天许多成功人士也开始这么做了。我刚才讲了，有些成功人士，在他阅读的结构里面，有一部分仍然和他企业的发展密切联系在一起，占到相当的比重，而还有一部分则属于修身养性，陶冶性情，乐在其中。他们通过阅读一些哲学类的经典著作，可以磨砺自己的心志，可以优化、提升自己的理性思维能力，特别是探索未知、探索更多可能性的主体能力。因为你若想有一流的思维、智慧和能力，靠什么？就靠一些经典的哲学名著来训练，来磨砺。对他们来讲，有一个配方，有一个个人学习的"套餐式的配置"。据说在李嘉诚的日常配置里有十来八个所谓的信息员，这些人每天要阅读世界一流的商业资讯，比如《华盛顿邮报》等等，从中提炼一些讯息，每天向李嘉诚汇报，可以说他是最重视商业信息的一个企业家了。但李嘉诚也有他非常超功利的，读修身养性的所谓雅兴那样的书，那是对思维和心灵的磨砺，读这种书，就是心灵的磨刀石，越磨心越年轻，越有活力，这点很重要。

今天我们有些人未老先衰，衰得没有激情，大脑转速慢，阅读不行，思维能力衰退了。因此，你吃保健品当然应该，更应该的是你得练脑。练脑有很多方式，其中最重要的是读高难度的、思辨性的、关乎你抽象理性思维能力的书籍。小孩学奥数有好处吗？绝对有好处，尽管它和学历的知识结构不挂钩，不对接，但它是练脑的，练思维能力的。关键你得想到那种可能性，我们一般人按常规的思维路径，就可能只有一种答案,因此你得反向思维、悖逆化思维,这个没有坏处,它使你大脑的思维能力、思维触角会变得更丰富多样。

以上我们简单梳理了四大类的读书类型,这四种读书类型各有自己的价值预设,各有所求。学历性读书为求学历,工作性读书为求胜任工作,研究性读书本应该追求学术和思想的创造,素质性和养生性读书则是为追求自我内涵的丰富和完善,修养心灵,提升品位,升华境界,或者就是以读书为生活,栖息在书香的精神世界之中,无疑这是最理想的读书生活、读书人生。

从一般的意义上来看,读书可以取得这样一些价值:第一,获得知识,这是读书的最低要求,最基本要求;第二获得能力,就是某种实用技能;第三个层次也是最高层次,获得智慧。知识、技能不等于智慧,智慧的口径要大,立足点要高,关注的问题要深刻,具有广阔、高深的超越性,它具有自我反思和批判性,具有对一切现成的、流行的、貌似正确的现象说NO的能力。当然,最具有智慧性的学科那就是哲学了。

读书从人的存在来看,像我这个岁数更多是关注生命这个问题,人过六十,不能不朝向死亡,这时候你已经看到了死亡透露出的曙光。年轻的时候,死亡对于你来讲,正如太阳还没有升起,人过六十以后,死亡的脚步就近了。你不正确地面对它,不正视它,不积极地欢迎它,这是不对的。

这个时候,我们积极地向它走过去,把它看成是我们生命的整体,完善自我,完善生命的最后目标,需要有人生的大智慧。此时就要考虑天地之间这颗心灵,渺小的个人、个体,如何依托和安顿自己,也就是说,得找一个心灵的处所。买房子要买地段,心灵安顿的地方也一定不能差。如此,我们在这样一个积极的姿态上,进入一种灵修生活,以读书为审美的、"诗意栖居"的生活,最终把读书作为一种理想的生活方式和人生智慧。

在哲学上,苏格拉底的死亡引起哲学家的思考。苏格拉底是被判有罪而死的,他的许多学生在营救他,他完全可以逃掉不死,但是苏格拉底勇敢地选择了死亡。当然,他选择死亡有两个理由:第一,既然雅典的法律判我有罪,如果法律没错的话,需要用我的死来成全这个法律的正确性,需要为真理而献身。由此可以看出他是个品格很高尚的真哲学家,不是假哲学家。第二,苏格拉底不怕死亡。为什么?因为古希腊的哲学家有一个观念,柏拉图后来讲得很清楚,认为人的肉体和灵魂是两回事,灵魂在肉体里面像住旅馆一样,是暂时寄居其中,人死的时候,死的是肉身,而灵魂反而获得了解脱,在天空自由翱翔。真正的哲学家都追求彻底的思考,彻底的理性思辨是他们最为基本的思想生活方式,相当于纯灵魂的工作,纯灵魂的事业。所以柏拉图说哲学家从事哲学意味着在干什么呢?就是练习死亡(即纯灵性的工作),习惯死亡,死亡以后,灵魂才会真正诞生。所以在苏格拉底看来,他生前的哲学研究,其实等于已经在为死亡做准备,死亡已经成了他的朋友,所以死不可怕,或者说他已经"先行死亡"了。

大家注意,"死亡"是没有条件的,应是最先存在的那个基本规定,这个基本规定就是人得先有灵魂,这样你作为人才真正走上了人的旅程。我们现在讲法人、成年人,其实从真正意义上来讲,就是说你是不是一个理性的人,是不是一个做灵魂工作的人。我认为读书更应该在灵魂的层面上,读书就是滋养、训练、维护、修复、保养你的灵魂,这叫"养心"。

当然,养心性的、灵魂性的阅读,很多人觉得没用,甚至有人讲,有两种读书,有用的读书和无用的读书。什么叫"无用的读书"?在我看来可能所谓的"无用的读书",恰恰是最有用的,它关乎你的精神存在,你的灵魂寿命,你性情的陶冶,你在天地之间活得是否快乐幸福,是否自我满足。你能否获得在天地之间一种最大的自由和超越。这样一种读书,怎么说没用呢?我告诉你,我们这样读书中国人不多,而是太少了。你看看欧美的人,读书无所不在,包括在游泳场,在海边,躺在沙滩上也在看书。我从芝加哥去拉斯维加斯,坐在飞机上,旁边就有一个四十多岁的女人一路都在看书。当然,我看书不行,眼晃得不行,头晕,那是身体问题,不是态度问题。我也想看,也想看看她读的什么书。我想看看她阅读的是哪一类的书,是不是像职场的人,读的是励志的商业法则,还是读的康德、黑格尔? 当然,这就无从知道了。

二、从人的存在哲学意义看,人此生应该读什么书

这涉及选择问题,读书是个复杂问题,涉及人人应该有的读书理想和系统结构,我们所谓的知识结构、知识配置,这是起码要求,一个国民应该是这样的。法国高考每年的作文题,必然有一个纯正的哲学题,其实我看了好几年,为什么每年要有一道哲学的作文题? 题敢这么出,必然意味着这个学生的阅读和教育有哲学类的内容在其中。也就是说,这个知识的结构里面,配置了"形而上"最高深的或灵魂性的纯理性思考的内容,这当然是结构里面最重要的一个方面。大家可能不太知道,弗洛伊德改变了人类对自我的看法,第一次把学术文化关注的目标集中到了纯粹私人的领域。我们过去研究人,多半研究的是集体的人、共同的人,将研究推进到纯粹私人的、私密的领域是弗洛伊德的贡献,他创立了精神分析学,他分析的对象是连你自己都不知道的你的无意识,那当然是私密当中的私密。

弗洛伊德是一个精神病医生,但他后来已经不限于是一个医生了,是一个人类学家、文化学家、宗教学家。因为他在医学院读本科的时候,医学院规定,学医的学生,得学三年哲学。如果按有些人的说法,那太没用了,风马牛不相及,一个在大地上,一个在天空上,一个动刀子,一个纯思辨的。错了,弗洛伊德正得益于此,才成为人类伟大的、原创性的思想大师。

有一个流行的说法,有三个犹太人改变了人类:一个马克思,一个弗洛伊德,一个爱因斯坦。我现在就要问,弗洛伊德何以可能? 其实在一定意义上他凭的就是哲学,是高端的灵魂修炼、思维修炼。

从一个人的知识结构来讲,我们每个人可能都有各自的行当,有各自的职业和专业。首先是要读专门方面的书,读专业书首推历史性的书。学习首先是历史的学习,为什么要先学史呢? 哪一门知识,你都得先读史,读史是走进知识系统的最重要的门径,是绿色通道。为什么? 你不读史,怎么能够把握这个知识的整体呢? 只有全部了解森林的人,

你才能够真正确切地、具体地、仔细地认识一棵树。你想通过一棵树来认识一片森林,山高路远,困难重重,非常有局限。我们生命有限,所以首先得认识森林。因此我建议大家,你要想学好你的专业,第一步先读史,这个专业知识的历史的书,也就是讲这个知识来龙去脉的整体的书,然后你再读它最重要的文献,最具代表性的经典。

中国人历来对读史是格外重视的,我们说"六经皆史",我们把六经都当作史来对待,中国人有文化那是历史,但是从某种角度看,中国人现在的确没什么文化。如果说懂点儿知识,有点儿技能就算有文化,如果这么说,没有人没文化,那是文化的低端层面。所以这个问题似是而非,很多人认为懂了,其实是没有经过认真思考。在海德格尔看来任何事情都应该被真正地"思"过才行,苏格拉底也说过:未经思考的生活是不值得过的生活。一件事大家司空见惯,以为很熟悉、很清楚了,但实际上却未必真明白。黑格尔也说,熟知未必真知,貌似知道,貌似懂了,其实你可能根本不懂。任何问题都必须拿在哲学的放大镜下面,经过思考,经过审视,经过评判,或者说要经过重新诠释和界定,这才可以。

刚才是从每个人的专业和职业的角度讲的,而从基本素质来讲,我认为一个人应该读两大类的书,比如说科学的和人文的。我们今天是应试教育,再美好的理想预设,多半是要落空的,因为它不匹配,你难以实行。从一个人的知识结构来讲,自然科学的知识我们要具备一些,比如说读一些自然科学的发展历史,把自然科学作为一种文化了解,如果你不了解现代物理学、宇宙学,我们今天对这个时代就没有起码认知了。因为影响我们科学体系的基础原来是牛顿力学,现在是量子力学,牛顿力学关注的是确定性,量子力学关注的是不确定性,也就是无限的、可能的、大尺度的世界口径。靠牛顿力学,我们对世界的理解是浅层次的,只有达到量子力学的水平,我们才能够更新地、更深入地、更准确地认识和掌握这个宇宙。

自然科学主要解决认知的问题,人文科学主要解决人性、心性修养,或情感、意志、体验、想象力的问题。比如说我们闲下来,或者有时候挤出点儿时间读一篇小说,甚至读一两首诗,大家可能会觉得没有什么实际的用处，但是我告诉你，对你心灵的、情感的养护和维修是必不可少的。我其实很长时间已经远离了小说，以前从事小说批评，最近有学生跟我推荐，有部小说想让看看，我觉得太应该读了，为什么？一读觉得原来沉睡的那个层面被重新激活了，顿然觉得自己年轻了，血液循环通畅了。谈恋爱能够激发热情，但你不能老谈恋爱，你像柏拉图那样来个精神恋爱是可以的，但是搞不好你会失常，这就不靠谱了。

除了刚才专业的要求以外，我们一般人应该做到人文社会科学和自然科学的恰当配置。

另外，还有一个配置，这个配置我认为更具有理论性、结构性的意义，什么配置呢？我把它叫作"一棵知识树"的配置，有树根、树干和树的枝叶的配置。这种结构当然是更理想、更合理的结构了。我认为知识有不同的地位和性质，有些知识是深层的、根本性的，或者说是按照人的精神结构量身设计的那些具有原型意义的知识，比如人类那些一流的哲学经典，这叫根部的书籍，根部的知识，这个应该读。

后来的知识，多半是从这个根的知识衍生出来的，如此来看，有些书相当于树根，有些则相当于树干，而还有些就是相当于树的枝叶，属于树的末端部分，一般只具有短暂的生命力，甚至昙花一现，一般只传递一些新的快捷的讯息，不具有常读常新的永恒性。这三类书我们都得读，你不能说我就只抱住根的知识，那会成为一个老学究，那些过渡性的、桥梁性的、枝叶性的知识也应该拥有。我们今天大量的信息就主要属于枝叶性的知识，比如人们每天醒来刷的微信，我们今天已在不知不觉中进入了一个刷屏的时代，这个也没错，浏览一下，浏览就是浏览，看过就是看过了，看了就过了，但是别认真，别在那儿一个猛子扎到水里来个潜水出不来了，你就在水面上漂一下，浮光掠影看一下就得了。

再一个，要读代表性大家的作品，大家的作品需要一生去读。

从素质和养生的角度来看，我个人认为，应该读一些哲学和美学的经典，因为哲学是一个最高的智慧学科，不管你是学什么的，就是一般的百姓，我认为都应该学学哲学，因为哲学是聪明之学、智慧之学。我这个人没有什么本事，我只有一个本事，就是比较早地认识到哲学的重要性。我原来是学文学的，但是我比较早地超出文学学哲学，而我的哲学是自学的，现在自学到可以比较熟练地、比较通融地给大家讲中西哲学，尤其是可以讲很难理解、很难把握的比如海德格尔的现象学和存在学。我能这么做，我想别人也可以，因为我是自学的，也不是哲学专业的科班出身。当然，也应该读点儿小说，读点儿诗，这样可以训练思维，拓宽人和世界关系的对接尺度。你想问题不要老是眼皮子底下的鸡毛蒜皮，想得要高远一些，也可以防老年痴呆，获得人性的第二次天真。马斯洛提出生命的第二次天真，老了以后，学哲学学得就像一个青春勃发的少年一样，这就学出了理想境界。什么叫"返老还童"？什么叫"青春常在"？这就是。

三、如何智慧地读和读出智慧

（一）改变读书观念，优化和完善读书结构，自觉地以养生和灵修的读书为读书的理想境界，自觉构建读书生活和读书人生

为什么要这样来讲读书呢？概括一点，我们的生命只有一次，是有限的、短暂的，都存在某种缺憾，没有哪一个人说我这一生和上帝一样十全十美，高度理想完善。在地球上没有这样一回事。皇帝他也想长生不死，也想永远年轻，六十岁的人，他想拥有二十岁的身体，行吗？这是人类命定的局限性，这叫人类之宿命。

再有，人的生存总是存在着太多限制和束缚，从这个意义上来讲，你的人生是不自由的。比如我在中国，立刻飞到美国那得十三个小时，你想快不行，这就是限制。你说和美国总统奥巴马会见，打一个喷嚏行吗？肯定不行，不自由，那是一个仪态问题，代表一个大国的形象。所以人生是无奈的，人生在某种意义上是被动的，是被设定好的，无选择的。那么我们想，在天地之间把我们变得和宇宙对接的尺度口径大一些，想让我们的生命变得长久一些，把有限的、扁平的人生变得立体化一点，更丰富、更开阔、更有深度，如何可能呢？靠读书。因为读书我们可以最大尺度地学习和接受人类的精神生活、思想生活、情感生活的宝贵财富，使你的灵魂获得最大口径、最大尺度的滋养。你不读书，对接

的都是很具体、很有限制、很物质化存在的口径。人的世界其实是心灵的世界，你的心灵世界有多大，你的世界就有多大，而这个心灵的世界它要扩展，它要想大起来、宽起来、深起来靠什么？靠获取人类宝贵的精神财富。那只能有一条道：读书。

当然，行万里路也重要，我去趟欧洲，去趟美国，一下子觉得我的世界变大了。可是我没去之前，我的世界也不小，我是靠读书读出来的。你读一读美国的历史，比你直接过去获得的东西更多。从这个意义上来讲，读书原本就是人生命的最原本的、最本质化的、最本体性的需要。读书就是上帝为人量身定做的人的生存方式，我想不到还有比这更符合人性需要的东西。食色是动物性的存在，只有人读书，动物不读书。所以从这个意义上说，你读不读书，你读什么书，你怎么读书，一眼就可以看出你是一个什么样的人，你的人性高级不高级，你的灵魂境界在什么位置上，从这个尺度一量就量出来了。你老读那些八卦的书，老读那些非常应用性的书，这是浅层次的谋生者，是低端的、天地之间的行走者，所以必须读哲学类的、能够修炼灵魂的书。

像基督教、佛教等也有哲学，宗教再往上提升一点就是这个宗教的哲学。比如《塔木德》就是哲学，如果说犹太人一生都在读的书就是《塔木德》，这是养心的书。我建议大家读《道德经》，读《庄子》，读柏拉图的《理想国》，读海德格尔的《存在与时间》，读尼采的书。你读点儿高端的，读不懂不要紧，可以先看看别人写的相关的研究性的导读性的著作，找一个拐杖，找一个台阶。只要你想读，你就能读懂，这是观念问题、态度问题。所以人生很无奈，只有读书才能让我们自由，才能让我们获得心灵的解放。

(二)读书须趁早

我们以胡适为例，胡适四岁开始读古诗，六岁上私塾开始读古文，九岁的时候已经读了三年古文，可以看古典小说，两年之内他偷偷地看完了三四十本古典小说，已经奠定了一辈子的作文基础。十一岁的时候，老师正式教他读古书，教的第一本书是《资治通鉴》，他十一岁这一年就读完了。这时候，他已经读了四年多古文，以前是背，现在是自己主动读。十三岁的时候读完《左传》。可以说,中国的古书他已经基本读完,剩下的时间就是复习、消化和综合创新。胡适后来又到美国留学,可谓学贯中西。由于他小的时候国学的根基打得比较好,所以留美回来后就能在中西融合的大视野中进行综合创新了,在"五四"一代,他是创造"第一"最多的一个学者,是真正属于开创性的、原创性的大学者。

胡适的例子很有启示意义,一个中国人,我个人认为首先要在小的时候把古代的重要典籍学好。因为你是中国人,是中国文化的享有者和传承者,你不读自己民族文化的根部的知识,怎么能叫"有文化"呢?今天有些人冒充国学大师,我告诉大家,我们今天这个时代没有什么大师,谁是大师?你和王国维比一比,和陈寅恪比一比,怎么能叫大师呢?你小时候读没读过经典,你读得熟不熟,熟到什么程度?过去别说大师,中国很多普通百姓开蒙就读四书五经,今天的所谓大师能和他们比吗?你的修养在哪里?这是今天最让我气愤的一件事。我不是大师,绝对也不想让别人妄称大师,因为它会坏了真理的尺度,把水搅浑,最后则是败坏了世道人心,坏了真实纯粹的人性。

(三)文化元典和专业名著要多读、精读

有些书我们可以读个书皮,看看目录。其实我自己买的书非常多,但是绝大多数没有读,如果全读也不可能,那我成书虫了,每天泡在书里也走不出来。有些书我看看书名,再看看目录,看看序、跋、后记,大致的内容就了然于心了,这就可以了,需要专门研究的时候,我再专门细读。我们今天必须这样,这个时代不这样没办法,这叫简读、浅读、快读,叫"用眼睛扫描"。你去书博会干什么?就是读书皮。你看一下出了什么样的书,提供了什么样的信息,仅此而已,用不着花工夫细读。但是有些书还是需要泛读,大致看一下的。

而有一些书则需要细读、深读、精读,反复阅读,而这种读就是我刚才说的,修身养性、修炼灵魂的书,需要一辈子用生命去读、去体验。记得台湾的龙应台曾经说过,不知道她后来坚持没有,她曾说她每年要重读一次《庄子》,我觉得这不错。每次读和每次读的心境其实是不一样的,读出来的感悟也不一样。她每次读一下,把自己精神世界的大门就敞开了,把自己精神世界的空间就撑开了。大家必须有这样一类书,作为你一生读的书,所以我建议大家静下心来想一想,这一生你准备常读的、一直读的书,你选择一下。从我个人来讲,我建议比如《道德经》《庄子》,甚至《论语》都可以,西方的书籍可以读读柏拉图的代表作是《理想国》,尼采的《查拉图斯特拉如是说》,海德格尔的《存在与时间》,以及海德格尔其他好几本书,都可以这样读。当然还有一些美学书,比如朱光潜的《文艺心理学》,宗白华的《美学散步》,李泽厚的那些代表作等等都可以如是对待。隔一段生疏了,陌生了,重读。

法国有一个阐释学家利科尔,他的观念就是阅读不是为了现成地从这个书里面获得什么知识。他认为,人这辈子,你的世界应该是文本化的,除了你的感情、友谊之外,你的精神世界主要是靠读书来填补的,而且他认为,每次读书是把生命刷新一次。你不要说这本书我读过了,我知道它是什么内容,错了,你应该用现象学、存在学,用灵魂修炼这样的观念、这样的概念来看待这类读书。读一次是你和它进行一次对话的过程,就像刀需要反复在磨刀石上磨一样,这些经典著作就是磨刀石,你的思想、你的心灵不断地在磨刀石上磨,才能永葆你刀锋的明亮和锐利,你的心才不会衰老。所以这种读书不是求职性的,而是心性修炼性的。

我们中国最不缺的就是心性修炼的文化和智慧,可惜我们中断了这个传统。我们今天读书受应试教育的毒害,统统变成非常功利的、非常简单的、非常肤浅、非常实用的求职性阅读。作为一个小孩子,我们不能怪他,但是,一个成人还这样,那就说明你还没长大、没成熟。

要有问题意识、批判意识,要有怀疑精神。古代人讲"为学患无疑""尽信书不如无书",你如果没有批判精神,就只能从书里面简单地获得一些可用的知识,而相反,你如果是从心性修炼的角度读书,那你才是精神性的耕耘,是你在借这个书的田地来种你自己的庄稼,来收获你所需要的精神食粮和思想的成果。这样的读书才是理想的心性的耕耘,是积极的思想播种和收获,是一种灵魂的历练。

（四）通过读书追求"原型智慧"

"原型"是指最初的、开始的或根源性的类型或模型，原型智慧是指那些人生最基础、最根本的智慧。

比如神话原型，其实各个民族差不多，你把这个掌握了，以不变应万变；心理原型，比如说荣格提出的心理原型，一旦掌握了，一看一个准。你读了心理分析学，就知道他为什么是那样。你读书如果可能，最好应该读出神话原型和心理原型。还有文化象征原型，比如挪亚方舟是拯救的意思，你不能不懂；更重要的是那些轴心时代的思想原型。比如在我看来，人类迄今为止已有三个轴心时代，每一个轴心时代都有大师为人类量身定造，设计了某种原型，如老子的道，庄子的自由，孔子的仁礼，柏拉图的理式，亚里士多德的范畴，康德的先验理性，马克思的生产方式，海德格尔的存在等。今天则是大众传播的第三个轴心时代，大众文化传播有自己的原型思想。对这三个时代的原型思想，我们要用力气下功夫，深刻掌握，一辈子不能忘，就像一个人，你这辈子不能忘记爹妈，不能忘祖。（关于原型哲学、原型美学，我有一个系统的讲稿，时间关系，此处从略。）

今天我们读书的形态应该更加开放，更加包容，应该是一个良性的、合理的、完善的读书形态。比如说电子媒体我们不能排斥，上年岁的同志也要学会用手机从网络上阅读电子文本，年轻人当然在这个方面走在前列了。但是我还想说，还得重视纸媒体的文本阅读。碎片化的、拾遗补阙的、即时性的、临时性的阅读主要靠刷屏，此外一周内你还必须应该拿出整块的时间，进行心性修炼性的阅读。这里有一个长短、快慢、深浅的不同分配和用身体阅读或用大脑阅读的搭配问题。有些是用身体阅读的，有些是用大脑阅读的，即有些不值得走心，走走眼就行，有的短暂用一下心，有些则需要长期地、一辈子地用心去面对它。总之，这里有一个系统的合理的阅读结构或阅读的组合配方问题。

读书改变人生，读书改变命运，读书可以读出人生的快乐和智慧，读书可以让短暂而扁平的人生变得长久而深厚。读书本来就应该是我们的理想生活和幸福生活本身。意大利18世纪著名思想家维柯讲，人类事物或制度的次第是这样,首先是树林,接着是茅棚,接着是村庄,然后是城市,最后是学院或学校,而学院或学校正是人类专门用来读书和学习的地方,他天才地预言了人类社会的最高形态——学院式的读书社会,他的预言将在或正在逐步变成现实。希望大家能热爱读书,做到以书养生,用读书来缔造美丽智慧的人生。

　　谢谢大家!

二〇一五年九月二十七日

鲁迅小说中的知识分子

王耀文

王耀文,太原师范学院文学院教授,硕士生导师,中国当代文学研究会理事。

1984年毕业于山西师范大学中文系,本科,文学学士。长期从事中国现代文学教学,先后讲授中国现当代文学史、中国现代诗歌研究、20世纪中国小说等相关课程。科研方面,有著作《走向文学家之路》(山西经济出版社,1995年),《文学作为散步》(中国文史出版社,2003年);论文三十余篇,散见于《诗探索》《读书》《书屋》《中华读书报》《文艺争鸣》等报刊。

还是读书好

王蒙

鲁迅小说中的知识分子形象，一类是"从洪水中走向死亡"的，诸如孔乙己、陈士成一类，这是属于鲁迅知识群体的启蒙。第二类是带有现代性的知识分子，他们具有反思自己的形象；有些问题他们自己都是一地鸡毛，自己的生活问题都没有解决，这是一个尴尬，是一个悖论。理想和现实的存在是如此荒谬，你越想怎么样，越不能够解决，类似于罗素的悖论，我说的全是谎言，那么我们去判断。如果你说的这个是真的，那么你的话就是假的；如果你这个话是假的，那么你说的就是真的，这类就是吕纬甫、魏连殳的形象。第三类是狂人的形象，一方面是受到叔本华、尼采思想传播的影响；另一方面，在中国儒家文化的高压下，知识分子中也有了"竹林七贤"，形成了鲁迅的人格。

鲁迅在他的短篇小说集《呐喊》和《彷徨》里，塑造了不少知识分子。可以说，鲁迅的小说人物，包括鲁迅对国民性的思考和对礼教文化的思考，基本上都是以知识分子为主体而建构起来的。为了把这个问题说清楚些，第一个我想先讲一下知识分子和鲁迅。这也算是破题吧。

"知识分子"的概念是从日本引过来的，很多思想史研究者都在研究知识分子。我在这儿从常识和普及的意义上讲知识分子的概念，简单来讲就是两个特点：第一个就是知识分子是靠专业吃饭的；第二个，他有相对独立的人格和生存之道。所以他有专业的知识背景，会产生思想，会影响社会，他不会盲从地接受"被告知"的事实，面对这些事实，他要用自己的知识和专业背景去分析，要发出自己的声音，甚至可能会影响社会。所以这一个特殊的群体，不是一个阶级的概念，而是一个阶层的概念。

根据这个概念，传统中国也有相对应的文人士子，这就是士大夫的概念，就是古代的读书人，和我们现在所说的知识分子是一个交叉的概念,不是完全重合的。因为我们传统意义上的文人,不像现在这样的专业化,在古代就是写字、作诗,靠这个取仕,进入上层社会。因此,我们如果从现代意义上讲,无法说知识分子的专业就是单一专门的写字作诗。

传统意义上的知识分子,他的人格是相对依附的,不是相对独立的,这也是一个区别。古代的历史著作,讲到有一技之长的士人,都可以看到这样的情况。尤其是秦汉以后,思想归于一统,中国文人的思想是四书五经设定好的,所谓我注六经,而非六经注我。无论是汉代的孝廉,还是隋以后的科举考试,无非是六经规范的经邦治国道德文章。中国古代的养士制度,大家读过《冯煖客孟尝君》,那个寄人篱下的冯煖,对孟尝君的"吃无鱼""出无车"和"无以为家"的待遇,表达的不满可见一斑。当孟尝君满足了冯煖的条件之后,冯煖投桃报李,为孟尝君在政治生态上完成了"狡兔三窟"的权谋布局。比如司马迁讲到读书人的位置,一句话就是"女为悦己者容,士为知己者用",这是中国古代知识分子很尴尬的人身依附关系的真实写照。古代士人这种依附状态,直接导致了"狡兔死,走狗烹;飞鸟尽,良弓藏"的最后悲剧。古代儒家所谓"独养浩然之气""万物皆备于我",以及"内圣""外王"等等,表达的不过是读书人"虽不能至,心向往之"的理想诉求。

鲁迅对中国科举的记忆真有些难言之隐。鲁迅的《呐喊·自序》就是他的自供状,他就谈到了这个问题。他说:"有谁从小康人家而坠入困顿的么?我以为在这途路中,大概可以看见世人的真面目。"这个导致鲁迅"家道中衰"并从此一蹶不振的事件,发生在1893年秋天。他的父亲周伯宜参加杭州的乡试,祖父周介孚因此涉入科举案被判为"斩监候",而他的父亲也一病不起。这年鲁迅也就是十二岁吧。一直到1896年他的父亲去世,这几年的人生况味,对于少年的鲁迅那可是难以言说:"我有四年多,曾经常常,——几乎是每天,出入于质铺和药店里,年纪可是忘却了,总之药店的柜台正和我一样高,质铺的比我高一倍,我从高一倍的柜台外送上衣服或首饰去,在侮蔑里接了钱,再到一样高的柜台上给我久病的父亲去买药。……然而我的父亲终于日重一日的亡故了。"

我们知道,鲁迅1881年出生,科举制1905年才废除,鲁迅本可以参加科举的,可是他为什么没有参加?鲁迅是痛恨科举的。此中的原因,说到这儿大家是会明白的。因为在这个过程中,作为长子的少年鲁迅,已经不得不承担了"长子为父"的角色,去管理这个衰败的家庭。鲁迅因此过早地看穿了包括科举在内的人世间所有造物者的把戏。所以说这个科举案不仅导致了这个家族的衰败,更重要的是导致了鲁迅世界观和人生观的形成。以后鲁迅所有的行为,大多可以在这里寻找到注脚。

1898年,鲁迅要到南京读书,当时主流社会看不起北洋水师的学校。我们知道,南京是洋务运动的重镇,他在这儿因祸得福接受了现代教育,读了严复翻译的赫胥黎的《天演论》。1902年,他公费到日本留学,先学医后从文,这一路下来的人生选择,莫不取决于少年时的那段伤心事,弗洛伊德称之为情结。鲁迅是一个具有叛逆性格的现代意义的知识分子。

下面我们就《呐喊》和《彷徨》中的知识分子做一个通识层面的解读。

第一个类型就是科举制度下的牺牲品。我们以《孔乙己》和《白光》为例解读。

这是读书人最普通、最平凡的一类,就是《孔乙己》中的孔乙己,这是众所周知的文学形象。用老百姓的话讲,读书没有成全他,反而却留下一身的坏毛病。比如说清高,使他无法成为一个普通意义上的劳动者,所以他是唯一穿着长衫站着喝酒的人;他善良,迂腐,并不讨厌,甚至有点可爱,却十分无用,这也是他的基本特点。他被孩子们围观当笑料,但他自己没有自知之明,他用自己的善良去看待周围的人们,他还生活在自己读书人光明的梦想里。

他好喝酒,没有钱喝酒;好读书,买不起书,以至于去偷书被人打残;他认为对于读书人来讲,窃书不算偷;还有好为人师,他觉得自己读了很多书,要教小伙计记账,写"茴香豆"的"茴"字,实际上在小伙计的眼里,是瞧不上他的。面对取笑他的这些孩子们,他也照样善待他们,给孩子们吃茴香豆。那个"多乎哉,不多也"的细节,让人感到心酸。这就是善良迂腐的孔乙己。他以"君子固穷"为自己生存的窘境做辩护,这样的辩护是可笑的,也是伟大的。这是孔乙己的精神胜利法,还是孔乙己式的冷幽默呢?"君子固穷"最主要的含义是什么? 就是过去读书人所遵循的儒家信条,这也是支撑中国读书人几千年的信仰。它的经学含义是"君子忧道不忧贫",或"君子喻于义,小人喻于利"等等,正是这些儒家经典塑造了他的人生理念。

因此,孔乙己活得很安详,他喝酒的样子也一定是很陶醉的。俄国作家契诃夫曾经来到中国瑷珲县酒馆里,他发现这里的酒客,都有某种贫穷而安详的默契,酒客不需说话,跑堂的就会拿一壶酒来,可能还有碟儿花生米茴香豆什么的。在契诃夫印象中,这里的酒客会品酒,那样子很陶醉,故而他说中国人"贫穷而安详",善于品味生活。这大抵或许就是孔乙己喝酒的样子,他的幸福指数还是比较高的,他对命运没有发生过什么疑问,他对自己的信仰坚定不移,最终在自己的光明梦里走向死亡。这是非常著名的一个形象。

还有一个人物就是陈士成,他可没有孔乙己那么可爱,值得人们同情,他是《白光》里面的人物。他是一个范进式的人物,但他不如范进的一点就是他没有中举。他眼睛不太好,五十多岁了,过去竖排版的书又没有标点符号,把眼睛都看坏了,说不定他还患有青光眼或白内障,所以在他的眼前始终是一片雾,一片白光。为什么鲁迅把这篇小说命名为"白光"? 道理恐怕在这里。或许这也是对鲁迅的误读,如果我们臆读鲁迅,这里的"白光",很可能是陈士成眼里的幻象。

每次考试后,陈士成都要到县城里去看榜,看榜也是需要勇气的。考了十六次,看了十六次榜。他家住的宅子(据他的老祖母跟他讲,他家原来是大户人家,而这个故事来源是老祖母的老祖母的故事,这是他小时候的印象)。现在都变成了大杂院,住上了一些异姓人家。家道沦落,他以为哪天考试一举成功,门楼就可以重新修了,大杂院的人,应该把他们清理出去,然后修个旗杆。

小说里,这个来源于老祖母的老祖母的故事,构成了陈士成一段颇温馨的回忆:"一到夏天的夜间,夜夜和他的祖母在此纳凉的院子。那时他不过十岁有零的孩子,躺在竹榻边,讲给他有趣的故事听。伊说是曾经听得伊的祖母说,陈氏的祖宗是巨富的,这屋子便是祖基,祖宗埋着无数的银子,有福气的子孙一定会得到的罢,然而至今还没有现。"于是在陈士成的想象里,除金榜题名的幻象外,同时还存在一个"祖宗是巨富的"幻象。这两个无法兑现的幻象,一个在遥远的未来,一个在遥远的过去,在陈士成的想象里这两个幻象正朝他相向而行。于是到了深夜,他就拿着锄头想办法去这里或那里挖一挖,想办法挖出这些银子,可是挖不到,就想是不是藏到了城外"三十五里"处的山里? 在一片"白光"幻觉的蛊惑下,在某个"残油已经烧尽了"的深夜,陈士成走出了S城的西门。待到"第二天的日中,有人在离西门十五里的万柳湖里看见一个浮尸"。"那是个男尸,五十多岁,'身中面白无须'"。按照过去的规矩,成人之后都是留胡子的,胡子是成人的标志。但陈士成是一个书生,所以五十多岁也不能留胡子,且死后都没有亲属认领其尸体。

　　第二类读书人的形象是伪善的卫道士,或者也可以说是伪君子。我们主要解读《肥皂》和《高干亭》。

　　这也是《儒林外史》的话题:鲁迅在中国古典小说当中,最喜欢的并不一定是《红楼梦》,而说不定是《儒林外史》,这是合他的性格的。所以《儒林外史》可能是他最喜欢的作品。另外,鲁迅最不喜欢的是读书人的道学气,有些读书人的酸。在儒林江湖里往往存在着两个极地,这两极世界或许是由装正经和不装正经的两类人分别把守着:装正经的读书人就是卫道士、伪君子。

　　这个形象就是《肥皂》中的四铭。四铭觉得现在世风日下、人心不古、道德败坏,"再不想点法子来挽救,中国这才真个要亡了"。所以他和几个气味相投的、成立了叫移风文社的社团,想要挽救颓世。这也是读书人可能有的一种情怀,凡这类人都需要贴一个冠冕堂皇的标签。但这种情怀往往是经不起挑剔的,爱因斯坦曾把这种情怀视作一场荨麻疹。这类读书人的特点往往是,他平日鼓吹的和他的日常言行是相悖的,构成了某种反讽式的人格结构。

四铭在回家的路上,看到有人在围观一个陪母亲沿街要饭的女乞丐,有人就说,这女孩模样还可以,就是有点儿脏,如果买一块肥皂回去"咯吱咯吱"洗一洗不是挺好的吗？他听了便进入一种下意识的性幻想状态,他发现一些小孩在看他,他觉得自己也有点儿傻,有点儿呆,他知道那些小孩用英语骂他"old fool",他不懂得英语,就记住个发音——"恶毒妇"。于是他下意识地到商店里买了一块香皂回家给他的妻子,把儿子学程叫过来,让去查这个"恶毒妇"是什么意思。等到晚餐时,四太太在全家老小在场的饭桌上,刻毒地讽刺自己的丈夫"你们男人不是骂十八九岁的女学生,就是称赞十八九岁的女讨饭:都不是什么好心思"。尴尬之际,与四铭先生趣味相投的,也是移风文社成员的何道统和卜薇园两位同道来了。这个与母亲一起乞讨、在街上被人们围观的现象,不约而同地引起了他们三位道学家的关注。在他们看来,此事有伤风化,已构成了一个不能容忍,也是他们可以借题发挥的重要事件。这个事件从下意识层面上刺激了他们的性想象,四铭要买一块香皂回家给自己的太太洗洗。在理性上他们都以为这是一个有关孝道和世道人心相背离的大课题。于是,他们仨在四铭的书房里一边猥亵地笑着议论那个"咯吱咯吱"的场面,一边还要炮制一篇名为"专重圣经崇祀孟母以挽颓风而存国粹"的道德文章,明天在报纸上发表,以此惊醒世人。

这类知识分子当中还有一个《高老夫子》中的高老夫子,他先在一个中学里当历史老师,把野史里的知识当作正史去传授。尤其西风东渐后,有些杂志就开始介绍西方的作家,他看到一期杂志介绍苏联作家高尔基,无产阶级文学大师,他心有灵犀,把自己的名字由高干亭改成了"高尔础"。这"改名的深远的意义"不止于附庸风雅,更在于隐含某种行骗的预期值,因为,让别人听起来感觉他是高尔基的弟弟。这名字改动立竿见影的效果是,他不仅在"《大中日报》上发表了《论中华国民皆有整理国史之义务》这一篇脍炙人口的名文,接着又得了贤良女校的聘书"。这个可笑的伎俩带来了意想不到的甜头,使他意识到、原来新文化、启蒙或者还有什么主义也有可能是一桩生意,可以借此行骗混饭。这是一个多么伟大的发现。这样没文化有贼胆的高干亭终于干了一次左右逢源、新旧通吃的勾当。现在他可以嘲笑"一礼拜以前还一同打牌,看戏,喝酒,跟女人"的老朋友黄三了,高干亭一下就把旧日的黄三甩了好几条街。更具讽刺意味的是,给他下聘书的贤良女校校长何万淑贞也是个半旧不新、有两副面孔的文化人。

　　第三类读书人形象是带有鲁迅自叙传色彩的形象"梦醒了无路可走"。我们来看看《在酒楼上》《孤独者》《伤逝》。

　　这类知识分子形象主要出现在《彷徨》里。鲁迅论述悲喜剧如是说:"悲剧将有价值的东西毁灭给人看,喜剧将那无价值的东西撕破给人看。"(《再论雷峰塔的倒掉》)他还有一个论述,似乎专门分析知识分子的悲剧:"人生最苦痛的是梦醒了无路可走。做梦的人是幸福的,倘没有看出可走的路,最要紧的是不要去惊醒他。"(《娜拉走后怎样》)。也就是说悲剧有两种:一种是从昏睡中走向死亡;一种是梦醒了也无路可走。现在我们所说的是"梦醒了无路可走"的知识分子。从昏睡中走向死亡,比如孔乙己就没有醒来,是在他的光明梦想当中死去的。鲁迅有一种自省的意识,自我认定是现代知识分子重要的品格之一。这些知识分子曾作为启蒙者,但现在他发现大众启蒙不了,又自顾不暇,所以这些曾经作为启蒙者的知识分子要反省自己了。蓦然回首,这是中国知识分子在现代转型过程中颇有意味的一个重要定格。

　　知识分子的自我认定并非只是西方的命题,在古代中国也有朦胧的自我认定。如庄周梦蝶:是庄周变成了蝴蝶,还是蝴蝶变成了庄周?《世说新语·品鉴》中桓温与殷浩的清谈,殷浩强调:"我与我周旋久,宁做我。"苏东坡《临江仙》有"长恨此身非吾有"。……只是到了现代,对这个问题的思考变得更加迫切了。

　　堂吉诃德是一位著名的精神骑士,他一生行侠仗义,把风车羊群当作对手进行作战,可到最后临终时,他却说"我不是堂吉诃德,我只是善人吉哈诺"——这是堂吉诃德临终时对自我的最后认定。杨绛翻译到这里时哭了,她想到了父亲,她似乎理解了自己的父亲。她说,堂吉诃德死的时候才对自己有一个清醒的认知,我不过是一个"善人吉哈诺"

而已。因此,杨绛在这里也要替父亲讲一句话:"我不是堂吉诃德,我只是你们的父亲。"(杨绛:《将饮茶》,北京三联书店,1987年)。作为骑士的堂吉诃德一旦午夜梦回,就有可能转换身份,变格为痛苦的哈姆雷特。——这是世界文学知识分子人物形象画廊里最有精神意涵的美学景观。大家不妨读读多年前钱理群先生一本书《丰富的痛苦:堂吉诃德与哈姆雷特的东移》(时代文艺出版社,1993年)。

《在酒楼上》的吕纬甫和"我"都是游子,偶然的机会回到了S城,在一个叫一石居的酒楼上邂逅。他们原来都是S城的中学教过书,后来他们都离开了S城。是故乡放逐了他们,还是他们背叛了故乡?小说一开始,"我"在百无聊赖中,终于找到了一石居,这是S城唯一原样的存在,其余早已是依稀莫辨,旧梦难寻。虽然之前经常在这里聚会、喝酒。但没想到"我"居然和吕纬甫在一石居相遇。他们先是试探对方是否还是当初的那个"我",确认彼此还是知己之后,便攀谈起来。喝了五斤绍酒,其间,吕纬甫开始讲他回乡的故事,这是一个游子的故事。故乡真有点儿像如来佛的掌心,生活在天边外的两个游子,怎么就在故乡的一石居不期而遇了呢?

小说里的吕纬甫在太原教书,鲁迅有一个朋友叫章川岛,在山西大学教过书,可能由此构思出来吕纬甫在太原教书。不是在大学教书,而是教私塾。

鲁迅真实生活当中有一个夭折的弟弟,排行老四,夭折之后,鲁迅的母亲经常把这个孩子的照片挂在床头,嘱咐鲁迅回去的时候,要看看弟弟的坟,把弟弟的骨殖挪放到祖坟里。鲁迅到底有没有回去过,好像没有回去过,因为在鲁迅的文字里没有记载。但在小说里,吕纬甫是回去了,用了土工,买了殡仪所需的所有道具。可是到了现场,坟堆都已无法辨识,就象征性地挖下去,什么都没有,连最不容易腐烂的头发都没有。吕纬甫还是坚持把仪式进行下去,并回去向母亲撒了一个圆满且美丽的谎言。

吕纬甫回S城的第二件任务,就是代母亲送阿顺姑娘两朵剪绒花。在吕纬甫母亲的记忆中,隔壁邻居长富有长女阿顺,从小没有母亲,帮助长富操持家务,是个苦孩子。母亲记得这女孩子有个梦想,想要在自己发间插上两朵红剪绒花。母亲想趁吕纬甫回去迁坟之便顺便为阿顺圆梦。阿顺"长得并不好看,不过是平常的瘦瘦的瓜子脸,黄脸皮;独有眼睛非常大,睫毛也很长,眼白又青得如夜的晴天,而且是北方的无风的晴天"——这肖像酷似朱安的一幅照片,可惜我们不是索隐派。吕纬甫在太原城没买到剪绒花,到济南买了两朵,一朵大红,一朵粉红。结果只有阿顺的妹妹阿昭在家,阿昭用陌生的眼光看着他,说家里没人,他就暂时到了斜对面一柴火店老奶奶家,通过老奶奶的叙述,他知道阿顺死得很惨。于是,他只得把两朵剪绒花送给他并不喜欢、长得像鬼一样的阿昭。但吕纬甫回去"对母亲只要说阿顺见了喜欢得了不得就是"。鲁迅这个大孝子,他似乎深谙所谓孝顺心理学原理,只要能瞒得住母亲,谎言撒的越美丽越圆满便越孝顺。

吕纬甫这个当初的启蒙者,现在讲述的却是关于家里一地鸡毛的烦心事。更具有讽刺意味的是,吕纬甫一个月二十块的收入,教书不是教 ABCD,而是私塾,先是两个学生,一个学《诗经》,一个读《孟子》,新近又添了一个女的,读《女儿经》。生存的窘境,把这些启蒙者逼到了墙角。

另一个比较著名的形象是在《孤独者》中的魏连殳,他是一个和乡土社会格格不入的文化人。他的祖母病危,寒石山离他工作的县城"旱道一百里,水道七十里",等他回来,祖母已经去世了。按照乡规乡俗,寒石山村办丧事是非常讲究的。魏连殳在乡亲们的眼里俨然是一个怪物,乡亲们知道魏连殳是个古怪的人,其行为具有某种不可预测性,所以决定在他一进家门就由族长们好好教训教训他,让他在葬礼上按照所有的乡规俗约严格行事。

丧礼在乡亲们的安排下有条不紊地进行着。先是让魏连殳给死者穿衣:在围观的看客眼里,"原来他是一个短小瘦削的人,长方脸,蓬松的头发和浓黑的须眉占了一脸的小半,只见两眼在黑气里发光。那穿衣也穿的真好,井井有条,仿佛是一个大殓的专家,使旁观者不觉叹服"。小说里这段话透露的信息有两点值得注意:一个是魏连殳的肖像描写，虽然是简笔勾勒，却入木三分，那分明是鲁迅的自画像；另一个是写魏连殳给祖母穿衣服的熟练的程度像是一个专家，"那穿衣也穿的真好……仿佛是一个大殓的专家"。为什么如此娴熟呢？这里面隐喻了鲁迅多少痛苦？鲁迅在他父亲病危期间，不知给父亲穿了多少次衣服，而且是在民间司仪衍太太的现场指导下反复演练的。现在，这个细节进入了他的小说里。

"其次是拜；其次是哭，凡女人们都念念有词"——我们知道，活着不孝死了孝，是乡土社会最重要的人文现象，丧礼上吊客们的哭，其中有不少属于仪式表演的特点。魏连殳在丧葬现场的另类表现的主要特征是不会像吊客们那样哭，这在围观者的眼里也太诡异太不过瘾了。在"我"的眼里"连殳就始终没有落过一滴泪，只坐在草荐上，两眼在黑气里闪闪地发光"，"大殓便在这惊异和不满的空气里面完毕"，围观者也快快走散，这时，魏连殳却"忽然……流下泪来了，接着就失声，立刻又变成长嚎，像一匹受伤的狼，当深夜在旷野中嗥叫，惨伤里夹杂着愤怒和悲哀"。围观的乡亲们惊呆了——终于看了一场"老例上所没有的"好戏。乡土社会里的看客，最喜欢看的就是人间的婚丧嫁娶。而在丧葬仪式上，最具看点的便是鉴赏每个吊客的哭相，谁会哭谁不会哭，谁的哭相是这样或那样的，这些小小的花絮，事后都会成为鉴赏家们重要的谈资。

小说里还写到对家庭遗产的处理，魏连殳是唯一的合法继承人，可他又不当回事，但村里的老乡当回事，你不继承有人要继承，所以邻居照例给他找到本家的一个孩子，要过继给他。魏连殳觉得这很无聊，他愿意把遗产交给伺候祖母的佣人。

魏连殳回到城里租房住，是由于生活所迫，还是什么其他方面的原因？令人费解的是，魏连殳当了杜师长的一个幕僚，这等于出卖了自己的灵魂。谁都知道，读书人有洁癖就是爱惜羽毛，读书人的底线就是独善其身。鲁迅是一贯讨厌读书人去做什么帮闲和帮凶的。这是魏连殳难以自圆其说的人格矛盾处。这种自毁式的恶作剧，我们似乎难以理解，要不要把这样诡异的行为纳入到现代知识分子的行为艺术里去探讨？老生常谈的悲剧意识阐释似乎已经难以释出新意。魏连殳给"我"的信里说："你以为我疯了么？你以为我成了英雄或伟人了么？""我已经躬行我先前所憎恶，所反对的一切，拒斥我先前所崇拜，所主张的一切了。我已经真的失败，——然而我胜利了。"这样诡异的行为在世俗的眼里便是魏连殳"交运""走红运"了，于是房东孩子们的祖母赶紧把正房腾出来让魏连殳住，甚至劝魏连殳趁自己光鲜时"结一门亲很容易；如果没有门当户对的，先买几个姨太太也可以：人是总应该像个样子的。"S城最具道学气的《学理闲谭》等报纸杂志，也把魏连殳往日难以理解的诡异行为，如今都美化为连篇累牍的名士逸闻去登载宣传，以佐证魏连殳"且夫非常之人，必能行非常之事"。待到"我提着两包闻喜名产的煮饼"去拜访魏连殳时，却正碰上魏连殳的葬礼。

《孤独者》这篇小说没有发表过，等到《彷徨》正式出版的时候，鲁迅才把这个小说放进去。这显然是鲁迅的私藏。《孤独者》隐喻了鲁迅一些不可告人，同时对他来说又是具有毁灭性重创的私生活疑点。《孤独者》因此颇有索隐意味，狡猾的叙事人也难掩自己狐狸的尾巴，吊足了狗仔队的胃口，然后又在悬疑处随机掐断。让人无从辨识，不可稽考。

还有《伤逝》，这是鲁迅唯一的爱情小说，按周作人晚年的回忆，这个小说是写给他的，"《伤逝》不是普通恋爱小说，乃是假借了男女的死亡来哀悼兄弟恩情的断绝的，我这样说，或者世人都要以我为妄吧。但是我有我的感觉，深信这是不大会错的。"（《知堂回想录》）周作人1925年10月12日在《京报副刊》（第295号）上以丙丁笔名翻译罗马诗人卡图路斯的《伤逝》："我走迢递的长途，/ 渡过苍茫的大海，/ 兄弟呵，我来到你的墓前，/ 献给你一些祭品，/ 作最后的贡献，/ 对你沉默的灰土，/ 作突然的话别，/ 因为她那命运的女神，/ 忽而给予又忽而收回，/ 已经把你带走了。/ 我照了古旧的遗风，/ 将这些悲哀的祭品，/ 来陈列在你的墓上：/ 兄弟，你收了这些东西吧，/ 都沁透了我的眼泪，/ 从此永隔冥明，兄弟，/ 只嘱咐你一声珍重！"

借他人之酒杯，浇自己之块垒，乃弟周作人似乎在向鲁迅告别；而时隔仅仅九天，乃兄鲁迅也写了《伤逝》。《伤逝》篇末鲁迅表明的写作时间是"一九二五年十月二十一日毕"。同《孤独者》一样,《伤逝》也是在收入《彷徨》前没有在报刊上发表过的小说。《彷徨》于1926年8月,由北新书局初版。两篇《伤逝》的同时出现,绝非巧合。兄弟失和是鲁学研究中愈涂愈黑的学案之一,我们无意于去蹚这浑水,但或许正是这一地鸡毛的烦心事才催生了《伤逝》这篇唯一的爱情小说。一般来说,在婚姻上一塌糊涂的鲁迅是不谈爱情的,可在这里他也不得不借助于这样一个话题,来言说自己内心的荒凉。《伤逝》这篇小说一改往日那种"零度写作"的冷漠方式,压抑良久的生命激情喷涌而出,如行云流水般,幻灭感伤中亦不失优雅的抒情方式,这在鲁迅小说里绝无仅有。《伤逝》副标题为"涓生的手记",采用第一人称倒叙手法,追忆"我"即涓生和子君从恋爱到同居到毁灭的全部过程。在挽歌式的追怀中,回应了那个时代知识青年需面对的"娜拉走后怎样"的课题。

涓生和子君是新式的恋爱,子君是鲁迅小说唯一正面描写的新女性知识分子。受到时代的蛊惑,俩人恋爱谈论的内容是雪莱、易卜生,谈的是个性解放,涓生向子君求爱的方式都是西式的单腿跪下,很少谈论需要面对的生活。在看客的眼里,他们的恋爱就是一场纯粹的精神裸奔。他们先是好不容易在吉兆胡同里租到了房子,在感伤浪漫的同居后,生活终于露出了它狰狞的脸孔。《伤逝》悲剧总结的恋爱法则或经验教训是"人必生活着,爱才有所附丽";在这样的基础上"爱情必须时时更新,生长,创造"。如鲁迅在《娜拉走后怎样》里说,"梦是好的;否则,钱是要紧的";"高雅的说罢,就是经济……自由固不是钱所能买到的,但能够为钱而卖掉"。

《伤逝》可以说就是鲁迅于1923年12月26日在北京女子师范大学演讲的翻版,其结论未免太悲观了。鲁迅在演讲中说"娜拉既然醒了,是很不容易回到梦境的,因此只得走;可是走了之后,有时却也免不掉堕落或回来"。这个"堕落或回来"的悲观的结论,为刚刚开启的女权运动泼了凉水,鲁迅下意识地以男权意识去妄下断语。这自然涉及一个敏感的性别话语。

第四类,这类知识分子是作为第一人称"我"在小说里出现的,我们做一梳理,大概有四种情况。

1．"我"作为启蒙者,却无法启蒙对方。这类小说有《祝福》和《故乡》。

《祝福》当中的"我",回到鲁镇寓居在鲁四老爷家,在"我"的眼里佣人祥林嫂是不幸的,需要救助的。祥林嫂知道"我"是读书人,就问"我"说,"一个人死了之后,究竟有没有灵魂?"这是祥林嫂感到很恐惧亟待解决的问题。多事的柳妈对祥林嫂说,像她这样的女人死了以后,会有两个男人要在地狱里争夺她。于是祥林嫂就到土地庙捐了一个门槛来赎罪,但她并没有因此解除自己的恐惧,所以祥林嫂就问"我",人死了以后有没有灵魂,有没有鬼魂? 而"我"回答不上来。因为在"我"看来,不知道祥林嫂需要什么答案;另一方面,"我"确实不知道人死了以后有没有灵魂。也就是说,被启蒙者求教启蒙者问题,启蒙者回答不上来,解答不了。这个老师是不称职的,这个启蒙者是有缺陷的。"我"只好用"说不清"来搪塞;"我"恨不能即刻从鲁镇,从祥林嫂的眼前逃离。这就是启蒙者的尴尬和局限,这也是对启蒙的反思。

另一个"我"就是《故乡》里的迅哥儿。"我"回去搬家,遇到了闰土,"我"想叫"闰土哥",而眼前的男人却叫我"老爷"。闰土是"我"儿时的玩伴,也是佣人的儿子。"我"无论如何都想象不出"这正是一个廿年前的闰土"——"深蓝的天空中挂着一轮金黄的圆月,下面是海边的沙地,都种着一望无际的碧绿的西瓜,其间有一个十一二岁的少年,项带银圈,手捏一柄钢叉,向一匹猹尽力的刺去,那猹却将身一扭,反从他的胯下逃走了。这少年便是闰土",曾经给"我"儿时带来很多的欢乐,而现在成了几个孩子的父亲,麻木不仁,见了"我"还叫"老爷"。"我"想和闰土回到过去重温童年的快乐而不能;"我"只能把一些有用的东西留给了闰土,而不是留给讨厌的豆腐西施。《故乡》是鲁迅颇具原乡意味的作品,有人把它称为"伟大的东方抒情诗"。

2．"我"作为启蒙者,没有启蒙对方,反而被"被启蒙者"启蒙了。

这是一种离奇的反向过程,是对启蒙者的反讽。《一件小事》当中,"我"被黄包车夫启蒙了。"我"人力车去S门,车夫却遇到一位需要救助的老妇，车夫不管"我"嫌他多事，而去救助了这位老妇。"我这时突然感到一种异样的感觉，觉得他满身灰尘的背影，霎时高大了，而且愈走愈大，须仰视才见。而且他对于我，坚决的又几乎变成一种威压，甚而至于要榨出皮袍下面藏着的'小'来。"这是知识者的良知发现。我们知道，蔡元培在1918年11月11日于北京发表过题为"劳工神圣"的演讲，这是当时一件影响重大的启蒙事件；还有基督教的原罪意识、十二月党人和民粹主义也是当时的流行思潮。《一件小事》与此不无关系。新文化作家多有此类写作，如胡适的《人力车夫》，郁达夫的《薄奠》和后来老舍的《骆驼祥子》等。

3. "我"和主人公的对话，或主人公和"我"的对话。这是很有意味的。我们在这里试以《在酒楼上》和《孤独者》说明。

苏联巴赫金就把陀思妥耶夫斯基的这类小说结构称为"复调结构"，巴赫金借用了音乐学中的术语"复调"，来强调这类小说的双声部乃至多声部的审美特征，从而构建了自己的复调理论。

《在酒楼上》，"我"先出场，一段冗长的铺垫之后，吕纬甫才姗姗来迟。"我"和吕纬甫的对话，有点儿像"我"和影子的对话，或影子和影子的对话；以创作主体来讲，是鲁迅自己和自己对话。"我"和吕纬甫在小说里都获得了主体性，都是小说的主人公。小说开始，"我从北地向东南旅行，绕道访了我的家乡，就到S城"，遍访故人没有找到，百无聊赖，就去先前吃过饭的叫一石居的酒楼吃饭。"我"没想到在这个酒楼上遇到老故交吕纬甫。上到酒楼，他俩都首先深情地关注后窗的废园，在他们"眼睛看来，却很值得惊异了：几树红梅竟斗雪开着满树的繁花，仿佛毫不以深冬为意；倒塌的亭子边还有一株山茶树，从暗绿的密叶里显出十几朵红花来，赫赫的在雪中明的如火，愤怒而且傲慢，如蔑视游人的甘心于远行"。这油画般的工笔描绘，在鲁迅小说里也有其特殊的精神隐喻。他俩喝了五斤绍酒，他俩都在问对方"你为什么回来"，这里就出现了故乡的意象，故乡就像如来佛的手掌。两个人觉得没出息，为什么我们要回来呢？当然，吕纬甫回来是要给弟弟挪坟，但是对于"我"来讲，只是一个过路的游子。吕纬甫在这里使用了一个苍蝇的意象：苍蝇在一个污点上叮着，受到外力的惊吓飞走了，在飞了几圈之后仍没有找到新的污点，又回到原来那个污点上叮着。人为什么一辈子走不出自己设置的怪圈？人就是自己的掘墓人。家乡就像一个八卦阵，走不出去。家乡就像如来佛的掌心，游子即使如孙悟空一个筋斗翻十万八千里，最终也没有逃出如来佛的掌心。这是很悲剧的，"我"和吕纬甫都痛切地意识到自己的失败，他们这些被故乡放逐的游子，成了边缘人。他们寓居在城里，觉得自己的家在乡下；可是回到乡下，又觉得乡下很陌生，已不属于自己，应该回到城里。这些逃离故乡或被故乡放逐的游子在城与乡的边缘处彷徨游弋，哲学上叫"边缘人"。

《孤独者》中的"我"不只是个旁观者、叙述者，也是一个有主体性的参与者，"我"和魏连殳是在寒石山相遇相识的朋友，"我"是这个乡土社会唯一试图理解，也是能够和魏连殳对话的读书人。打个不恰当的比喻，魏连殳与"我"，有如庄子和惠施（当然鲁迅是讨厌道家的）。正是由于"我"的存在，才使魏连殳的孤独得以哲学意义的发挥。有一次魏连殳和"我"说，某一天他在街上走着，碰到一个还不能很好走路的小孩儿，拿着一片芦苇叶当宝剑使，指着他说，"杀，杀！"惊异于这样的诡异和反常，于是他俩就开始讨论人之初性，"这是环境教坏的"，还是人性固有的？这个讨论涉及鲁迅曾经信奉的进化论。本来"救救孩子"是在"没有吃过人的孩子，或者还有"（《狂人日记》）的基础上提出的命题。以前鲁迅认为孩子是无辜的，像一块未雕的玉，是后天的教育才把他们教坏的，因此要保护拯救孩子，这才是"救救孩子"的本义。鲁迅家里有两种烟，好烟是给学生抽的，自己抽不太好的烟，因为他认为学生是有希望的。可现在看来，这娃刚会走路就要杀人，这问题就严重了。以前的命题可能是伪命题。

人之初性是什么？《三字经》告诉我们"人之初，性本善"，这是孟子告诉我们的。孟子是温柔的，他何尝不知道人之初性除了善也有恶的基因？但他意在隐恶扬善，所以孟子实在是一个深谙人性和教育艺术的伟大的思想家和伟大的教育家。孟子有个辩论的对手叫告子，告子主张人之初性为"无善无恶"（《孟子·告子》）。稍后于孟子的还有荀子，荀子的观念和孟子恰好相反,荀子的观念是"人之性恶,其善者伪也"(《荀子·性恶》)。到了西汉,杨雄认为"人之性也善恶混",被称为"既善又恶论"。鲁迅通过"我"和魏连殳讨论这个问题,表明他原来尊崇的进化论思想受到了质疑。

还有就是《伤逝》当中的"我",涓生和子君共同讨论娜拉走后怎样。由于涉及性别话题,在这里就不多说了。

4. 还有一类"我"就是"狂人",鲁迅的第一篇现代白话小说就是《狂人日记》。这个短篇以日记的形式,对"我"这个"迫害狂"患者的精神状态和心理活动的展示,宣喻了一个时代性的主题。

鲁迅一生致力于对中国文化的解构,对中国人性的批判,这是一个无可回避的事实。尽管我们今天是从通识的意义上去和鲁迅对话,但我们有意选择知识分子这个角度去解读鲁迅小说,是企图寻找阐释鲁迅的另一种方式。鲁迅在他的短篇小说集《呐喊》和《彷徨》里,塑造的知识分子还不止我们今天讲到的这些,还有一些边缘的人物和相关的问题,无法在这里展开。可以说,鲁迅的小说人物,包括鲁迅小说的国民性思考和对礼教文化的思考,基本上都是以知识分子为主体而建构起来的。鲁迅作为思想型的小说家,自然会有其缺陷,但不会因为时代语境的切换,而轻易被否定。相反,可能正是由于时代语境的切换,其价值反而被彰显。鲁迅的价值就是对传统文化的解构。汉文化有所造化,正在走向新生,实现现代创造性的成功转型,其沧桑正道或许正是由这解构到建构的涅槃。

耽误大家时间,我就讲这么多。

二〇一五年十二月十三日

第二辑　抗战·记忆

抗日战争与中华民族的复兴

荣维木

荣维木，1952年生于北京，抗日战争史专家。中国社会科学院近代史研究所《抗日战争研究》原主编；现任中国社会科学杂志社首席研究员、中国抗日战争史学会秘书长、中国口述史研究会副秘书长，中日共同历史研究委员会中方委员。著有《炮火下的觉醒——卢沟桥事变》《中国人民解放军史话》《李宗仁大传》等多部作品，并主编《日本教科书问题评析》《中华民族抗日战争史》等著作；论文《谁在制造谎言——评日本右翼的军国主义史观》获中宣部第八届"五个一工程"理论文章入选奖。

发扬抗战精神，
振兴中华民族。

荣维木
二〇一五.8.2

中华民族的复兴,正如胡绳说的,近代中国摆着两个问题,第一个问题,如何摆脱帝国主义的统治和压迫,成为一个独立的国家;第二个问题,如何使中国近代化,这两个问题显然是密切相关的。因为落后,所以被挨打,因为不断挨打,所以更落后。中国的抗日战争恰恰为中国解决这两个基本问题,提供了前所未有的经验。此外,抗日战争中不断成长起来的进步力量也最终成为引领中国走上复兴之路的核心。

非常高兴与山西的朋友一起交流。山西在抗战中是一个典型,中国抗战是中华民族全体的抗战,不是任何一个党派单独的战争。这个整体性在山西表现得特别典型,它有两个方面:

第一是人的整体性,不管你是国民党也好,共产党也好;你是地主也好,农民也好;你是资本家也好,工人也好。在民族危亡的时刻,都一起起来参加抗日战争,我们八年抗战,应该说是中华民族全体的战争。山西就是这样,既有国民党的抗战,也有共产党的抗战。八路军总部整个抗战时期基本都驻军在山西,先后转战武乡、左权等地,国民党也发生了很多战斗,比如说太原保卫战,中条山战役,八路军和国民党都在山西抗战过,这是第一个整体性。

第二个整体性,中国抗战是在非常艰难困苦的情况下进行抗战,从地域上来讲,它是一个犬牙交错的状态,山西又是正面战场,一开始平津战役以后,日军沿着张家口往山西过来了,比较早的抗战发生在山西,这是正面抗战;同时它又是敌后战争,红军改编八路军以后,三个师在山西抗战前线,一直坚持了八年,到日本投降;同时山西又是沦陷区,日本军队过来以后,占领了很多大的城市,日本的暴行在山西反映得也比较突出。比如说劳工问题,山西的劳工非常多,还有像中条山战役以后,国民党军队的很多战俘就变成劳工了;再比如说,我们知道日军在山西曾大量强征"慰安妇",尤其在盂县、平定等地,所以"慰安妇"在山西的情况也比较多。山西既是前线,又是后方,也是沦陷区,但山西都是坚持以各种形式反抗日本的侵略。

今天我讲的题目叫《抗日战争与中华民族的复兴》，习近平总书记在2014年7月7日发表了重要讲话，指出在新的历史条件下，全国全党各族人民要大力弘扬伟大的抗战精神，不断增强团结一心的精神纽带、自强不息的精神动力，继续朝着中华民族伟大复兴的中国梦奋勇前进，不断以坚持和发展中国特色社会主义新成就告慰我们的前辈。这里面讲到两个问题，一个是抗战精神，一个是中华民族复兴的中国梦问题。我今天要讲的是抗战精神与中华民族复兴之间的关系。

习近平总书记在2014年9月3日的讲话中比较明确地提出来，在中国人民抗日战争的进程中，形成了四个精神：第一，中国人民向天下展示了"国家兴亡，匹夫有责"的爱国情怀；第二是视死如归、宁死不屈的民族气节；第三是不畏强暴、血战到底的英雄气概；第四是百折不挠、坚韧不拔的必胜信念。这是抗战精神的四个内容。

抗日战争与中华民族的复兴有直接的关系，今年已经是抗日战争胜利70周年，我们为什么还要不断地纪念抗日战争，要学习这段历史呢？我想，我们就是要学习这种抗战精神，为了中华民族的复兴而继续努力。

抗日战争对中国的复兴起到了什么样的作用？为什么说抗日战争是中华民族复兴的枢纽？我从这三个方面进行一个解读。

一、抗日战争与中华民族复兴

中国近代史的开端就是中国屈辱的开端，以鸦片战争为起点，鸦片战争的结局是什么呢？就是签订了《南京条约》，中国不再是一个完整、独立的国家，是一个接受了不平等条约的半殖民地国家，丧失了主权。紧接着，英国和中国签订条约以后，其他西方列强，甚至很多小国家，如比利时、荷兰都要和中国签订不平等条约，中国没有办法，因为丧失了国家的独立主权。

没有独立主权的国家，不是一个自立于世界民族之林的国家。近代中国各朝政府也看到了这个问题，辛亥革命前，晚清政府看到了这个问题,他搞宪政运动的时候,也提出来要和西方列强修订不平等条约,但是帝国主义不同意。辛亥革命以后改朝换代,北洋政府取得国家政权,他也提出来要废除不平等条约,但是没有做到,不仅没有做到,还加深了中国的殖民地危机。比如袁世凯在1915年(民国四年)签订了"民四条约",熟悉中国近代史的朋友们都知道,中国有个"二十一条","民四条约"就是依据二十一条来的,北洋政府不仅没有废除和列强的不平等条约,还加深了半殖民地的程度。

1927年又改朝换代,以国民党为首的国民政府成立了,他也要废除不平等条约,都不想受外国欺负,要发展,当时提出来"革命外交",革命外交的主要内容就是要和西方列强废除不平等条约,但是没有做到。

总的来讲,在抗日战争爆发之前,中国不是一个具备完整独立主权的国家,作为一个国家,这点非常悲惨。举个例子,在座很多朋友去过北京,北京有一个中山公园,里面有一个碑,碑上写的是"保卫和平",郭沫若的题词。为什么要立这个碑呢?1900年八国联军入侵中国,占领了北京,当时德国公使克林德非常张狂,在入侵北京的时候,在东单和东四之间被中国人给打死了,德国人就不干了,中国失败了,签订了《辛丑条约》,第二条就是要在克林德死的地方立一个牌坊,就立在马路中央。

中国在名义上参加了第一次世界大战,第一次世界大战结束以后,中国是战胜国,德国是战败国,所以克林德在这儿立碑是不合适的,于是重新修建,叫"公理战胜强权"。大家都知道,公理并没有战胜强权,第一次世界大战,中国是参战国,是战胜国,但并没有摆脱受帝国主义操纵和摆布的命运,很明显五四运动的爆发就是反对日本的"二十一条",反对巴黎和会,中国作为战胜国,并没有收回山东的主权,而是被日本拿走了。

我们可以比较一下,第一次世界大战和第二次世界大战,中国都是参战国,并且都是战胜国,结果结局和命运完全不一样,第一次世界大战中国没有摆脱屈辱的地位。

这个碑到了50年代,决定把"公理战胜碑"题词改为"保卫和平",应该说在抗日战争爆发之前,晚清政府也好,北洋政府也好,国民政府也好,都没有做到使中国取得有尊严的地位。这个地位是什么时候取得的? 就是从抗日战争。抗日战争爆发后,中国开始真正走向一个具有独立主权的国家,至少从法律上讲是这样。

1943年有一个"废约运动",废除中国和一切外国签订的不平等条约,新约是什么? 就是要签订平等条约。美国、英国等所有西方国家,和中国签订过不平等条约的国家都退出了,要签订平等的新约,这是1943年。

中国的国际地位在抗日战争中也提高了。我们知道,1941年太平洋战争爆发以后,中国的抗日战争就融入到世界反法西斯战争中,中国在同盟国之中,受到了极大的重视。1942年联合国要成立,中国就作为世界上四大发起国之一,参与了联合国的建立工作。过去中国是一点儿地位都没有的国家,但是当中国的抗日战争融入世界反法西斯战争以后,地位马上提高了,受到了世界的尊重,有了讨论国际秩序的权利。

这不是外国对中国的恩赐,而是中华民族自己争取到的,中国抗日战争开始得比较早,从1937年,中国开始了全面抗战,到1945年是八年时间。从1931年九·一八事变以后算起是十四年时间,那六年是局部抗战。

为什么它是局部抗战呢? 当时国民党还没有改变"攘外必先安内"的政策,所以它是局部抗战,有中国共产党领导的东北抗日联军,还有东北义务军,当然国民党正规军也有抗战,那都是局部的。总的来讲,中国全民族的抗战没有形成。

无论怎么说,中国在东方抗击法西斯国家的侵略是最早的。从1931年算起到太平洋战争爆发是十年的时间。在没有外援和外援非常少的情况下独自抗击日本的侵略,在世界反法西斯战争的过程中,有非常重要的作用。

第一,中国的抗战阻止了日军北进。日本对外扩张有两个指向,一个是向北,一个是向南,向北是进攻苏联,向南是和英美争地方。但是他有一个前提,就是先占领中国。日本最早提出"对外扩张"的大陆政策是1890年，当然，他侵略中国比这个更早，1874年侵略中国台湾。甲午战争之前的四年，1890年，日本召开了第一届帝国会议，在会议上，日本明确提出了对外扩张的政策，叫作"大陆政策"。

日本是一个岛国，土地面积狭小，缺少资源，明治维新以后要搞现代化建设，他没有原料，产品出来以后没有市场，另外资本市场也没有，所以提出来向大陆扩张。

日本的扩张性很强，过去日本和中国是一样的，我们知道，1840年英国炮舰开到中国以后，打开了中国壁垒的大门。日本也是这样，1853年的时候，美国的军舰就去了，也是用大炮威胁日本，要签订一些不平等条约，这叫"黑船事件"。所以这两个国家开端的时候，命运是一样的，但后来走的道路不一样。

1853年黑船事件的十几年之后，日本明治天皇上台，进行了很多改革，要学习西方，发展日本国力。日本还有个大的思想家叫福泽谕吉，他提出了著名的口号叫"脱亚入欧"，亚洲太落后，过去日本都是学习中国，这个时候他要入欧，学习西方先进的生产技术、管理方法、制度，另外也要学习西方怎么侵略、欺负其他国家。

大陆政策就提到了这个问题，日本是个岛国，明治维新以后要发展就要扩张，学西方列强。英国也是个岛国，它的崛起比较早，是个老牌帝国主义国家，叫"日不落帝国"，要插遍英国国旗。它首先侵略的对象就是大陆。日本有一个利益线，有一个生命线，大陆是它的生命线，它必须到大陆才能发展。1890年制定了大陆政策，扩张的对象就是朝鲜半岛和中国的东北地区。甲午战争打败了清政府，打败了中国，当时他就想实现大陆政策，实现了一部分，就是占领了朝鲜半岛，一直到1910年，朝鲜半岛完全成为日本的殖民地。

这个还不够，他还要占领中国的东北辽宁。由于俄、德、法干涉当时没有得逞，《马关条约》签订，中国赔款是两亿两白银，三国干涉以后，中国又多花了三千万两白银，把辽东赎了回来。九·一八以后，日本也要渗透，这样和苏联发生了很大的冲突，它一直要北进。到了1939年，日本全面侵华战争已经开始两年，他还是要找机会，也做过进攻，但是失败了。为什么失败了？就是因为1939年全面中日战争已经爆发两年多，他没有足够的兵力支援北线对苏的作战。

日本当时看不起中国，采取的是速决战，日本在发动战争的时候就说，我们的邮递员，骑自行车的铃声响了，那就肯定是送来捷报了，三个月要灭亡中国。但是没有，中国有抗战精神，要血战到底，没有屈服，日本就逐渐在中国增加兵力，所以很多兵力被牵制在中国战场，没有更多兵力进攻苏联。一直到日本战败投降，北进计划一直没有实现。

1941年6月，德国闪电战进攻苏联，苏联一直往后退，希特勒这个时候曾经要求日本从东线，西伯利亚那边进攻，这样从东西两线夹击苏联。这个想法从战略上来讲是对的，两线作战会对苏联造成非常大的困难，但是日本内阁会议权衡半天，他也不是没有这个打算，而且还做过演习，叫"关东军特别大演习"，但是权衡了半天不行，不能把那么大的兵力投入到对苏战争。中国的防御刚刚告一段落，还处在相持阶段，所以没有答应希特勒的请求，这是第一个战略作用。

第二个战略作用，延缓了日军南进，为盟军作战创造了一个准备时间。一般来讲，欧洲记述历史的方式，第二次世界大战都是从1939年德国入侵波兰算起。二次大战爆发，日本非常兴奋，西方不管是法西斯德国也好，英美也好，都把焦点放在了欧洲，欧洲的局势非常紧张，可以给日本创造一个机会，日本就开始琢磨，我们能不能趁着这个机会打到南洋去？因为对太平洋地区会有所放松，比如南洋、东南亚国家等等。这时候日本也频频召开内阁会议讨论这个事。

南洋出铁、煤、橡胶、石油，日本很早就觊觎这个地区，但是考虑了半天，最后还是没有动，为什么没有动？因为中国战场牵制了他绝大部分的兵力，他不可能很快就发动太平洋战争。

当年美国和英国对日本有一个制裁，最致命的就是石油的制裁，日本没有石油，还有就是生铁的制裁。那么发动太平洋战争，它的兵力也是不充沛的，所以中国的贡献非常巨大。当时美国总统罗斯福，英国首相丘吉尔，苏联大元帅斯大林，包括远东红军总司令朱可夫等等，都对中国抗战所做的贡献，有特别高的赞扬。丘吉尔说，如果没有中国的抗战，日本就打到中东了，可以和德军会师了，世界局面就会不一样。正是因为中国对于世界反法西斯战争做出了这种战略上的贡献，所以1942年联合国成立中国才作为四大发起国之一。国际地位提高，才有了1943年的废约运动和新约运动。

应该说，我们中国在抗战时期对于国家主权的获得，国际地位的提高，是靠着中国人民自己的努力取得的，这是抗日战争和中华民族复兴的第一点。

二、抗日战争与中国现代化进程

这个问题过去很少有人注意，近些年来，有不少人在关注这个问题。中华民族的复兴包含了两个互相关联的意思，正如胡绳说的，近代中国摆着两个问题：第一个问题，如何摆脱帝国主义的统治和压迫，成为一个独立的国家；第二个问题，如何使中国近代化，这两个问题显然是密切相关的。因为落后，所以被挨打，因为不断挨打，所以更落后。中国的抗日战争恰恰为中国解决这两个基本问题，提供了前所未有的经验。

上面已经讲到了国家主权的问题，现在就讲讲现代化的问题。抗日战争对中国的现代化产生了什么样的影响？我认为应该从两个方面来考察，一方面，日本的侵略打断了中国原有的现代化进程；另一方面中国在抗日战争中积累了新的现代化因素。

日本的全面侵华打断了中国原有的现代化进程可以追溯到甲午战争，甲午战争对于中国有一个非常悲惨的结局，还不是两亿三千万两的白银赔款，而是中国争取现代化的洋务运动破产了。

我们知道，明治维新运动成功了，而中国的洋务运动掺杂的封建性太强，没有成功。它也是学习西方的技术，做一些工业设施、建设等等，但是最后没有搞成。而日本的现代化进程是以对中国的侵略为条件的，因为工业需要的原始资本积累，这在帝国主义时代是靠掠夺的。

《马关条约》签订之后，中国对于日本的赔款是两亿三千万两，这个数字相当于日本年财政收入的四倍，非常巨大的赔款。日本老吹嘘它的教育程度比中国高,中国文化落后,确实日本普及教育的程度非常高,因为很多赔款用在发展教育,很多重工业也是靠中国赔款建立起来的。

中国正好相反,本来中国就是一个落后的国家,生产力水平非常低下,整个国民生产总值非常低,《马关条约》签订以后,中国就没有钱了,国库空虚。甲午战争掀起了帝国主义瓜分中国的恶浪,加深了半殖民地的程度。

现在史学界有一种说法,在辛亥革命以后,北洋政府的十年,中国经济有一个复苏。这个可以理解,封建王朝被推翻了,为社会发展创造了一个空间;还有一种说法,国民政府执政一直到1937年,是中国经济增长速度非常快的时期。刚才我讲到一个废约运动,国民政府在30年代以后,通过谈判、革命外交,达到了一定程度上的关税自主。有学者统计,1927年到1937年中国经济增长速度达到了10%,其中现代化工业所占的比例也在上升。

我们可以猜想一个美好的前景,如果按照这个速度,中国渐渐向工业化的速度会慢慢发展,但是由于日本的侵略,把中国现代化的进程就完全打乱了。中国经济有一个特点,就是地域上的不平衡,现代化工业大都建立在东南沿海地区、江浙一带等等,1937年以后到1938年,中国东南沿海的工业基本上就没有了,有的损于炮火,有的被日本掠夺了。

日本的侵略打断了中国原有的现代化进程,我们是1000亿美元的直接损失和5000亿美元的间接损失。但这只是问题的一个方面,我认为在抗日战争中,中国又积累了新的现代化因素,这个是非常不容易的,现代化是一个综合性指标,既有经济指标,也有其他指标。比如,国家民主程度的高低;又比如,你是不是一个独立自主的国家,你如果不是独立自主的,那就不是现代化国家;再比如,你的国民意识,现代化国家的国民意识要高,教育程度比较普及,是一个综合尺度。当然,最主要的是经济尺度,关于经济以外的,比如民主程度、外交情况、国民教育情况,时间有限这些我就不讲了,我就讲讲经济方面的情况。

抗日战争爆发以后,中国如果要坚持长期抗战,没有经济的支撑是绝对不行的，它不是军事上的较量，而是全方位的，也包括经济。由于中国经济发展不平衡，在抗日战争爆发之前，中国主要的工业区都被日本占领了，这个就给中国人提出了一个问题，你要不要抗战？要不要保持一个国防工业经济？国民政府在30年代已经有一个思考，成立了"资源调查委员会"，勘探中国的一些矿藏等等；另外还考虑国防工业布局的合理性，最早提出是在1932年。这个时候国民政府有一个盘算，考虑到中国和国防相关的工业多在东南沿海很危险，很容易被日本占领，于是就考虑，要把和国防相关的工业西迁，有这个打算。但是这个打算还没有实施，日本就发动了七七事变，全面侵华战争开始了。

中国在最艰难的时候，举行了一个大规模的西迁，中国要坚持抗战，沿海工业必须西迁，西迁的目标一开始在湖南，后来又到西南（四川、贵州、云南）等，还有西北。工业内迁对于中国暂时的经济维持起到了至关重要的作用。不仅这样，在工业内迁的过程中，积累了一些现代化的因素，因为战争需要重工业，需要机械工业，所以重工业和机械工业的发展，在抗战时期特别明显。

举个例子，1937年全面抗战爆发之前，在西南、西北地区，四川、云南、贵州、陕西、甘肃、湖南、广西这七个省的工厂数加起来，只占全国的6.03%，资本总数仅占全国的4.04%，非常少，几乎可以忽略不计，而且这种工业基本是手工业，没有什么机器工业。到了抗战爆发以后情况就不一样了，到1943年后方各省的工厂企业已经达到4000多家，增加了18倍，工人数增加了82倍，资本增加了164倍，不仅改变了中国原有的工业布局，也反映出了中国现代化工业区域的扩大，这是从数量上来看。

从质量上来看也不一样，工业内迁提高了工业技术的现代化程度。1912年到1937年以发明专利的申报来做比较，平均每年是10件。到了战时超过40件的就有五个年份，1944年一年竟然达到了94件，其中以重工业发明专利为主。除了工业内迁反映出来的经济状况，现代化金融，现代化水利建设，交通建设，现代化的农业推广等等都是一个被迫的事情，但在战时都有很大的发展。

应该说，抗日战争时期中国的经济有一个现代化因素的积累，主要表现在工业方面、农业方面等等。

有两点需要补充说一下，刚才说的都是所谓的工业内迁，指的是国民党统治的工业内迁，我们再看共产党领导的根据地和被日本占领的中国沦陷区。

先讲根据地。一般来讲，中国革命有一个特点，革命的生长肯定是在最艰难的地方，以共产党来说，它在抗日战争之前，土地革命战争也好，抗日战争也好，都是在最贫穷、最落后的地方，就是在解放战争初期也是这样的。在落后地区，它不具备搞现代化的条件，比如在抗日战争时期，共产党领导的根据地有没有经济方面的现代化因素积累？我认为也是有的，表现在什么地方呢？它是生产关系的改变，阶级成分的变化。

在根据地，共产党扶植开荒，使得中农以上的农民成分所占比例越来越高。这个对于生产关系的改变是有推进作用的，为最后消灭封建土地私有制创造了非常好的条件。

再说沦陷区。所谓建立"大东亚共荣圈"是当时日本帝国主义发动侵略战争的幌子，现在日本的右翼还用这样的说法解读当时为什么到中国来，他们不说侵略，比如小丰满水电站就是日本占领东北时期建立的，现在不是还在用吗？他们持这种说法。这种观点在国内也引起了一些人的赞同，沦陷区东北就是搞得好，包括东北的水稻经过日本的改良，产量高，也好吃。但我认为这种说法是完全不对的。有一个著名历史学家讲到中国的现代化问题，他说现代化是两种现代化，一种是帝国主义允许下的现代化，一种是我们独立自主的现代化。日本侵略中国时期，在沦陷区的现代化是前者现代化的一种表现，是中国不需要的。

为什么中国不需要？日本每建一个大的工厂、设施，要动用很多的中国劳工，中国劳工在东北地区死亡率是最高的，东北有很多万人坑。因为日本要修一个工厂，中国劳工要么饿死，要么被他们打死，和中国民族复兴完全天差地别，我们需要的不是这样的现代化，这是第一个理由。

第二个理由，马克思曾经对于殖民地现代化有一个评价，他在1853年写了两篇文章，专门论证这个问题，讲到英国殖民地，一方面是杀人放火，干了很多坏事；另一方面，他要侵略，取得利益，有了现代化的生产技术、生产关系，它是充当了一个不自觉的历史角色。

我们用马克思的观点来解读还是合理的。现在日本右翼的说法是完全不合理的。

三、抗日战争与中国进步力量的上升

中华民族的复兴需要有一个重要的条件，刚才我们讲的是国家独立的问题，还有经济上的现代化问题，还有一个最重要的问题就是在政治方面的。中华民族复兴需要有一个重要条件，就是使这个进步力量不断成长最终成为引领中国走上复兴之路的核心。抗日战争具备了这样的条件。为什么说抗日战争具备了这样的条件？一个从战争的政治环境来说，一个从战争的军事环境来说。

（一）政治环境

近代中国社会有一个很大的特点，它是长期分裂的，它还是一个长期专制的社会。辛亥革命推翻了封建专制，对于民主的向往成为中国追求现代化的目标之一。民主是一个口号，但是做不到，分裂还是第一位的，有了分裂就必须要专制，因为分裂的情况下没有民主。

国民党执政以后，把这个专制推向了极端，叫作"一党专制"，北洋政府允许党派存在，而蒋介石的国民政府不行，明确说要一党专制，共产党是非法的，共产党以外的其他党派也是非法的，只有国民党是合法的。

这个情况到了抗日战争全面爆发的时候有所改变，所以抗日战争取得胜利，有一个重要的政治保证就是以国共合作为基础的，全民族的抗日民族统一战线的建立。在"抗日民族统一战线"的情况下，共产党必须合法，你应该承认它是合法的。除了共产党，其他的政治派别也必须是合法的。抗日战争时期做到了这一点，在民族矛盾大于阶级矛盾的时候，这种情况就出现了。不管你是国民党也好，共产党也好，执政

党也好,在野党也好,民族整体和民族成员的利益紧密地结合在一起。这样的情况下,民族凝聚力取代了分裂,民主就出现了。

在西安事变之前,实际上国共两党通过各种渠道已经有了秘密的接触。民主一开放对于进步力量的上升有一个很好的环境。共产党可以在陕甘宁边区成立特区政府,可以办自己的报纸,也可以到重庆办《新华日报》,共产党代表了中国先进的力量,它的信仰是科学的信仰,它的政治诉求也是一个进步的方向,但是在抗日战争之前,共产党的影响是不大的,为什么?因为共产党经常处于被围剿、被围攻的地位,是非法的,言论是被禁止的,共产党的报刊、书籍也都是被禁止的。

我们说,长征是宣言书,是播种机,但这种影响是有限的,而抗日战争到来把这种影响扩大了,老百姓知道了共产党的主张,可以看《新华日报》,可以看其他的报刊。特别是到了战争后期,国共两党有特别激烈的纷争,有公开的论战,共产党的观点、说法受到很多人的赞成,认为这些是高明的、是对的,对国家民族是有好处的,这是政治条件。

(二)军事条件

我们说的进步力量增加,刚才说的是宣传、导向方面的影响,还有一个就是武装力量的上升。

抗战刚爆发的时候,红军力量是四万,非常少。国民党是182个整编师,二百多万人,对比非常悬殊。到了战争结束的时候,共产党正规武装是九十三万人,加上民兵、地方武装二百多万人,应该说有非常大的成长。当然,比起国民党,共产党的力量还是弱小,无论是从武器装备还是从占领的区域来讲。

现在有人说,共产党为什么在抗日战争时期就成长了呢?现在有一种说法,共产党离开了主战场,所以在抗日战争时期发展了自己的力量。我觉得这和中国的军事环境相关,1937年8月在南京召开了国防会议,国共两党做了一个具体的分工,红军只有四万人,你说能拉到上海参加会战吗?那是绝对没有好处的,根据两党军事实力的情况,1937年8月7日做出了分工,共产党的战略任务就是敌后钳制、消耗日军。

2005年胡锦涛总书记在九三大会上肯定了国民党官兵的贡献,包括去年我们公布抗战遗址和抗战英烈名单,很多遗址是国民党正面战的遗址。去年公布抗战英烈的第一批名单大概是三百多人,国民党占了七十多人,这个数量也是不低的;今年要公布第二批,我们的做法承认了国民党在正面战场上的地位。但是现在很多人从一个极端走向了另一个极端,好像共产党就没打什么大仗,甚至有人说共产党在抗战中只消灭了八百多鬼子,我觉得这是非常不合适的说法,因为一个百团大战我们消灭日军就有两万多人。

抗日战争有一个特殊的条件,毛泽东在《论持久战》里面讲,敌强我弱,在广阔的敌后地区,共产党就有了用武之地,而且发挥的作用非常大,包括运动战、阵地战、游击战,这些都是大规模作战,其他都是小规模战,诸如麻雀战、地雷战、夜袭战等等,每次消灭的敌人不多,但是起到了非常重要的战略作用。

在日本的战史资料里有大量记载,就是因为有共产党领导的广泛的游击战,使得日本后方不安宁,必须有很大兵力维持治安。我们经常钳制日本的兵力达到40%,甚至达到50%。我们不能看战役规模的大小,只能看它的战略作用。当然,毛泽东对于国民党的正面战场也有过很高的评价,尤其是战略防御阶段的正面作战。我认为,如果从战略方面来考察,两个战场缺一不可,没有正面战场的坚持,就没有敌后战场的开辟;没有敌后战场的作战,也没有正面战场的长期坚持,它们之间的关系是相互配合的关系。

现在有一个观点,说抗战胜利结束了,国民党很快就失败了,1946年内战爆发以后,国民党从来没占上风,是不是因为共产党在抗战时期坐大了呢?很多书里有这样的说法,说共产党避开了主战场,最后打败了国民党。我觉得这种说法不符合事实,抗战结束的时候,共产党的绝对力量仍然低于国民党,93万军队是小米加步枪,整个抗战时期,没有得到什么援助。一开始国共合作的时候,国民党还给一些经费,后来就没有了,装备非常差。共产党活动的地区也是最贫穷、最落后的地区,一直到解放东北才有所改变。国民党在抗日战争刚结束,他占领着经济比较发达的地盘,他的武器装备是美式的,绝对力量还是比共产党大。

那么为什么共产党会打败国民党呢？到了战争后期，国民党政治气象上的下降，对全国有非常消极的影响。我们知道1944年有个豫湘桂战役，它是个失败的战役，日本兵从东北、华北打到广西，要打通大陆交通线，这个作战当中，暴露出了国民党的腐败，很快就不行了。不是兵力不行，战斗力下降有很多因素。蒋介石也说，这次是他最大的耻辱，汤恩伯也搞走私，军民关系不好，汤恩伯的部队被日本人打败了，在撤的过程中被老百姓缴械了。豫湘桂战役以后，暴露出了国民党政治气象的衰败。

不光国内的舆论这样批评，作为盟国的美国对国民党也非常不满，所以派人到了延安。

抗战胜利以后，国民党很快被共产党打败，和政治气象是相关的。

今天讲的三个方面，都是大略地讲一下抗日战争与中华民族复兴的关系，民族复兴还包括了其他方面，比如说现代化教育、国民意识的培养、战争对于妇女解放的影响等等，抗日战争确实对于中华民族的复兴，起到了非常重要的作用。

我今天的报告就到此结束。

二〇一五年八月二日

国际视野下的山西抗日战场

萨 苏

萨苏,本名弓云,汉族,祖籍河北,生于北京。1992年毕业于北京师范大学,先后在美国通用电气、AT&T、诺基亚、AMECO等公司工作,定居日本关西小城伊丹市十余年,曾兼任《环球时报》驻日本特约记者,《日本新华侨报》副总编,被视为较为客观而视角独特的日本问题专家。新浪最佳写作奖获得者,博客点击率将近一亿七千万人次,并担任《史客》系列总编,出版《国破山河在》《尊严不是无代价的》《与"鬼"为邻》《京味九侃》《我们从沙场归来》《血火考场》等图书。其作品曾多次在国内外获奖。

開門即是深山

讀書隨處凈土

二〇五·八·十二

"面对这些伟大的战士,从他们前面经过的时候,我们心中致以了崇高的敬意。"这是日本人所记载下来的,他们认为八路军是一支非常值得尊重的部队。而山西在抗日战争中的价值,是一直被低估的,没有山西战场,就没有中国抗日战争的胜利。这不是一个口号,而是一个技术性的说法。山西从战术、军事角度讲,真正是中国抗日战争的支撑点。如果没有山西八路军的艰苦抗战,山西投降了,日军一南下,这仗会非常难打。

　　大家好,我是萨苏,非常感谢大家在这样一个炎热的日子里,来参加今天的讲座。

　　今天讲的是《国际视野下的山西抗战》。为什么讲国际视野下的山西抗战? 我们都是山西人,对于当年山西是怎么抗战的,有很多的了解。我在国外待的时间比较长,所做的抗战研究主要是从日方、美方、苏方各个角度来审视他们对于抗战的看法。我发现有大量的史料是和山西有关系的。

　　今天我坐在这儿有什么价值? 我觉得主要是来给大家提供炮弹的,并没有资格给大家做讲师,主要是给大家提供一些东西。

　　第一点,如果将来有人谈到关于山西的抗战,我们应该以一个什么样的态度跟他谈? 这个态度就是:没有山西的抗战,就没有中国抗战的胜利。

　　第二点,山西是八路军的故乡,八路军到底是怎么组织起来的,这是怎样的一支军队? 我们今天也告诉大家当时日军的分析,八路军是怎么建成的,为什么和我们理解的不太一样。

　　第三点,我们今天都面临一个问题,谈到抗日战争,谈到山西的抗战,就会涉及八路军当时到底打得怎么样,我们今天就从敌人的视角和盟军的视角,看看八路军当时到底打得怎么样,这样到时候我们做宣传的时候心里有底,我们讲的不是假话,而是真实发生的历史。

在日本收集到的,是一个日本老兵在恒山之下增援汽车队的时候拍下的(图一),他们的汽车队遭到了我们120师部队的袭击,等他们赶到现场的时候,日军的

图一　日本老兵增援汽车队

汽车队已经全军覆没了。

日本兵当时的情况是什么样?和中国兵不一样,我现在感到非常悲伤的是,我们中国兵在抗战的时候,有很多部队牺牲了,但都不知道牺牲的是谁。但是日本兵当时已经富有到下士一级的官兵可以带相机了。日本兵的相机绑在小腿右侧,打仗的时候一点儿不影响。在战场上,打到一定程度的时候,有一个习惯就是把相机掏出来拍一张照片,所以经常会留下一些当时战场上我们拍不到的记忆。

一、山西的八路军

我们现在说说八路军到底是什么样子的。这是当时美国记者福尔曼在1944年的时候拍到的晋绥八分区的照片(图二)。

如果只带这几个东西来,我觉得是对不起大家的,因为大家花了时间。所以我今天带来了以前从来没有出现过的东西。

我们找到了一段八路军作战的录

图二　晋绥八分区的照片

像,这段录像是前年我们从美国一个大学拿回来的。当时美国记者胆子很大,他们跟着八路军一起去打日军的碉堡,而且居然用录像的方式记录了下来。

当时在延安拍摄了八路军训练的情况,随后他们到了晋绥,在山西拍到了八路军进攻的录像。当时八路军在进攻日军的一个据点,而美国人当时真的是跟八路军一起来参加战斗,他们胆子很大。你看看后面的镜头,这是八路军开始攻打这个据点,据点里的日军还在顽抗,为什么还在顽抗呢? 马上就能看到,有一个八路军战士在往上冲的时候,被日军机枪打下来了,而美国记者当时就在身后,他们也很勇敢。

这段非常精彩,把两个日本俘虏从里面揪出来。我们再来看一遍,这个镜头是抓到了日本俘虏,把他从日本据点里面揪出来,这个镜头是抗日战争中绝无仅有的。当时我在北京碰到两个公安干部,我们都是朋友,他们看到以后说八路军这样抓人太不专业了,会把人抓死的,去八个人抓这么一个,这是当年抗日战争的真实写照,今天是独家资料,让我们对山西八路军有一个新的认识。真正来说,当时山西八路军不仅仅只是镜头里的一点。

图三中左一是当时美国记者福尔曼,体重三百磅,重到什么程度呢? 当时他到根据地以后,要在根据地走一走,过了两天他才回来了,说走不了了。为什么? 把骡子压死了。最后找了根据地最强壮的一匹

图三　福尔曼(右一)和贺龙

骡子,才算把他驮走。福尔曼旁边这位是120师的师长贺龙,后来的开国元帅。

图四是从美国一个画片中得到的,是美国给飞行员的,说你们一旦到华北,到山西作战,轰炸日军的据点,如果飞机被击落了,要找这样的人,看到这样的人,就是咱们自己人了,这就是八路军。在日军周围活动,穿的衣服有时候是绿的,有时候是灰的,有时候是蓝的,可见八路军当时只要有布就行,不在乎是什么样的军服。见到这样的就是自己人。

图四　美国人眼中的八路军形象

现在的解放军都是戴红领章的,但那个时候,戴红领章是很可怕的,因为日本兵是戴红领章的。所以如果碰到戴钢盔,有红领章的,赶紧躲起来,那就是日本兵。如果看到打裹腿、穿着布鞋这样的兵就是八路军。

他们到山西的路上,其实就打了一仗,刚才看到的那场战争并不是他们碰到的第一仗。当时从陕甘宁到山西来的时候,需要经过日军的封锁线。福尔曼就在自己的书《北行漫记》中写道,我当时就认为十几个人扛着枪,像美国西部剧一样,悄悄地爬过去,钻过敌人的封锁线。没想到他们到封锁线之前,原来计划今天要过封锁线,人家说要再等一天,明天早上我们再走。他还奇怪,为什么这样?接着前面打起来了,枪声大作,他问前面是怎么回事,被敌人发现了吗?说不是这样的。

原来八路军当时接到命令,一定要掩护美国记者顺利进入根据地进行采访,这些美国记者包括福尔曼,他是中立的,还有亲我党的记者,还有亲国民党的记者,都觉得山西的抗战打得非常好。八路军接到命令,一定要掩护记者安全过封锁线。他说我们就碰上了一个疯狂的司令员,他说既然要用最安全的方式护送过去,干脆把封锁线上的日军炮

图五　晋绥八分区司令员王长江

手拿掉就好了。于是为了掩护记者过境，就派出部队把日军一个据点打下来了。

这个疯狂的司令员是谁？就是图五笑嘻嘻的这个人，他的名字叫王长江，开国大校，当时的晋绥八分区司令员。

前些日子我们看到一个报道，说抗日名将张灵甫怎么样，他的确打得不错，但说起来，张灵甫作为"最高的抗日名将"来说，还差点儿成色。为什么？国民党方面对于抗日将领，最高的成色是发"青天白日勋章"，张灵甫没有得过，而王长江得到过，山西八路军得过，所以他的抗战受到了全国的认可。

这一仗打得怎么样呢？福尔曼听到前面打得很激烈，很想知道打得怎么样，到天亮的时候，八路军告诉他，我们把据点攻下来了。

图六是八路军的图上作业图，就是这个日军的碉堡是什么样的，我们怎么去攻克它。我们一直说"土八路"，山西的八路其实技术很高，你看这个图上作业，他把日军三层的碉堡、封锁沟以及战壕都画出来了。

日军的战壕不是我们想象的那样，是放射状的。这样的战壕，你任何一个方向冲上来，都会受到两面夹击，所以设计得蛮科学，但还是被打下来了。图七就是当时刚刚打下来的日军据点，福尔曼走到据点周围，看到这个情景，拍了个照片。东方刚刚破晓，他拍下了八路

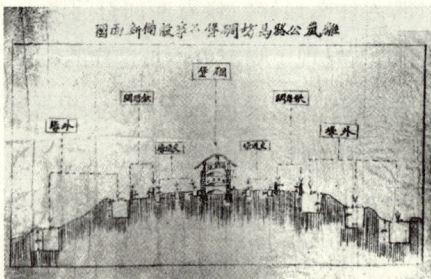

图六　八路军图上作业图

军攻克日军据点的时刻,真实地记录下了一场战斗。

为什么后来又有他们专门拍摄的攻碉堡的镜头?说起来有点儿好玩,这些美国记者来了以后,看到八路军这么能作战,觉得很兴奋。八路军还告诉他们,下面让你们观摩下一次,攻打汾阳的战斗。

八路军当时对汾阳发起了一次夜袭,这些美国记者就跑到了山上,在山体上看到了当时汾阳城被击后起火、燃烧、爆炸的情景。

汾阳当时是什么样的?现在也有一段比较珍贵的录像。这就是抗

图七　刚刚打下的日军据点

战之前的山西,1936年的汾阳,看看我们的故乡当年是什么样子的。那个时候可以看到,山西的战前是蛮不错的,孔祥熙当时在教育方面和抗战的准备方面做了很多工作。

打了汾阳以后,美国人很高兴,就到前面去看八路军怎么打,听八路军介绍。就在这个时候,有个美国记者说,你们仗打得很好,可惜没有抓到日本俘虏。而王长江是个"疯狂的司令员",既然你觉得我没抓到俘虏,那就抓几个看看,于是有了刚才的战斗。他们真的抓到了日军俘虏,而且专门请美国军医给受伤的日本俘虏进行诊治,这些都在他们的镜头里被记录下来。

当时有国民党陪同人员正在陪同这些记者进行采访,国民党新闻官多少有点儿醋意,虽然是合作抗战,但还是有区别的。于是说这个倒是日本俘虏,但不知道是什么时候抓的。王长江就很生气,过去把俘虏抓了过来,这个俘虏胳膊上受了伤,还流着血。"你看这不是现场抓来的吗?就像刚从水里摸出来的王八,盖还是湿的呢!"抗战的时候有一些细节,我们当时自己没记下来,反而给盟军记下来了,这是盟军看到的八路军。

图八　日本人眼中的八路军

那么日本人看到的八路军是什么样子呢？大家现在看到的是两幅漫画（图八），我们看日本右翼的教科书美化侵略战争，其实日本的教科书不只是右翼的，还有一些教科书比较客观地反映了当时的战争。右翼的所有教科书使用量不到1%，比较中立的出版社占到30%左右。

这个教科书很少用文字来讲东西，因为他是给中学生讲故事，就用了很多图片来讲。这一卷就是关于抗日战争的，首先看到图八第二幅图右下方写着1937年9月，国民党和共产党举行了国共合作，发表宣言，建立统一战线，向日军开战。下面这些战士就是改编成"八路军"的红军。这张图还是很夸张的，当时红军是没有汽车的，如果有的话，山西的抗战就不会打那么长时间。

图八第一幅图斜上方也是对八路军的介绍，他讲到八路军擅长的是游击战，他们在山西、河北等地的游击战场和日军进行抗战。

图九　斋藤邦雄

除了日本教科书的八路军，我们还可以看到日本士兵漫画里面的八路，图九的这个日本军人是日本第63师团机枪射手，名叫斋藤邦雄，虽然是日军，但是在战后回国后，担任了东京儿童漫画协会会长，又是一个漫画家，所以把战争中所经历的故事，完全采用漫画的形式画了出来。他对八路军颇有好感，我发现他画的很多八路都很正面，完全没有当成敌人来看待。图十是他的作品，表达的内容是"把那个据点给我拿下来"，日军的据点经常遭到八路军的攻击。

里面的八路画得比较萌，小朋友可能都很喜欢，跟机器猫一样。后来才知道，原来这种

图十　斎藤邦雄关于八路军的漫画

画法还是比较先进的，从欧洲学来的画法。但是你仔细看，它里面画的东西其实蛮真实的，八路军指挥官的形象跟李向阳挺像，实际上也预示了李向阳的身份。

你看李向阳，首先他只戴一顶八路军的帽子，但是他没有八路军的军服，在《平原游击队》里面，李向阳就是这样的。同时，李向阳的枪也像这个人一样，是插在腰带上，而不是装在枪套里，这就说明了李向阳的身份：他是八路军在敌后战场一个区中队的指挥官。

我为什么说得这么准确？日军是有分析的，他说八路军的军服很特别，正规军是有全套军服的，到了游击组、村小队的时候只有皮带没有军服，到了区中队，有帽子有腰带，这就是区中队。这是怎么回事？八路军军服做好都是一套一套的，但是大家想想，作战的时候，上衣和裤子最容易磨损，腰带和帽子不容易磨损，八路军的衣服坏了就来换，那就发吧！但是腰带跟帽子就留下了，于是时间长了以后，在八路军的仓库里面，剩下的都是帽子和腰带，但是帽子又容易丢，有时候怕敌人发现，帽子就丢掉了，或者被风吹走了，所以腰带是最多的。如果你参加民兵的时候，会发一个腰带给你。到李向阳的时候，帽子是有了，但是军服还不够。

为什么说他不是根据地里面的区中队，而是敌后的区中队？从他放枪的方式可以知道。因为在敌后作战的时候，他们的枪就是这样，因为经常跟敌军狭路相逢，这时候就看谁出枪快，就像美国看西部剧一

样,西部片的牛仔谁拔枪快谁就能活下来。

很多人看过郭振清版的《平原游击队》。大家有没有注意到,双枪李向阳的两支枪是不一样的,一个枪有准星,另一个枪是没有准星的。我很佩服当时的导演,对生活的体验太扎实了。

为什么叫"双枪李向阳"？因为他是两只手打枪。后来我跟一个老八路谈到这个事,人家说你这不是在打鬼子,你这是剁排骨。哪有这样打仗的？一支枪打就足够了,两支枪并不能使火力增加多少。我说那为什么叫"双枪李向阳"呢？说这是因为他一支枪有准星,一支枪没准星。有准星的专门和日本交手,没准星的枪是狭路相逢时使用的,一旦碰到日军,拔枪就可以交手。为什么要去掉准星？因为你拔枪的时候,准星可能会卡到腰带上,卡一秒钟,对方就拔枪把你打死了,真正还是一支枪在打。

这个人为什么对八路军有好感？斋藤邦雄后来自己交代,是因为当时他算个知识分子,把他调到了旅团情报室,要分析八路军的情报,所以整天读的是毛泽东的《实践论》,八路军抗日游击战法,所以读了两个月的书,被洗脑了。

八路军根据地的确跟他们想象的不一样。他原来是驻扎在东北的,后来到了山西打仗。到山西作战的时候,就把东北的经验搬过来,因为东北已经占领了。结果到了山西以后,有一个日军没带枪,跑到附近老百姓的西瓜地想摘个西瓜吃,没想到来了一大堆民兵来打,日本兵哪遇到过这个？山西人太可怕了,日本兵掉头就跑,于是留下了这样的漫画(图十一),让我们看到了当时根据地的样子。

图十一 斋藤邦雄关于八路军的漫画

图十二不是拍摄在山西，而是拍摄在河北唐县。日军的部队在干吗？前面三个日本兵在行军。在击毙阿部规秀的战斗中，他们奉命赶到黄土岭

图十二　行进中的日本兵

去增援，还没走过去阿部就被八路军击毙了。

他们走到唐县北关的时候，忽然看到一片非常豪华的墓地，他们仔细调查才发现这是八路军的墓地（图十三），上面还有一个大的地球仪，地球仪下面还写着"永远不灭的光辉"，他说这就是八路军的忠灵塔，相当于八路军的英雄纪念碑，于是这些日本人跑过来给八路军鞠躬。下面保留了这段话："面对这些伟大的战士，从他们前面经过的时候，我们心中致以了崇高的敬意。"这是

图十三　八路军忠灵塔

日本人所记载下来的，他们认为八路军是一支非常值得尊重的部队。

我看到这段话的时候，觉得这句话非常客观，同时也非常奇怪，八路军怎么会修这么豪华的墓地？再说咱们也没有拿地球仪做人民英雄纪念碑的习惯啊！这是八路军的墓地吗？结果后来我真的发现了这个墓地建造时的照片，真的是一个八路军的墓地，只不过这不是个一般的八路军，而是加拿大的一个八路军，叫白求恩，原来是日本人经过了白求恩的墓地，但他不知道，他只知道是八路军。

我们看看山西的八路军是怎么打仗的，先讲讲平型关大捷。一讲平型关，很多人要开始睡觉了，现在讲平型关的人太多了，你又不是山

西人,你河北人跑到山西来讲平型关,这也太胆大了。

平型关还真有很多是我们不知道的。不知道有多少人去过平型关,我是去过的,去了以后第一感觉是"八路军不会打仗",为什么呢?我一看,八路军的伏击圈有多大呢? 从中间到东边,到西边,五公里长。一共才几千战士竟设五公里长的伏击圈,又不是打猎,这是完全不符合兵法的。真正来说,打伏击战的时候,应该埋伏起来对一个点进行伏击。这个地方也就二三里,居然会设一个五公里长的包围圈,全世界的军事家都不会支持这样干的。

第二个,我发现八路军的技术有一点让我很迷惑,他也是这么讲的,"战斗一打响,我们就跟敌人争夺老爷庙制高点,最后八路军把重机枪架在上面打仗,把日军压制下去,才取得了胜利"。这简直是胡闹,你是伏击的,怎么会不先抢占制高点呢? 即使不敢马上抢占,也一定是埋伏在附近,不会让敌人跟我们争。

最后我才发现不是八路军不会打仗,而是平型关有我们不知道的情节。我们拿到了日军21旅团的战史,才明白平型关是怎么回事,原来平型关根本不是一个伏击圈,而是两个伏击圈。

从日军的战史资料看,蔡家峪这个地方是一个伏击圈,再往前是第二个伏击圈。当时出现了什么情况? 八路军本来准备伏击从灵丘方向向平型关方向前进的日军辎重队。

从日军的战史资料看,左侧是一条长长的线,正面就是平型关的关口,日军沿着从灵丘向平型关前进的时候,一直打过来,国民党军当时也进行了顽强抵抗,他们在平型关跟日军作战,把敌军挡住了。但日军不是像电视里面那样愚蠢,他们一被挡住,立刻朝上走,向北走,寻找第二突破口。你既然在正面布防,我就绕到后面,就开始往上走,走到西跑池这个地方又被国民党军挡住了,于是日军继续往上走,走到团城口,这时候,平型关的守军兵力不能拉到这么长,他们就调来了新军,就是高桂滋的17军。这个部队赶到团城口,又把日军顶住了。连续三战,把日军挡在了平型关的关口之外。

八路军来了以后,阎锡山让八路军顶到这条线上,八路军说我们打法不一样,要绕到日军的后面,于是穿到后面把伏击线切断,这样国共双方就可以配合打一个歼灭战了。当时我们真的打了伏击战,伏击的点就在蔡家峪这儿,准备敌军从灵丘一出来到蔡家峪,我们伏击他。这个伏击完全像一般军事家一样,就是布置几百米的伏击圈。

但是他们没有想到的是,战斗刚刚打响,突然得到消息,从平型关下又来了一支日军,这支日军是谁的部队?是一支机械化部队,日军21旅团汽车队,这个汽车队的指挥官是新庄淳中佐。这个汽车队是一个简编联队番号,这支部队一出来,我们当时就犹豫了,怎么办?我们只设了一桌菜,现在来了两桌客人,怎么办?结果八路军这个时候做了一个让我们很自豪的举动,两边一块儿打,临时调部队到东线来,在这边把新庄淳的部队包围了,同时那面在蔡家峪包围桥本顺正率领的从灵丘出来的日军,所以这是两个战场。

在这两个战场上,八路军确实战斗力很强,都取得了胜利。应该说,打新庄淳这一仗,日军是完全没想到的。我们第一排枪就把日军的总指挥官新庄淳中佐击毙在战场上,导致日军出现了短暂的混乱,我们才抢占了老爷庙制高点,围歼了新庄淳的部队。所以,最后打新庄淳的战果比打桥本的战果要多。原因是什么?桥本顺正出来的时候是大车队,六十多辆大车,只有桥本顺正自己一辆汽车。日军下来二百多辆汽车,在这地方被我们击毁了一百五十多辆,这个数字是日军战史里面记述的,所以八路军打得比我们想象的还要英勇。

这一仗打完之后有一个问题,既然八路军打得很漂亮,为什么没有像我们想象的那样,将日军包围在平型关,将他们全部歼灭?这是因为团城口再往上比较远的地方,有个茹越口。令我们没有想到的是,我们把21旅团挡在了平型关,却遇到日军另外一个部队从茹越口来了,是东条英机亲自率领的关东军察哈尔兵团,在茹越口突破了国民党军的防线。所以当时不是不敢打,确实是顶不住。

日军突破了茹越口防线,这下子乱了,等于穿到了平型关背后,平型关背后是日军部队,平型关上是国民党军,平型关下是日军21旅团,21旅团前面是八路军,八路军前面是日军在后方的部队,成了夹心饼干。最后阎锡山决定还是不要这样打了,没有信心,就撤退了,在日军合围之前,从平型关撤到了忻口,到忻口进行设防。这样做也有道理,因为如果他不到忻口去设防,日军察哈尔兵团就可以不打平型关,直接插入太原,那么太原的战役可能提前几个月就结束了。

这仗打下来的时候,我们虽然撤退了,但是八路军这一仗打得漂亮。

好,你光说打得漂亮,我们不信服。一个说打得漂亮,一个说打得不漂亮,谁来说清楚? 我们让日军来说话。

我们首先看平型关之战在太原会战中的意义。在太原会战,几十万军队双方互相绞杀的战斗之中,日军死的两个最高军官,全部是在平型关下被八路军击毙的,一个叫桥本顺正,一个叫新庄淳,两个日军大佐。新庄淳在打的时候是中佐,死后被日军晋升为大佐。我们通常采用的是提升以后的级别,我们击毙了二百多个侵华日军将领,很多都是死后追晋的。

新庄淳这个大佐被击毙之后,日本还为他举行了隆重的葬礼。

这两个日军指挥官都不是普通人,桥本顺正是日军第50军团的参谋,地位相当高,当时被称之为“间岛四巨头”之一。“间岛”就是中国的延边,在伪满洲国时代,延边变成“间岛省”,有四个巨头,四个人中间,最高负责军务的就是桥本顺正,结果这个巨头就被我们击毙在了平型关下。

新庄淳则是日军的新星,1933年他参加长城会战的时候,作为一名辎重兵少佐,立下新功,于是日本政府就给他和其他几位优秀军官颁布了赏词和奖状。这两个军官都被我们击毙在平型关下。你在太原会战当中再找一个击毙同样级别的日军来,这是找不到的。

平型关大捷是我们抗日战争中第一次大捷,为什么这样说呢? 这不是我们说的,是日本人说的,因为日本人在抗日战争爆发之后进行的各种报道之中,这张新闻报道里面写到了日军“全灭”,这个用词是“七七事变”以后第一次出现在日本的报道中,第一次承认有一支部队被全歼。如果有说山西的平型关不是第一次大捷,那么你找一篇报道,没有一次报道是记录全歼的。

图十四这张照片是日军从灵丘出发之前拍的照片，马车拉着日军的辎重往前走，远远拐弯的地方有一辆小汽车，这就是桥本顺正所坐的汽

图十四　马拉着日军的辎重前行

车，这张照片拍完之后几个小时，就遭到了八路军的全歼。这几百个日军里面，只有三个人生存下来，有两个人是在死尸堆里被发现救出，还有一个人跑到附近老乡的窑洞里藏了两天，最后才被日军派人把他救出来，他们这支部队是被全歼的。

而新庄淳中佐的部队是被基本全歼，汽车被消灭很多，而且战斗还有一个秘密被我们解开了。可能大家听平型关的事情，有这样一个说法，平型关打完了以后去捡洋落，捡洋落的时候突然发现在日军的士兵里面，居然还有女兵，于是他们很奇怪，难道日本当时的部队里面有女兵吗？或者有花木兰式的人物从军吗？

其实这只是揭露了一个历史事实，日本在整个抗日战争中都没有女兵，没有女兵编制，包括我们现在在屏幕上看到的各种各样日本女军官，全都是后来臆造的，没有这样的编制。他不会让女兵出现的，但是也有女人在军队之中，那是什么人？是不是慰安妇？不是，是军队里的看护妇，她是有军服的，但她不属于军人。

其实在平型关下击毙的所谓日本女兵，就是日本看护妇。她们怎么会出现在新庄淳的部队里面？要知道，汽车队从平型关下来去灵丘，他是干什么？在平型关附近有个地方叫胡子沟，有日军野战医院，当时新庄淳把这些伤兵运到汽车上，结果这些伤兵也都被歼灭在汽车上，因为他们跑不了，都是重伤员，于是这些伤员和看守伤员的看护妇也同时被击毙了。

到底在平型关日军伤亡多少,至今数据没办法统计出来,因为歼灭的日军番号非常庞杂,伤员的数量也不好统计,所以现在没法儿断定到底击毙了多少日军。

八路军跟他们打了几仗,他们就对八路军进行研究,日军到中国来,其中一个目的就是所谓"防止中国赤化",以这个名义到中国打仗。他来的时候出了很多笑话,因为不了解八路军,就派一个特别优秀的大佐叫大久保弘一,让他专门研究八路军,于是这个人研究了一段时间,写出了一本书叫《赤色支那》,没想到在日本受到了很多抨击,就因为他写的八路军太荒唐了。

我给大家说一段,他说到八路军在山西前线的作战,就是说山西,说完以后当时很多人感觉荒唐。他说八路军没有军饷,吃得也不好,为什么还英勇作战呢?因为八路军在作战的时候,在冲锋之前,后面有两百名娘子军夹道送战士作战,每一个战士经过她们,娘子军都会向他们献吻,战士得到这个鼓励以后,精神百倍地投入战斗。他们冲锋的时候,娘子军就在后面射击,掩护他们。我们看了以后,觉得这个简直无法理解。因为当时刚刚开始作战的时候,能够到达延安的女红军,一共才三百多人,你还派娘子军,然后向战士献吻吗?这可能忙不过来。

为什么会出现这种可笑的描述?因为他对八路军的研究是根据中国文献对于红军的记载进行研究而写出来的,中国当时所谓的文献都是国民党发行的报纸,国民党方面对红军肯定不会说什么好话,才出现了这样的笑话。

在这之后,日军开始进行更深入地研究,觉得大久保弘一这样做是错的。他们会对当时太行山区领导人彭德怀、徐向前、聂荣臻的作战特点、性格进行分析,甚至会把当时八路军的将领编成《水浒一百零八将》,作者叫波多野乾一,是日本一个老记者,到今天在日本还是很有影响的。他把中国的梅兰芳介绍到了日本,并且写了一本书,日本人才了解梅兰芳;另外我们现在到日本可以看到"麻雀屋",就是打麻将的地方。日本人怎么会打麻将?麻将就是波多野乾一引入到日本去的。但是我们不知道的是,在抗日战争的时候,他把八路军将领都编成一百零八将,日军拿到这个非常高兴,根据这个,他就知道八路军指挥官是什么性格,有什么样的作战特点。

比如当时在山西作战的几名将领,彭德怀叫"大刀关胜彭德怀",的确跟彭德怀的作战风格很相似,而且他还会穿越,因为在几年之前,毛泽东给彭德怀写了一首诗,叫"山高路远坑深,大军纵横驰奔。谁敢横刀立马? 唯我彭大将军",大刀关胜在这儿出现了;还有"花和尚鲁智深贺龙",还有"金枪手徐宁聂荣臻"。但有一个起得很奇怪,叫"双枪将董平叶剑英",为什么起这个名字呢? 我们分析一下,因为叶剑英既能打仗,又善于做政治斗争,他在重庆发表演说很有影响力,所以两头都能干,叫"双枪将"。我们不得不说,这个日本人的确可能是穿越过来的,他不知道在1955年授衔的时候,叶剑英元帅是十大元帅之中最后一位,而双枪将董平正好也是《水浒传》中五虎大将最后一名。这还不算新鲜,董平出阵的时候,背后要插两杆旗,左边写的是"无敌双枪将",右边写的是"风流万户侯",我们想想叶帅的风骨和性格,太相似了。

当时日军编制了一份"中国共产党领袖排序表",可以看到日本人对当时党内的领导人非常关心。

有了这样的研究,我发现到1942年以后,日军对八路军的研究已经相当深入了,今天就给大家介绍一下他对八路军的重要研究成果,八路军是怎么建成的。

二、八路军是怎么建成的

山西是八路军的故乡,大家对八路军很熟悉,但是八路军是怎么建成的,大家好像都不知道。有的说鬼子来了,八路军打死一个,人们怕鬼子屠村,就跟着八路走了;还有的说八路军敲锣打鼓过来,人们就跟着八路军走了。

从历史的角度来说,这些说法都是错的,我们自己心里很清楚,假如八路军当时真的杀两个鬼子,然后鬼子来屠村,后果会是什么呢? 就是以后所有的村子都不让八路军在这儿活动,这是非常简单的逻辑。还有一点,说八路军是敲锣打鼓把人招过去的,我访问过八路军的老战士,也了解过日军对八路军的研究,他们都说不是这样的,这样的做法是国民党人的做法。

为什么会有这样的结论? 因为双方的兵源不一样。你想想,敲锣打鼓一宣传就跟着你走的是什么人? 这是小知识分子,起码你是读过书的,有一点民族意识,有一点感情的,才会在宣传当中被感动,会跟着部队走。但是这样的人其实有一个很大的问题,因为他是被感动去的,而且原来也不是吃苦耐劳的阶层,所以到了部队以后,过一段时间他会跑,受不了这种艰苦,而八路军不会干这么没有效力的事,不做这样的亏本生意。为什么在山西发展起来? 因为山西人善于理财,八路军和山西人一样。

八路军的兵源是最普通的农民。你想把农民拉起来,太不容易了,农民本身是非常散漫的阶层,那个时代的农民是没有国家意识的,谁来给你交赋税就完了,你怎么可能把他带到抗战的部队里面去,而且让他一心一意为八路军打仗呢? 这是非常不容易的,但是八路军做到了。

日军是怎么分析的? 他们说八路军是这么干的。我们八路军在山西发展部队的确很厉害,比如我采访过的曾雍雅将军,曾雍雅将军当时号称"兵贩子",他说,我是革命的兵贩子。

国民党和共产党双方建军的方法不同,八路军是怎么做的呢? 他先派一支部队到这个县城来,八路军那时候人少,来了以后他也做宣传,抗日救国,演剧什么的,很多老百姓很激动,就跑过来参军。参军的结果怎么样? 八路军当时故意拒绝人,拒绝很多人,想方设法挑你的毛病,因为不知道你是不是适合当兵。你在家里是独子,不合适。或者你去过什么县城吗? 没有去过,不合适,还是回家吧! 总之最开始八路军做完宣传之后是不招兵的。

那么人家热情地来找你,你也不能把人家赶回去,干吗呢? 让你做地方干部,帮我们组织起来,村委会,妇救会,做这些地方工作。这些人想,不让我当兵,做地方工作也行,而且没有太大危险。那时候日军主要还是和军队打,地方工作也比较容易吸引老百姓。农民不想打仗,怕被打死,但是一听做地方工作,愿意支持。

做了地方工作以后，八路军就问，这附近什么地方鬼子在祸害咱们？有，我们帮你打，就打据点。我们打完了，鬼子丢好多洋落，你们要不要？要，那你就跟我们一起去前线吧！我们打完了你们去捡洋落。好，没问题。这个时候八路军已经完成了第一次筛选，敢去捡洋落的人至少是有胆子的人，没胆子的人不要。还有，八路军跟他们说，我们在前面打仗，你别跟着上，否则打死了怎么办？我们打完了你们再上。

要知道，农民原来是没有组织性、纪律性的，八路军通过这种方式，让他有了组织性和纪律性，开始有了军队最早的雏形。打下据点以后，老百姓上去捡洋落，结果打起来了，来了一百多老百姓，一共才打死了七八个鬼子，洋落东西少，为了一口锅就吵起来了，怎么办呢？跑到八路军那儿仲裁，八路军说你把我的锅也拿走吧！这样解决问题了。

时间长了，这也不合适吧！这样，你们派人帮我们抬伤员。抬伤员的给洋落，没抬的不给。这也很合理，但有个问题，我帮你抬伤员，东西来不及捡怎么办？没关系，我们八路军帮你们捡好了放在这儿。当你开始帮八路军抬伤员的时候，你已经站在了八路军方面。原来老百姓只是为中国军队鼓掌，没有站在你这一边，鼓掌的跟打仗的完全不是一回事，你要真让站到那个角度，他是不站的。八路军通过让你抬伤员，让你站到了这面。还有一个，你越往前冲，越能把伤员抬下来，这样胆子大而且能够适应战场的人就生存下来了。

有的人挺勇敢，但是挺笨，这种人可能直接被老乡拉走了，你不合适在这儿；或者有的人说得挺好听，一到战场上就尿裤子，自然就淘汰了。当你帮八路军做事的时候，八路军给你分洋落，分到后面就不一样了。这个战士受伤了，结果这个老乡冲到前面，把这个战士救下来了，这个老乡真了不起，怎么办？光给东西也不行，要让他骑在马上，戴个大红花在村子里游行。这是干什么？给予荣誉感。

这个时候，实际上就已经让这些老百姓从物质的追求转到了精神追求，原来农民没有精神追求，但是八路军一分钱都没花，花的全是鬼子的钱，让老百姓有了精神追求。

这个时候，八路军可能就要走了。过一段时间，这一带可能就有鬼子来骚扰，老百姓很简单的想法让这些积极分子去找八路军，让八路军把鬼子打了吧！于是这些人就找八路军，八路军说我们现在忙，你们能不能自己打？我们给你枪。给枪我们也不会呀！那我们派人训练你。训练也不行，打仗挺可怕。没关系，你们不需要跟鬼子打，你们到时候只有一个任务，你们把枪放响就可以。这个要求可以，那你派人教我们打枪。这时候，最初的村小队就建立起来了。我们现在看《地道战》，村小队打仗那么英勇，这是不符合历史事实的，不鼓励村小队直接和日军作战，训练水平达不到，武器没有人家好，会死很多人的，这样的话，大家的抗日热情会受到打击。所以你们的任务就是把枪放响就可以，就算完成任务。

　　为什么这么做？这些人首先就开始摸枪了，就开始熟悉武器了，从一个百姓向一个战士转变；另外，你放响第一枪的时候，已经站在了日本兵的对立面。当你这个枪放响，对八路军很有价值，你一响，日军的部队就会停一停，看看到底什么人打枪，这样部队行军的速度就会减缓。另外，第二、第三个村子又把枪放响的时候，八路军就知道了日军的行动路线，这个时候有了游击小组。

　　这时候八路军说，我们来帮你打这批鬼子，但是需要你们当地人配合，于是从村小队里面又抽调一些人，形成区中队，从各个小组里面抽调最好的人员，最适合打仗的人员，跟着八路军去学打仗，而且他们可以做向导，可以做当地的情报员。

　　区中队回来以后，他脱离开了这个村子。军队不是民团，军队是要流动作战的。农民第一次离开了自己的家乡，离开了村小队，进入了区中队，有了流动作战的雏形。你现在做得很不错，是革命武装人员了，我们抽调你到上面进行培训，把这些人抽调出来，形成县大队，县大队都是有军装的，尽管战斗力还不行，但他是真正的八路军，成为新八路。

　　八路军培养人，他既是勇敢的，又是适应战场的，有组织纪律性，又有军人荣誉感，他要一步一步熟悉武器，要站在日军对立面，慢慢适应战场，还要像军人一样去流动，还有政治教育，这样的人上哪儿找去？这就是八路军培养出来的部队体系，而且这个体系是不会断的，这就是土八路的建军体系。这个体系谁做出来的？刘伯承和左权。八路军这套体系就是中国特色的军事动员体系。

什么叫军事动员体系？这是一个国家是否具有近代军队的重要标志。清朝的时候，为什么甲午战争会打败仗？他是一支封建军队，没有动员体制。我们国家这么大，怎么把人员动员到军队里面来？甲午战争之前，列强犯了一个错误，这个错误后来没有再犯，就是他们削减了日本的军事动员体系，于是日本在国内建立了监管区，军事动员体系完全是模仿德国的，这样一支近代化军队所向无敌。

中国可以买国外的枪和炮，但是列强有一个共同的认识，就是不教给中国人军事动员体系。后来什么时候中国人有了军事动员体系？第一次世界大战以后。这个时候国民党和共产党正好是两个体系，也决定了两军作战的不同作战特点。

国民党的军事动员体系比共产党差了一个层次，他特别喜欢抓壮丁，而且训练壮丁非常凶狠。他学的是沙俄的动员体系。沙俄动员体系里面，那些兵根本不是平民，是从农奴里抓来的兵。沙俄当时的动员体系怎么做？就是把农奴抓起来，关到一个训练营进行军事训练，敢反抗的当场打死，一般农奴没有人权，打死就完了，剩下的都是老老实实的，训得特别狠，达到什么程度？长官的命令比子弹还可怕，这样的人就适合上战场。包括国民党的纪律，在训练营里绝对不对士兵好。

第一次世界大战的时候沙俄崩溃了，军官没有属国之后逃亡到中国来，就什么都教了，教给了保定军校，传到黄埔军校，最后形成国民党的动员体系。

共产党动员体系一半是苏联教的，一半是我们自己的。原来也不懂得军事动员体系，现在提到这个词，大家都觉得很陌生，我们的武装部、预备役就是干这个的。苏联当时为什么要教给中国这个概念？他认为全世界无产者是一家，所以当时刘伯承和左权等人就在莫斯科学到了红军的动员体系。你想想，当年在苏联是红军打败了白军。但是学过来以后，发现红军的动员体系在国内不是很合适。于是在苏区由刘伯承对它进行了很长时间的修改，所以很多人把刘伯承称之为"红军之父"，原因就在这里。他们俩把红军的动员体系建立起来，一直到抗日战争期间都在使用。

我们来讲讲山西的抗战，山西地雷战。山西的地雷战比山东地雷战更可怕。山东的地雷战是炸人的，而山西的地雷战是炸坦克的。这很奇怪，国民党那么大的工业体系，一直到抗战胜利都生产不出来反坦克地雷，怎么八路军就能够生产出来？而且能把坦克肚子上炸一个大窟窿。反坦克地雷是不好造的，首先它威力特别大，其次它还有精密的起爆要求，人踩到上面不响，坦克到了上面才爆炸。而共产党是怎么造出来的？我们首先在日本的资料里面找到了这种反坦克地雷的样式。

它是筒子里面放了一些奇怪的东西，还有电器雷管什么的，筒子上面是手榴弹改装的地雷，下面装着锯末，再下面有发射药，再通过电器引爆。日本坦克一压上来，我们的人员按电钮，给他炸个大窟窿。八路军哪儿来这么复杂的东西？这究竟是什么东西？这是山西人独创的，八路军式地雷，既便宜又简单，而且跟周恩来还有关系。

虽然大家都是山西人，但是我说点儿阎锡山的坏话，大家估计不会介意。阎锡山比较抠门，十个将军就给一个炒鸡蛋。突然有一天阎锡山变得大方了，太原失守前夕突然跟周恩来说，我的兵工厂里的东西你们随便搬。为什么这么大方？因为太原守不住了，马上要丢，你们都搬走吧！你不搬就被日本人弄走了。他没想到周恩来太厉害了，一下子发动了一万多人去搬，搬走了大量军用物资。因为当时太仓促了，有什么搬什么，有些东西根本不能用。什么呢？炮弹。

只有炮弹没有炮，这个东西怎么用？八路军那么穷，又不舍得扔，于是经过一番改造，就把这批不能用的炮弹，改成了反坦克地雷。这个结构非常简单，就是这么一个竹筒，里面塞一个炮弹，这就是反坦克地雷。每一个使用的人还要带一个大钉子，平时出去的时候，一个战士背后背一个反坦克地雷，非常轻便，一旦发现敌人的坦克追上来怎么办？就地挖坑，把竹筒子竖着埋下去，先把钉子钉下去，把竹筒埋下去，这就结束了。日本坦克来的时候会出现什么情况？人走在上面的时候，因为竹筒还是很结实的，不会有什么动静，坦克来就不一样的，坦克很重,一压的话竹筒经不住,就裂开了,压在炮弹顶上,下面是大钉子,炮弹就激发了,形成了什么局面呢?就像地下有一门大炮,对着敌人的肚皮开炮。

说说山西的地道战。地道战都是河北人干的。山西地道比河北地道挖得还要可怕,说"可怕"的是日本第37师团长长野佑一郎中将,他在哪儿说的这个话?就是山西的黎城。为什么说这个话?因为他差点儿被活捉了。

有本书叫《大东亚战史秘录》,在第六册就记录了这样的一场战争,发生在山西黎城。当日军第37师团第四次攻占黎城(因为黎城是和八路军反复争夺的城市)的时候,日军驻到黎城,当时怕城里有残存的八路军,就住到城外面的一个大镇子上。这个大镇子有两个庙,一个关帝庙,一个娘娘庙。写这个文章的记者叫赤古达,是日本的一个新闻记者。他带着新闻报道班住在娘娘庙,而师团长长野佑一郎就住在关帝庙。没想到居然半夜里面关帝庙里有八路军冲出来,袭击了日军驻军,已经打到了长野中将住的小院门外。这时候,八路军如果向左拐,就把师团长活捉了;向右拐,就是日军的野战医院。结果八路军向右拐,打了野战医院,没有打这个师团长。

八路军是怎么冒出来的?外面都有防线,没有八路军进来。就开始查,最后发现,原来八路军是挖了地道的,而且这个地道真有山西特色,河北地道是一个村一个村之间往下挖,山西地道长1.5公里,从城外一直挖到城内,在城内有六处出口,这样袭击显然造成的影响很大。

为什么山西会有这样的地道?后来我们明白了,这和山西采煤有很大的关系,山西挖地道的都是矿工,所以才能挖这么长的战略性地道。在山西黎城打地道战的是什么人?他们是当时八路军三分区的一个暂编团,团长叫肖永银,政委叫崔建功。这二位是上甘岭的两位指挥官,把在山西挖地道的经验放到上甘岭,抗美援朝的时候还在挖地道。

山西的抗战不仅仅是代表我们在战场上作战,而且还显示了我们在抗战中的基础建设,军工建设。李连杰拍过《中南海保镖》,在这个戏中,他和对手有一个激烈的搏杀。那个对手也是出自解放军的,他有一个三棱军刺,它有三道血槽,一般刺上都会死,即使不死也没办法包扎,会失很多血。这个刀伴随着的是什么?是八一式枪的诞生。

这个枪诞生的第一个意义是对中国抗战的意义,我们说"没有枪,没有炮,敌人给我们造",这个适用于解放战争,不适用于抗日战争。日军跟我们作战的时候,我们没有办法拿到更多的枪,结果就在黄崖洞兵工厂造出了这个枪。

这个枪显示了中国兵工事业在世界上的领先地位,不是技术领先,而是我们设计思想的领先,这是世界上第一款短款的步枪。之前的步枪越长越好,但中国八路军第一个认识到这种设计不科学,为什么?因为八路军是打山地战的,固然打得准,但是枪太长了不好使,不灵活,而且东方人带这个枪很笨重,于是设计了短款步枪。这意味着世界步枪都开始向短发展。中国和世界的枪支专家是没有交流的,我们看到了这一点,而且这个枪上带有三棱刺刀,打枪的时候往前一甩就出去了。

山西八路军还打了很多经典之战,比如百团大战。

打榆社县城,当时也很有意思,是一帮盗墓贼帮我们打下来的。城墙很坚固,打不下来怎么办?就把任务交给一个工兵团长,叫王耀南,开国少将。他就挖个地道进去,在下面安炸药。他的部队里有一批盗墓贼,这些盗墓贼最清楚如何往底下挖,他们带着矿工就挖向了榆社县城。在挖的时候还闹了一个笑话,左权副参谋长问王耀南,要不要准备一口棺材?王耀南大怒,我还没打仗,你给我准备棺材干什么?左权说不是这个意思,是说要不要找一口棺材,装上炸药,放到城墙底下爆破?王耀南说不需要,我都准备好了。这是当时的一个笑话,果然炸开了榆社县城。

百团大战在山西是什么样的局面?前几天有一个帖子,说八年抗战里面,八路军一共击毙了八百多个鬼子,这太开玩笑了。八路军抓的日本俘虏就有二千五百多人,如果才打死八百个日本人,这个战斗力也太差了,抗战何必要打八年呢?

我们在看日本战史的时候,也看到了很多我们没有见过的东西。比如在座都知道山西的很多抗战,但是有个地方叫国练村,大家听说过没有？在日本的战史里面有国练村之战。我当时拿到日本战史以后，忽然发现有一页上写着阵亡日军名单，下面是一个地方：山西静乐国练村。

在国练村怎么会消灭这么多日军？国练村在山西静乐和娄烦之间，在百团大战的时候，当时120师在这儿和日军打了一场激烈战斗，歼灭了日军的一个中队。

当时是怎么打的？原来我们没有概念，看完日本战史记录才明白当时是怎么打的。写这个文章的是日军增援部队的，他看时，战斗刚刚结束，八路军根本来不及收拾战场就撤退了，以至于连自己战士的尸体也没有收。他来了之后，首先看到这边是河，河里都是一个个黑点，仔细一看，全是八路军的战马和战士的尸体。这是怎么回事？就看着战马的尸体，到了中间是八路军和日军混杂的尸体，他就明白了，原来是战斗之前，八路军120师的骑兵向日军发起了决死冲锋，日军打我们的骑兵，所以我们的骑兵死的很多。但还有的骑兵冲上去，跟日军绞杀在一起，把日军杀死在这个地方。

再往里面走，到了静乐国练村。日军最后据守的阵地是个二层楼，现在还在，只剩下一层。最后八路军把日本人围在这层楼里面，日本人在里面没办法，朝外面打枪，八路军就放火，里面的日本人最后就被消灭了。日军的战史里面说，这个二层楼是日本军官切腹的地方，这些人看到部队真的被打光了，已经没有办法支撑的时候，就在这个地方切腹。他上去收日本军官的尸体，有一个情节印象非常深刻。他说由于八路军放了火，这些军官自杀的时候，刀鞘已经熔化在了地上，还有这样详细的描述，我们可以看到当时的战斗如何之惨烈。

三、山西抗战的价值

山西抗战的价值究竟是怎样呢？今天很多人会谈到这个事，山西在抗日战争中的价值，一直是被低估的。没有山西战场，就没有中国抗日战争的胜利。这不是一个口号，而是一个技术性的说法。

中国抗日名将李宗仁将军曾经说，日军当时打过来，我们最怕日军从北京一直往南打，如果放开东边不打你，就从北一直打到南，攻占武汉，再往南打下广东；如果把中国一刀劈成两半，这个仗就没法儿打了。

为什么？这条线首先我们没法儿抵挡，都是平原，中国当时机动能力不好，火力又不行，如何设防线呢？防不住，只能被他们劈。如果劈成两半，在东部日军从上往下打，就像当年三国的时候，晋朝灭亡吴国的打法，这时候没法儿退；如果往西边来，西边的主力部队都在东边，这个仗怎么打？

1944年，日军快投降的时候，打了豫湘桂会战，那时候差点儿就亡国了。你可以想想，如果不是1944年打，而是1937年、1939年这么打，那我们怎么受得了？

日军为什么没有这么打？首先国民党是有贡献的。国民党在卢沟桥事变以后马上意识到全面战争就要爆发了。我们不怕鲸吞，只怕蚕食。他们主动在上海向日军发起进攻，一方面把日军赶下海，另一方面把他吸引到上海来，日军就会从东往西打。这个打得很艰难，因为长江中下游是水网地带，还有山地，日军要爬山，地势成了中国人进行抵抗的助力。冈村宁次有一段话，"敌非敌，山水是敌，征战我不爱山水"，山水是我的对手，所以征战的时候，我不爱山水。

这样打起来，我们中国才能和日军打持久战。最后日军冲到湖南这个地方的时候没劲了，双方打成相持，才有了后来的反攻。

但是国民党也有片面的地方，他开始从东往西打，觉得难了以后，为什么不从北向南打呢？实际上日本军队在1890年的时候，当时已经有军事家提出来，对中国作战可以从北往南打，一路从北京走这条线下来，另外一路从内蒙古下来以后走西安，走当年蒙古灭宋的路线。他为什么不这么打？日军有一个评估，认为他没有足够的兵力来支持。

那么1944年豫湘桂会战为什么会打呢？原因是日军制定这个战术的时候不知道中国有个敌后战场，也不知道中国有个山西。

首先说说敌后战场的价值，敌后战场消灭了大量的日伪军，将敌人的后方依托变成了战场，改变了战争进程，战场格局和敌我双方力量对比，对取得最后胜利发挥决定性作用。

山西在华北是屋脊,华北是平原,只有山西是高原。山西居高临下,俯瞰着平汉线,你拿不下山西,就不要从平汉线走,否则山西的部队冲下来,平汉线后勤就得切断。而日军对后勤非常依赖,后勤切断了,他就没办法到南方作战。所以如果要这么打,必须在平汉线部署重兵才可以。

山西当时是什么样的抗战局面?北面有太行山,八路军的部队在这里作战,南面有中条山,也有部队在这里作战,再加上关内的部队的支持,日军不敢走。

为什么在1944年敢走了呢?它是有条件的,山西南部的根据地丢失了,北部的八路军还有。但是1942年华北经历大旱灾,1943年经历大蝗灾,八路军实际上到1944年才恢复到1941年的标准。八路军的力量削弱,他才能在1944年拿下。所以山西从战术、军事角度讲,真正是中国抗日战争的支撑点。如果没有我们在这儿挡住,山西投降了,日军一南下,这仗会非常难打。

这就是山西敌后战场的战略价值,也是当时真正的作战情况。如果日军从北向南打怎么办?1944年中国的战略重心已经转到西南,转到西部去了。如果从一开始这干,确实对我们的威胁太大了。

图十五是张1942年华北的局势图,可以看到山西、河北、敌后,日方

图十五　华北局势图

标了一个个圆圈。我很少愿意比较国共，因为双方当时都是英勇抗战的。但是当时八路军真的打得很好，不是我们说的，是日本地图告诉我们的。我们看到在日方的作战地图上，中国的几个大集团，徐向前、聂荣臻、刘伯承、贺龙集团，都是按照和国民党战区同样大小的字标在上面的，上面还有名字，有的还标错了。

有一次我看到一个比较感人的场面。现在我们说到什么"二代"的时候，大家都认为是一个负面名词，这是老百姓对它的一个看法。有一次我也在做讲座，在座不是真正的红二代，是很多干部的子弟，他们都想知道抗战是怎么回事，我就跟他们讲。这些人不太守纪律，交头接耳，他说他的，我讲我的。

讲到中间大家一下子都不说话了，就是当我把这个地图拿出来，我说这个上面是一个一个八路军司令官的名字和他活动的地区，每一个名字都是敌人给我们留下的纪念碑。说完这些话以后大家都不说话了，然后这些人都上来了，干吗？每一个人都在这儿找他爸爸的名字。那个时候我看到他们的眼睛是非常清澈的，真的像回到了他们的儿童时代，最让我感动的是，每一个都找到了他爸爸的名字，但是有的人不满意，"我爸爸怎么才这么小的地方"？但是都找到了。

当然我们也有牺牲，1942年在华北十字岭，左权牺牲在那里，这是八路军的重大损失。以至于后来在台湾的台历上，也有左权的名字。有人当时还挺高兴，国民党承认共产党抗战了，左权的名字也上来了。

其实这是个没文化的说法。仔细看一看，下面还有一个名字，也是共产党，叫温健公。他也是共产党，牺牲在山西临县。他是当时共产党的地下党员，有意思的是，在1939年日本人的秘密文件里，已经知道他是地下党，但是国民党不知道，所以没有人注意到他是一个牺牲的共产党员。

我想说的是，我们这些工作人员任重道远，中国是需要文化的，如果我们没有文化，会把历史全都讲错。温健公是一个多么了不起的人！他是日本早稻田大学的优秀学生。优秀到什么程度？他在日本就被怀疑是共产党，我们在日本有一个地下支部，相当活跃，他当时在日

图十六　跳崖的女兵培蕊

本做地下工作，被日本人注意到，但很快排除了嫌疑，为什么？因为他的成绩太优秀了，这么优秀的学生是不可能有时间从事政治活动的。没想到他真的是共产党。

在战斗当中，也有很多我们意想不到的事情。日军当时在十字岭，为了和我们作战，化装成了八路军，使八路军受到了巨大的损失。图十六照片是当时留下来的，一个新华社记者穆青在后撤的途中，快走到十字岭的时候，宣传队女兵一边走一边说话，让穆青照相，她一看胶卷用完了，用尾子给她照了一张相，留下一个女兵的照片。这个女兵叫培蕊，几个小时以后，日军发起了对十字岭的突袭，培蕊和很多没有战斗力的战士在十字岭跳崖了。

图十七这两个人也是在十字岭跳崖的人员，是新华社的。其实新华社讲抗战是最有资格的，因为新华社在抗战中，牺牲了二百多名记者。在十字岭这一战，就死了九十多名，包括华北分社的社长何云，何云是被日军击中的。他躲在隐蔽的地方，旁边有几个小记者，为了掩护几个小记者，朝日军打枪，然后就跑，结果死在了日军枪下。

图十七　王默磬（左一）与黄君珏（左二）

图十八　黄君珏戴博士帽照片

这两个人，一个是王默磐，是新华社记者，另外一个是黄君珏，是新华社财务。她有一张戴博士帽的照片（图十八），这是从复旦大学毕业的时候。这时候复旦大学毕业刚加入新华社，在山西抗战，在十字岭遭到日军围攻，跳崖死了。我们后来才知道，她跳崖的时候，是她30岁的生日。她死的时候，王默磐就在另一个山涧，看到妻子跳下去以后，王默磐也跳下去了。但是王默磐没死，被树挡了一下。

他后来写了一封信给他的岳父，大概是这么写的：我醒过来之后一看，时间已经九点多了，月色微明，周围没有枪声。我就开始找妻子，结果就找到了。摸到了君珏的身体一看，眉目微颦，面色平静，衣服整齐，但是身体已经凉了。

他为什么这么说？我们可以看出来，一个女婿其实在按照中国的传统讲一些潜台词。"面色平静"是说您的女儿虽然死了，但是没有受太大的痛苦；"衣服整齐"，虽然死了，没有受辱。

他说，我坐在那儿，握着她的手，也不知道冷，也不知道伤痛，浑浑噩噩的，在这个时候枪声响了，日军在搜山，忽然发现君珏的手在紧握我的手，越握越紧，一直到坚不可分。"岳有如此之女，婿得如此之妻，此民族无上之荣光也"。他们的故事基本没有人知道，但历史就是这样，希望把真实的历史还原给大家。

刚才讲的时间太长了，这个故事作为收尾，谢谢大家！

二〇一五年八月十二日

国民党中统组织的台前幕后

杨颖奇

杨颖奇,1952年生,陕西西安人,研究员。1979年、1983年先后入陕西师范大学、东北师范大学学习,分获学士、硕士学位。1986年任教于解放军南京政治学院,1991年起就职于江苏省社会科学院历史研究所,曾先后任副所长、所长。并任江苏省历史学会副会长兼秘书长、江苏省中国近现代史学会副会长、江苏省甲骨文学会副会长、中国史学会理事等。近30年来,曾出版《江苏通史》(中华人民共和国卷1949—1978)、《南京通史》(民国卷)、《江苏名人录·政治卷》《残阳如血》《风卷红旗》《二号嫡系》《中统大特务——张国栋的传奇人生》《民国政治要员百人传》《民国军事将领百人传》《毛泽东思想史纲》《中华人民共和国简史》《江苏近代民族工业史》《民国大迁都》等专著、合著、编著近20部,发表学术论文60余篇。

以史为鉴，
面向未来，
捍卫和平，
振兴中华。

杨振寄

2015.8.9

北伐开始后,蒋介石提拔陈立夫为总司令部秘书处秘书兼机要科科长。陈立夫加入蒋介石集团,涉足国民党政治,这仅仅是一个开始,谁也没有料到,陈立夫之后竟会成为中统组织的创始人和掌控者。从中国来讲,少了一位可能大有作为的工程师,而国民党的政治舞台,又多了一颗耀眼的政治明星。此后,中统组织在二陈的领导下,成为蒋介石集团排斥共产党、排除异己的力量。

各位来宾,各位朋友,感谢大家在百忙中来到这里。我的老家是陕西关中地区,和咱们这儿是一河之隔,也算半个老乡,非常感谢大家。

今天报告的题目是《国民党中统组织的台前幕后》,有关中统题材的影视作品和文艺书籍比较多,但大多是戏说的成分,从历史的角度讲,很多是不符合事实的。

在历史上,中统究竟是什么样的一个组织?它有哪些鲜为人知的内幕?在抗战中又有什么样的作为?这就是今天我要报告和交流的内容。

一、中统前身

(一)中统的萌芽——机要科

中统最早的机构是什么?这个要推算到1926年7月。当时蒋介石率领国民革命军北伐的时候,为了广泛搜集各方面情报,就在北伐军总司令部成立了机要科,陈立夫担任科长。

陈立夫可以说是大名鼎鼎,如雷贯耳。他是浙江吴兴人,1900年出生,父亲陈其业是一个秀才,陈果夫是他的兄长。孙中山领导的同盟会,其主要成员的陈其美,就是陈立夫的二叔。

陈立夫并非一开始就搞政治、搞情报组织。他最早就读于天津北洋大学,毕业后又留学美国。1925年底回国,回国以后的梦想是科学救国,当一名工程师,而且他已经被一家煤矿公司聘请为工程师了。受陈果夫的推荐以及蒋介石与陈其美的特殊关系,陈立夫被邀请去蒋介石那里工作。

可是陈立夫对自己学了八年的矿业工程技术难舍难分,不大情愿改行。所以他回答蒋介石,自己是学习矿业的,志向也在这个地方,婉言谢绝了蒋介石的邀请。

陈立夫越是推辞,就越勾起了蒋介石的热望,蒋介石说现在是革命的时候,你还开什么矿? 你要开就来我这儿,开革命之矿。蒋介石以长辈的身份和居高临下的态度二次降诏,于是,尚是小青年的陈立夫没办法再次拒绝,只好到了广州,随即被蒋介石聘为机要秘书。

之后蒋介石担任国民革命军总司令,提拔陈立夫为总司令部秘书处秘书兼机要科科长,可见蒋介石对陈立夫的特别重视。

这个时候,陈立夫加入蒋介石集团,涉足国民党政治仅仅是一个开始,谁也没有料到,陈立夫之后竟会成为中统组织的创始人和掌控者。从中国来讲,少了一位可能大有作为的工程师,而国民党的政治舞台,又多了一颗耀眼的政治明星。

(二)中统的前身——调查科

在很多影视作品里面,我们对这个组织不算陌生,有点儿熟悉。1927年"四一二"政变以后,在南京另立国民党中央的蒋介石兼任国民党组织部长,任命陈果夫为副部长,在组织部下面设了一个调查科,这个调查科就是后来中统特务组织的最早前身,而前面讲的机要科是调查科的前身。

调查科的办公地址在南京湖南路,国民党中央党部大楼西南角的两间房子里面就是调查科的办公地。这幢大楼规模宏伟,严肃端庄,曾经是江苏省临时议会的办公场所。孙中山被选举为临时大总统,也是在这个地方产生的。

调查科的首任主任就是陈立夫,他把机要科的全班人马和工作方法全部搬到了调查科里面。由于陈立夫不断得到蒋介石的信任,到1929年3月,不满30岁的陈立夫已经担任中央党部的秘书长了。

继陈立夫之后担任调查科主任的还有好几个,如张道藩、吴大钧、叶秀峰。1932年春的时候,徐恩曾才正式担任调查科主任,从此开始了他对中统特务系统长达15年的直接领导,并开始了中统组织由逐步发展走向全盛的时期。

调查科开始只设了两个股,即一个采访股,一个整理股,还有总干事,下面还有一些干事,人不多。可以看出,这个组织刚成立的时候,还没有把对付共产党作为调查科的主要工作。

到1930年之后,随着共产党在各地活动呈现星火燎原之势,"二陈"感觉有必要加强力量对付共产党,决定在调查科里设立两个组,一个特务组,专门对共产党进行"调查研究",另外一个是言文组,主要收集各省市的报纸刊物等等。当时徐恩曾有几句话挂在嘴边,"如果不能消灭共产党,不论是对党国还是对自己,都将死无葬身之地!"

调查科刚成立的时候,不过十七八人,到1930年7月,调查科已经有50人左右,成了国民党中央机关人数最多的科。调查科的人在中央党部是公开的,但有一些人不在编制内,也不在党部大楼里面办公,而是在一个神秘的地方办公,这个地方位于北京东路中央饭店以东,也就是总统府斜对面。这部分人在这儿挂了个"正元实业社"的牌子作为掩护,实际上受徐恩曾的直接领导,从事极为秘密的一些活动。

发生在调查科时期的重大案件就是顾顺章被捕叛变。1927年大革命失败以后,蒋介石集团屠杀共产党人,调查科就充当了急先锋。在20世纪30年代的时候,白色恐怖笼罩全国。顾顺章当时是中共中央政治局的候补委员,长期负责中共的保卫工作。这样一个重要人物,这样一个与特务斗智斗勇,让特务听起来都感觉害怕的中共高级领导干部,最后竟然被特务逮捕,以致叛变,这个历来是各类文学作品中热衷演绎的重大历史事件。

关于顾顺章被抓捕并叛变的大致经过是这样的——

当时,调查科派到武汉的一个特派员叫蔡孟坚,他想破获中共地下组织。蔡孟坚对付共产党的主要方式,就是充分利用叛徒的招供,一个供一个,来抓捕更多的共产党员。所以他曾经利用叛徒,在汉口逮捕了中共长江局的一位负责人叫尤崇新,这个软骨头禁不住特务们的威逼利诱,很快供出了中共地下党的情况。但是蔡孟坚对他还不放心,为了断其后路,让他彻底叛变,命令他必须在几天之内指认出更多的共产党员,然后对他进行了化装,防止看出他的真实面貌。

尤崇新到闹市区,骨碌碌地转动双眼,寻找他所认识的共产党员。在他的身后跟随了一群特务打手。1931年4月24日,正在马路上"溜达"的尤崇新无意中发现了一张熟悉的面孔。"咦!这不是中央的大干部顾顺章吗?"以前因为工作关系,尤见过顾顺章。他看了看,没错儿!随即大喊一声:"抓住他——",话音未落,后面的人立刻一路狂奔过去,毫无防备的顾顺章拔腿就跑,但还没有跑出几步就被特务擒获。

以前顾顺章都是带"打狗队"队员去抓特务,惩治叛徒的,现在却栽倒在了特务和叛徒的脚下。

顾顺章被捕的具体情节,有的说他在台上表演魔术被人发现了,这不是事实。顾顺章怎么到了武汉?原来他是受中央派遣,护送张国焘到鄂豫皖根据地去工作,完成任务以后返回时被捕的。

顾顺章被捕,蔡孟坚大喜过望,这可是一条大鱼!为了抢得头功,蔡对顾顺章是递烟递茶,但是顾顺章一言不发,他根本瞧不起特派员这样一个小角色,也不愿意多说什么。既然有尤崇新这个叛徒指认,他也就不再隐瞒,很顺当地承认自己的身份,并且供出一些在武汉从事地下工作的共产党员。但是更高的机密他只字未露,他要求面见蒋介石才自首,说出一切。顾顺章这时候是待价而沽,因为他知道的机密太多太重要了,哪能轻易地向这个小小特务透露呢!

蔡孟坚没有办法,在1931年4月25日向南京发去电报,并且得到了陈立夫、徐恩曾的指示,当即派人把顾顺章押上一艘轮船,蔡孟坚本人也在第二天到南京汇报。

当押送顾顺章的船到达南京江面的时候,陈立夫、徐恩曾早早乘一个准备好的小汽艇,将顾接上岸进行谈话。还没有谈几句,顾顺章脸色大变,站起来神情紧张地说:"你们身边的钱壮飞,就是我领导的地下工作人员,你们赶紧抓他!"听到这个话,徐恩曾、陈立夫大惊失色,因为钱壮飞很受信任,并且还担任着徐恩曾的私人机要秘书。可惜晚了一步,待派人即刻去抓钱壮飞时，钱壮飞已经神秘失踪。这个事对徐恩曾的打击太大了。你想想，调查科科长身边的机要秘书居然是一个地下共产党员，这怎么向上面交代？所以徐恩曾神色慌张，坐卧不安。

我们知道，机要秘书干什么？一些机要函件、信件、电报都要经过机要秘书送转，这不是一个天大的笑话吗？徐恩曾觉得这简直是说不出口的耻辱！顾顺章告诉他，这几年调查科的一切活动情况，共产党通过钱壮飞都了解得清清楚楚。徐恩曾由此对钱壮飞恨之入骨，恨不得吃他的肉。

对于钱壮飞的情况，特务们总的印象是，钱壮飞这个人工作上勤勤恳恳，认真负责，也不张扬，把徐恩曾交代的事情做得很好，也没有脾气，与一般同事处理关系特别融洽，也不与人争权夺利，徐恩曾和科里的人都认为他是人才，是一个干才，才把他安排为机要秘书。

钱壮飞是浙江吴兴人，1896年出生，1925年加入共产党，1929年打入调查科，后来通过他的特殊地位，又引入了李克农、胡底二位卧底，三个人互相配合，获取了大量有价值的情报，掌握了大量国民党的内幕。这三个人被周恩来称赞为"龙潭三杰"，是深入虎穴龙潭的三位杰出情报人员。

因为顾顺章叛变，钱壮飞身份暴露，回去曾任中央红军总政治部副秘书长等职，参加红军长征，1935年3月份在南渡乌江的时候，因病掉队迷路。4月1日在探路追赶部队时，不幸被害。

钱壮飞事件以后，徐恩曾对来历不清楚、背景十分不了解的人，特别是对中共的叛徒存有戒心，所以凡是科长以上的叛徒，都不允许他们担任重要职务。

我们把话头再转回来。当时在戒备森严的高墙内，顾顺章也不知道等待他的是什么命运。1931年4月25日星期六，当武汉特派员蔡孟坚向徐恩曾发这个特级绝密电报的时候，钱壮飞正在值班，趁无人时机智拆看，发现了顾顺章已叛变的消息，大吃一惊，这个情况万分紧急，立刻派人连夜从南京赶往上海，先报告李克农，又报中央。钱壮飞自己暂时留下来，一方面观察动静，一方面做好善后工作以及地下工作，通知他们赶快隐蔽或转移。第二天一早，钱壮飞把重新封好的特级电报面交给徐恩曾，从容不迫地离开了。

钱壮飞乘火车到了上海，向中央具体报告顾顺章叛变的情况。据一些人回忆，钱壮飞离开南京的时候给徐恩曾留下了一封信，说如果你对我的家人不利，我将公开报道你所有的丑事。当时主持中央工作的周恩来在千钧一发之计，把一切可能成为顾顺章侦查目标的干部迅速转移或者撤离，全部切断顾顺章在上海可利用的各种重要关系，立即废止顾顺章知道的方法，并采取了严密的保卫措施。经过两三天的日夜工作，终于抢在敌人动手之前，完成了转移和撤离的紧急任务。

那个时候从南京到上海还有一段距离，等到他们赶到的时候，即从4月28日的早上起，就会同上海英租界、法租界巡捕房开始大搜捕，可惜晚了一步，当他们按照顾顺章提供的具体地址搜查周恩来等共产党中央领导人以及中央领导机关地方的时候，却是处处扑空。

这个时候，上海的行动非常紧张，徐恩曾三天三夜不眠不休，但是没有什么效果。特别是当搜查周恩来住处的时候，发现周恩来在大约十几分钟前刚刚离去。为此，徐恩曾懊悔得捶胸顿足。他们讲，如果没有钱壮飞，这次一定能将共产党中央一网打尽！

顾顺章的叛变不但供出了中央的地址，还供出了已经被捕的早期共产党领袖人物恽代英。关于顾顺章后来的情况，大家可能不了解。他被捕以后就嚷嚷着要见蒋介石，他以为自己在共产党担任这样一个重要职务，以及供出这样一个有价值的情报，蒋介石一定会重用他。所以他到南京以后，蔡孟坚和几个人带他见了蒋介石，结果大失所望。

蔡孟坚前些年在台湾撰写的回忆录中描写了这次经过——

"那天我和顾顺章应蒋介石的召见，等候接见。过了一段时间，蒋介石穿着一袭长衫走进了客厅。顾顺章以为蒋介石要重用他、信任他，就主动和蒋介石握手，结果蒋介石竟然没有和他握手，先去和蔡孟坚握手。"蔡孟坚向蒋介石介绍顾顺章，蒋介石不握手，说了一句话，"你归顺中央，很好，很好，以后一切听蔡同志的安排，为国效力"。说了几句话，蒋介石就退回去了。

顾顺章大概在蒋介石眼里，只能算一个特殊的特务喽啰。顾顺章叛变以后，自己陷入到了特务组织内部的争斗中。关于他是怎么死的，有几种说法，其中一种，有一个中共叛徒回忆，1933年初，顾顺章利用到上海视察工作的时间，将一批叛变自首人员召集到一起，说共产党固然不好，但是国民党更坏，共产党的干部都是比较好的，能够吃苦耐劳。所以他跟这些叛徒说：你们要耐心工作，我们要好好利用这个调查科，消灭共产党组织。怎么消灭呢？我们可以另成立一个新的共产党组织，从现在起，你们各位都要去联系这些自首人员，把这些人团结起来。

散会以后，顾顺章要求这些人保密，不要让特务知道。顾顺章的妄想没有实现就暴露了，所以被软禁在南京细柳巷，然后又转到苏州反省院，在那个地方被枪毙了，这是其中一个叛徒的回忆。

另外一种说法，给顾顺章当了两年保镖的林金生也认为顾顺章有另组共产党的图谋，并且已经委托别人起草了新共产党组织的章程、纲领以及五年计划。1933年底的一天，顾顺章对林金生讲，你是一个神枪手，我给你配12个人，你成立一个特务队，你来担任队长。然后又恶狠狠地说，我们首先要把陈立夫干掉，再把徐恩曾干掉！

保镖林金生听了以后心里很害怕，就向徐恩曾告发了。不久顾顺章被软禁起来，最后被枪毙，这是顾顺章后来的情况。

（三）中统前身——特工总部

上面我们讲的前身是调查科，怎么又出来一个特工总部？特工总部从何而来？是个什么性质？这个还要从调查科时期说起。

调查科在处理顾顺章案子以后，进一步受到蒋介石的重视，蒋介石就指示二陈，你们现在要将调查科进行扩大。于是1932年在调查科的基础上新扩大成立了一个"特工总部"，地点就在南京瞻园，那个地方环境优雅，过去是明王朝徐达的王府。

"调查科"的名义这时候还存在，但是特工总部是一个完全秘密的组织，既没有招牌也没有印章，对外活动也不使用"特工总部"的名义。如果有行动，都是用代名、化名，所以社会上对"特工总部"知道的人比较少，就是内部的人，也不是很清楚。

这样一个既有形又无形的秘密特务组织,就隐蔽在瞻园内。大门口虽然没有悬挂任何牌匾,但是门房里面经常坐着七八个彪形大汉,外人不经过通报,不能进入一步。特工总部没有一定的编制,但是可以随着时间和活动的需要而不断变化,不管怎么变化,徐恩曾都是最高领导人,他们私下称其为"徐老板"。

这个秘密组织有一些经费来源,是蒋介石给予划拨的。到了1936年,这样的机构有两个,一个叫"国民党中央组织部党务调查处",还有一个叫"国民政府军事委员会调查统计局第一处",处长也是徐恩曾。调查处是1935年中组部改组时由调查科扩大而来的,这两个机构都是公开的组织,主要就是领工资,内部运作还是特工总部这个秘密组织。

这时候大家要搞清楚一件事,军委会调查统计局是1932年成立的,并非后来戴笠控制的军统局。本来在此之前已经有"中统""军统"的原始组织存在,但是各行其是,经过蒋介石批准,就成立了军事委员会调查统计局,其中的两个处就分别由徐恩曾和戴笠担任处长。蒋介石的目的是把中统、军统的力量整合起来进行活动。此时该局的局长是陈立夫。

话说在二陈的领导下,由调查科而来的特工总部势力逐渐滋长、膨胀,成为蒋介石集团打击共产党、排除异己的特殊力量。在特工总部时期曾发生过一件大案,即汪精卫遇刺案。各方面报道也比较多,我就不详细介绍了。但是特工总部参与破获的另一个重大案件叫"藏本失踪案",朋友们知道这个的不是太多,我介绍一下。

藏本是什么人?是个日本人,是日本驻华总领事馆副领事,全名叫藏本英明。这个人自称中国通,能说一口流利的中国话。1934年6月9日,日本驻华总领事馆的须磨通知中国政府外交部,说藏本副领事昨天晚上失踪了,一定是遭到了中国反日分子的迫害,现在要限期破案,如果被害,我们也要领回尸体。

我们知道,日本侵略者最好干的就是"失踪"案,在东北、华北,在南京等等,制造了很多事件,这个"失踪"了,那个"遇害"了。他对中国政府提出这么一个要求,中国政府外交部接到这个通知后不敢怠慢,立即禀报蒋介石。蒋介石大吃一惊，这个事太重大了，当即严令警察厅宪兵司令部、特工总部以及复兴社严查，一定要把这个事搞清楚。

领命之后，军、警、特即刻出动搜索，对城区、郊区以及周围县、乡找了很大一阵子，没有任何线索。这个时候，日本总领事又来了，再次叫嚣，限你们48小时一定要查明结果，活要见人，死要见尸，否则日方将派遣军舰和军队来护卫侨民的人身财产安全。所以当时的形势已经紧张到了极点，国民政府外交部的官员急得浑身冒汗，蒋介石也急得心头冒火。

正在焦虑的时候，突然有一个老百姓向当地派出所报告，说昨天晚上有一个人蓬头垢面要求吃饭，形迹可疑。警察接到报告以后，认为这个讨饭的很可能就是失踪的藏本，并且断定可能就在这个地区，于是他们紧急出动，全面搜索，果然在一条山沟里找到了藏本，这个时候，藏本惊魂未定，疲惫不堪，把他带到瞻园路宪兵司令部休息、谈话，藏本就说了这几天的情况。

什么情况呢？他说有一天，总领事须磨过来跟他说，为了天皇的利益，经过上级研究决定，命他到福建山区实行自杀，但是绝对不能露出自杀痕迹，以便他们向中国政府交涉，争取日本国的更大利益。这样的话，你虽然死了，但是你的英名将进入神社，你的家族也可以受到优待。可是藏本依恋妻儿，不愿意死，这样的表露立即受到总领事须磨的严厉训斥，指责他不爱国。藏本不得已，只好接受了须磨交代的自杀任务。

话说藏本进入到南京紫金山区以后，还是不愿意举枪自杀，几次把枪对着自己，但是一想到妻儿，却又把枪放下了。但是他又不敢回去，知道一回去就要被押回审判，只好躲藏在山沟里的石洞里。洞里面阴湿潮冷，他又饥饿难耐，那时候紫金山也常有狼群出没，晚上听到狼嚎更加心惊胆战。所以挨了两天时间之后下山找东西吃，被发现了。这个时候，中国方面要求他写个证词，报告给蒋介石，然后外交部又把他送回去，让日本总领事馆打个收条，不要过几天又"失踪"了。

日本方面精心策划的"藏本失踪案"终于大白天下，须磨眼睁着藏本,你真是不争气,而蒋介石则是眉头舒展,认为特务们办事得力,这是特工总部时期参与破获的一个重大案件。

到1937年7月7日,全面抗战爆发,南京作为国民政府的首都,国民党中央的所在地,成为日军侵占最主要的目标。在1937年底,眼看形势紧张,特工总部便通过各种方式,陆续将人员辗转撤退到汉口。

二、抗战中的中统

今年是抗战胜利70周年,我们看看中统在抗战期间有什么样的作为。

(一)中统在黄鹤栖息的地方成立

黄鹤栖息的地方是武汉,西安事变的和平解决促进了国共合作的再次建立,抗日民族统一战线也形成了。这个时候,共产党在国民党统治区的状态转为公开。在这种形势之下,怎么样对付共产党,成了蒋介石冥思苦想的重大问题。以前可以动用各种力量抓捕共产党人,现在是国共合作,统一战线建立,大家一致对外,这个时候你再去公开抓捕共产党人,破坏共产党的组织,肯定是不行的。但是他又想,共产党必定是心腹大患,不能不防。所以在1938年春天,蒋介石借口,现在是抗战关头,为了防止汉奸活动,提高攻防效率,于是决定把原有的国民政府军事委员会调查统计局进行改组,一分为三,扩大成为三个公开的独立组织,第一个,隶属于国民党中央党部秘书处,即中央调查统计局,简称中统,过去调查科是隶属于国民党中央组织部下面的,现在级别提高了;第二个,隶属于军事委员会办公厅,即军委会调查统计局,简称"军统";第三个,隶属于军事委员会办公厅,即特工检查处,简称特检处,主管邮件检查。

1938年5月的一天上午,徐恩曾在汉口特工总部临时所在地召集干部开会,宣布成立中统局。对徐恩曾来讲,这是一个重大的事情,他站在前台宣布:"遵照总裁指示,现在正式成立中统局。"话音未落,会场上响起一阵热烈的掌声。他接着说,局长由中央秘书长朱家骅兼任。有时候文艺作品里面讲到徐恩曾,说他是中统局的局长,这是不对的,他是副局长,正局长是由秘书长挂名的,而且徐恩曾负责实际责任,是直接领导的,这个有点儿差别。最后他按照中央党部制定的中统组织条例,宣布了人员名单。从这个时候开始,伴随着特工总部的结束,中统局在这个黄鹤栖息的地方成立了,标志着国民党一个新特工时期的开始。

隔了几个月,大概八月,正逢"火炉"武汉"火"烧得正旺的时候,蒋介石召见了中统局科长以上的人员,按照名单逐一进行了点名和接触。蒋介石当即发表训示,大意是说,你们干的调查统计工作很重要,要在原来的基础上,更好地、更尽心竭力地去完成党国交给你们的任务。徐恩曾表示一定要努力去干,不辜负领袖的期望。中统局成立不久,日军的侵略魔爪便伸向了武汉,大家知道以后有个武汉保卫战。1938年10月,由于前方战事紧急,中统局工作人员便陆续前往重庆。

从组织条例上看,新成立的中统局,只是普通的调查机构,但是如果你真的这样认为,那就大错特错了,实质上它的主要工作仍然是反共、限共、防共。我们不是有意抹黑它,实际上它的主要工作仍然是在这个方面,和以前没有本质的区别,但是在方式、策略上有一些变化。

1939年秋天,局长朱家骅亲自主持了一次局务会议。他说,目前搞的党派调查,这个就是对共产党的调查,毋庸置疑。这就是我们的工作中心,而且是唯一的工作中心。当前,国共合作抗日,将来势必决裂,绝无共存之理,所以我们对共产党要及早防制。

可能有很多同志看过《毛泽东选集》,里面提到在国民党内流行几个"限制共党活动范围"的臭名昭著的文件,但没有署名起草和发布单位,其实那几个文件就是中统局在抗战期间起草的。

朱家骅局长接着讲,"我们和共产党绝没有共存之理,所以要及早防制。今后我们仍然要以此为中心,要更加努力地做出更大的成绩。如果党派工作做得不好,其他工作做得再好,再有成绩,其他的也都完了。相反,如果党派工作做好了,其他的工作做得都不算好,我们也是有成绩的。"

朱家骅这番指导性的纲领性讲话,就把蒋介石成立中统局的目的、性质、任务、前途表现得淋漓尽致。到1943年的时候,中统局本部组织有了很大的发展,人员由二百多人一下子发展为七百多人,远远超过了规定的编制范围。所以说,中统现在已经是名副其实的特务组织,不需要像原来特工总部时期那样遮遮掩掩,它已经有名正言顺的级别。

中统局成立前后,野心勃勃的徐恩曾招兵买马,继续扩充实力,手段很多。中统在抗战期间,发展到顶峰时所收罗的各种各类的特务有多少人呢?大约有二十万人以上,这还不包括数量庞大的外围分子。这个时候的中统特务可谓多如牛毛,你抬头低头走路,搞不好后面就跟了一个中统特务分子。

此时的中统局家大业大,当然经费开支也大,这个不要紧,蒋介石从机要经费里面开支。至于具体的组织、人事安排,我这里就不讲了。

在抗战时期中统组织期间,它对抗日方面也做了一些事情,比如成立了日伪调查科,这个调查也主要是看看日方的报纸,做一些情报的摘录,没有什么显著的成就。

另外一个,关于暗杀汉奸方面,也做了一些工作。我们可以这样讲,军统组织在暗杀汉奸和日军军官方面,做了一些暗杀的工作,比起中统来可能效果更明显一点。所以不管是历史史实也好,一些文艺作品也好,军统在这个方面,还是有些作为。

由于中统是属于国民党中央党部直管的系统,在军事方面基本没有涉及,但是在从事暗杀汉奸方面,也有值得称道的案例。下面我们就给大家讲一个事例——美女特工郑苹如刺杀丁默村。

(二)美女特工郑苹如刺杀丁默村

我们看过《色戒》,是张爱玲的小说,李安把它改编为电影。它的背景、来历是什么?就是1939年轰动上海滩的郑苹如刺杀丁默村的案件。

我们知道,"七七事变"以后,国共开展了二次合作,这个时候,国民党中统组织有一些人员投靠了日本,如丁默村、李士群就成了汉奸。而郑苹如是著名的美女特工,1918年出生,父亲早年留学日本,是一个老同盟会员,曾经追随孙中山先生。

在东京的时候,郑苹如的父亲结识了日本的名门闺秀木村花子,两个人就结婚了,来到中国,生了五个孩子,第二个女儿聪明过人,能够说一口流离的日语,她就是郑苹如。

郑苹如跟父亲回国那年,大概是11岁。读书的时候,她的校长正好是丁默村,所以两个人也是师生关系。1937年全面抗战爆发以后,郑苹如也是爱国青年,积极参加抗日救亡运动,但是上海沦陷了,日本方面邀请郑苹如的父亲去汪伪政府担任很高的职务,被她父亲拒绝了。

这个时候,郑苹如自告奋勇要去。郑苹如已经在1937年底加入了中统的地下组织,成了情报人员。当时为什么让她加入? 一个,她的母亲是日本人,和日伪方面有很大的联系;再一个,郑苹如又懂日语,便于从事情报工作;再加上郑苹如也算是热血青年,愿意抗日救国。于是,便得到了她父亲的同意,从事中统的情报工作。

那时候郑苹如19岁,风姿绰约,是上海滩有名的美女。甚至在上海的《良友》画报封面上,就刊登了郑苹如的大幅照片。当时有个作家叫郑振铎,他对郑苹如有这样的描写:"身材适中,面型丰满,穿着华贵而不刺眼,一眼看上去,就知道是很有教养的纯情女孩。"

郑苹如是优秀的情报人员,凭借母亲的关系,她周旋于日本官员之间,曾经探测到汪精卫有异动的情况,报告给上级,但是上级没有重视,几天之后,汪精卫就叛变投敌了,这使上级对郑苹如另眼相看。后来交给郑苹如一个重要任务:刺杀丁默村。因为丁默村好色,就利用美人计来除掉丁默村。

中统也好,军统也好,经常施展美人计来达到自己的目的。我们共产党也有很多地下机构,内部也有很多女情报人员,但是共产党的原则是不利用女地下人员去做这样的事。话说中统当时正是因为郑苹如有这样天然的条件,于是就制定了以美人计刺杀丁默村的行动。

这样郑苹如和丁默村进行交往,丁默村能够交到这样一个如花似玉的美小姐,真是喜出望外,而郑苹如自己则假装是一个涉世未深的纯情女孩,不时跟丁默村调情撒娇,而且之间的距离时断时续,若即若离,引得丁默村神魂颠倒。

见时机成熟,郑苹如接到了第一次刺杀任务,邀请丁默村到家里做客,并在家里附近埋伏下狙击人员,伺机而动。但是轿车到了郑苹如家门口的时候,本来丁默村应该下车,结果丁却狡猾之极,他不知道是第六感觉还是觉察不对,就掉头离开,第一次刺杀丁默村的行动失败。

　　后来又策划了第二次行动,由郑苹如把丁默村引诱到一个预定的地点,再由中统人员去行刺。1939年12月一天中午,丁默村要到一个朋友家里赴宴,打电话让郑苹如一起前往,郑苹如就把情报传递出去了。计划已经安排好了,郑苹如半路下车到戈登路去买个皮大衣,丁默村下车就陪着她去了。正在郑苹如挑选皮衣的时候,丁默村突然发现玻璃外面有几个形迹可疑的人偷偷张望,马上引起他的怀疑,于是很快掏出钱给郑苹如后,自己立刻外走。出门以后,他以百米赛跑的速度急奔轿车,刚一上车就一溜烟开跑,第二次刺杀又失败了,让他侥幸逃脱。

　　两次失败,中统又规划了第三次刺杀行动。前两次失败以后,郑苹如心有不甘,感觉到功败垂成,这次她决定再入虎穴,直接刺杀丁默村。没想到老谋深算的丁默村经过前两次遇险,已经对郑苹如产生了怀疑,怎么两次跟你出去,就遇到刺杀的情况?但是丁默村也没有声张,继续交往。在一次宴会中,一个娱乐场所,郑苹如带着枪去了以后,发现丁默村汽车后座上,坐了两个面色不一样的女的,郑苹如上厕所,她们也跟着上厕所,走到哪儿跟到哪儿,郑苹如发觉自己已经被绑架了,要想再去枪杀丁默村,已经没有机会了。

　　之后,丁默村手下的特务林之江把郑苹如送到设于上海的极斯菲尔路76号,关押在汪伪特工总部的囚室里面。郑苹如被逮捕以后,否认与中统的关系,说与丁默村之间仅仅是不甘心被玩弄,所以想找几个朋友干掉他。丁默村也不想杀掉郑苹如,只是关一关,也没有上刑。他是这样想的,但是有一个人要置郑苹如于死地,谁呢?就是丁默村的老婆赵慧敏。她对郑苹如恨之入骨,于是命令林之江把郑苹如关在没人知道的地方,两个月以后就把郑苹如杀害了。死的时候,郑苹如身中三枪倒在血泊中,芳龄22岁。

　　据当时在场的汉奸回忆:郑苹如态度从容,在刑场前下了车,仰着头,向着天空深深地叹了一口气,对林之江说,今天这样一个好天气,这样一个好地方,青天白日,红颜薄命,就这样撒手西归。你们要是行刑就开枪吧!不过请求你们,不要毁掉我一向珍重的容颜。然后面露微笑,一步步向林之江走过去。林之江心里也不忍,转过身去,向后面其他的人摆摆手,其他的人打了三枪。

郑苹如牺牲了自己的美貌,在抗日期间,在暗杀汉奸中,表现了她的民族气节,这种献身精神是值得赞颂的。所以在2009年6月6日,上海为郑苹如立了一座塑像。

抗战胜利后丁默村被逮捕,在保外就医时仍不安分,喜欢游山玩水的他,有一天趁看病之机还跑到南京玄武湖去转悠,恰巧被中央社一个记者看到,遂写了一篇报道,说"丁默村逍遥玄武湖",公开发表在报纸上。蒋介石看到这个报道大怒:有病之人还有精神逛公园?如此情况,国民政府颜面何在?应当枪毙!不久就把丁默村枪毙了。当然,丁默村之死是多种原因共振的结果,不仅仅只是因为他逛了次公园。丁默村终于被钉在了历史耻辱柱上,而郑苹如这样的女英雄值得人们纪念。

这是中统抗战时期比较有名的刺杀汉奸的行动。

(三)徐恩曾的手段与猎艳

徐恩曾在做中统老板期间,对部下多方拉拢,花样迭出。思想控制方面,经常灌输一些孔孟之道;组织方面,让底下的人绝对服从领导,而且还让部下的哥哥姐姐、弟弟妹妹都进入到组织来。他有他的想法,那么多亲人进来以后,哪一个敢叛变,其他的人就是我们中统的人质!

另外,徐恩曾在笼络部下方面,也是五花八门,经常送送红包,但互相之间谁也不知道给自己的这个红包里有多少钱,这都是徐恩曾的手段。

另外,徐恩曾笼络部下,还有一个奇招、怪招,就是看相。当时从四川来了一个人,姓朱,在局里任助理、干事,自称精通看相,开始给一般人看相也就算了,后来中统高层也知道,徐恩曾也知道了,就把这个人请到家里为他看相。那个人惊喜地说:你这个人天庭饱满、地阁方圆,真正的出将入相之才,将来必定大富大贵,有权有势,还能够当上部长呢！徐恩曾听了以后非常高兴,而且不久果真就当了交通部副部长,觉得他说的话很准。

徐恩曾把他推广开来,在接见下属的时候,或者招聘新人的时候,请这个人看。过后,徐恩曾就问这个人怎么样,有没有反相,有没有奸相,这个人可不可以用?人们因为这个事,对徐恩曾产生了敬畏之心。

下面我们说一说徐恩曾的家事。徐恩曾原来有一个妻子,在家乡。徐恩曾和妻子实际上已经没有什么感情,虽然还生过一个女孩,但是跟着母亲生活,徐恩曾基本上不管。他抛弃前妻,很快有了一个新欢。原来徐恩曾友人有个妻子叫王素卿,容貌漂亮,但是贪图钱财。大概在1928年下半年,友人到国外留学,走前跟徐恩曾讲,请照顾一下我的妻子。徐恩曾满口答应,哪知道友人出国以后,早已对他妻子垂涎三尺的徐恩曾抛却了"朋友妻不可欺"的古训,与他的妻子同居,一年一个,生了四五个孩子。

等到1935年友人回国,见到自己的妻子已经被徐恩曾"照顾"得不成样子,生怕赔了夫人还丢命,只好忍气吞声。之后徐恩曾又去寻找新的目标,这个时候已经到了1936年,徐恩曾结识了一个名叫费侠的女人,被王素卿知道了,便与徐恩曾大吵大闹。吵闹归吵闹,徐恩曾的情欲之火难以压制,所以抗战爆发以后,就派人把王素卿及子女送到成都去了。

费侠早年留学于苏联,曾经加入共产党,但是后来成了共产党的叛徒。这个人野心不小,她与徐恩曾相识以后一拍即合,把徐恩曾弄得神魂颠倒。但是陈立夫、陈果夫不同意这门婚事,称此人是共产党,你徐恩曾能驾驭得了她吗?他说没问题,二陈也就罢了。后来蒋介石也知道了这个事情,叫徐恩曾过来,仍追问他,你驾驭得了这个费侠吗?徐恩曾依然说没问题,请总裁放心。这样在1938年的春天,中统局成立前夕,两个人在武汉就正式结婚了。

结婚以后,费侠成了中统里面徐恩曾的一个特别助手。成都王素卿知道了这个事,赶快跑到重庆和徐恩曾论理,并藏在中统局大门外,等到费侠从门里面出来的时候,五大三粗的王素卿冲上去对费侠破口大骂,大打出手。这个时候的费侠已经怀孕数月,哪里是王素卿的对手,三拳两脚便被打倒在地。这个事让徐恩曾非常难堪,大丢脸面,后来徐恩曾没办法,就给王素卿很多金钱、汽车,把她打发回成都,表示你再干什么我也不管了。

(四)徐恩曾感慨:周恩来真厉害

1941年8月11号,重庆闷热难当,忽然中统局传来一个消息,说张冲病逝了。张是调查科的骨干人物,后来当上国民党的中央委员。在调查科期间,张冲曾经策划过一件很有影响的大事,就是炮制了一个"伍豪启事",差一点要了周恩来的政治生命。周恩来原来化名伍豪,当时共产党内许多同志都知道。现在,这个假启事竟冒用周恩来的化名,诈称"伍豪"等二百多人脱离共产党。对于敌人的这个阴谋,当时中央在党内就进行了澄清。

在抗战期间,张冲到了重庆,和周恩来之间进行了国共两党的多次谈判。在谈判中,张冲领略到了共产党对于抗日民族统一战线的诚意,也感受到了周恩来作为一个伟大人物的魅力。

在谈判过程中,周恩来了解到张冲这个人当时对抗战是有信心的,同时也能通过张冲向蒋介石转达共产党的诚意,所以张冲与共产党之间成了朋友。

张冲去世以后,共产党方面的周恩来非常痛心,那天就在礼堂里面开追悼会,周恩来致悼词。在讲话里,周恩来非常诚恳地回忆了和张冲之间交往的事情,讲得情真意切,感情动人。当时在场的有很多人,中统也去了很多的特务参加这样一个追悼会。在这个会上,中统特务第一次见到共产党这样一个大人物周恩来,当听到周恩来讲述共产党统一战线的政策,看到共产党因为国民党这样一个人物的去世而流下的眼泪,也被感动了。会后徐恩曾感慨地说:共产党真厉害,周恩来做统战工作,竟然都做到我们家里来了。

三、盛极而衰

徐恩曾在重庆虽然做到实际掌控中统局的副局长,但他还想做经济部的部长,所以进行了一番运作,自然对中统局内部的控制有所放松。蒋介石几次召集会议问徐恩曾相关问题,徐都结结巴巴答不上来。而且蒋介石还怒责徐恩曾说:有人说我和护士同居,你怎么不去查? 徐恩曾也无话可说。

其实徐恩曾心里很委屈,说人家本来就看到了你和护士出入什么场所,人家都见了,你让我们怎么去查? 我们查了是有这事还是没这事? 但是蒋介石不管,劈头盖脸训斥徐恩曾一番,称其不务正业,对共产党不去认真查,本职工作不去努力做等等。徐恩曾经过蒋介石几次这样的训斥,终于有一天,即1945年2月,蒋介石发布一个命令,免去徐恩曾的一切职务,不再录用。自此徐恩曾政治生涯就算告一段落。

下台以后,徐恩曾聊以自慰:"自古以来,特务大头目都没有好死的。我现在只是被免职,没有要命,算是不幸中的万幸!"

徐恩曾免职以后,新的局长叫叶秀峰,先前做过调查科的科长,也是二陈的亲信,他上台以后,自然奉行他的一套。

四、穷途末路

中统局的结局,我们要简单说一下。1946年1月,国民党方面召开政治协商会议以后,蒋介石为了很快地行使权力,平息全国舆论,遂着手在组织名义上取消中统、军统两大特务机构,军统局率先改为保密局,而中统比较麻烦,想挂靠到这个单位,人家不要,想挂靠到那个单位,人家也不要,好像一个瘟神,人人敬而远之。此时舆论压力又非常大,怎么办呢? 经过反复商讨、研究,在1947年秋天,国民党中央终于下令撤销中统局,同时宣布成立一个"中央党员通信局",简称"党通局",但仍然被人们称之为中统。该局表面的任务是负责中央和党员之间的联系,但是说穿了,党通局就是中统局的变种,标牌虽然换了,却是换汤不换药,反共依然是它的主要任务。

1947年7月,人民解放军进行反攻,国民党统治区物价飞涨,尽管这时的党通局还在继续努力反共,但是活动范围逐渐被压缩,局内人心惶惶,都在为自己寻找出路。1948年下半年以后,国民党遭受到前所未有的大失败，党通局"树倒猢狲散"，叶秀峰也不能挽回。随着人民解放军占领国民党统治中心南京，随着中华人民共和国的成立，中统组织作为一个寄生于国民党的历史怪胎，已经灭亡了。

今天在两个小时之内，零零散散，有详有略地跟大家交流了这样的情况，感谢各位朋友听我的报告，谢谢大家！

二〇一五年八月九日

从甲午战败到抗战胜利

——从神话到现实的抗日秘史

李骏虎

李骏虎,1975年出生,山西洪洞人。1995年开始发表作品。2006年加入中国作家协会,现担任山西省作家协会副主席。著有长篇小说《奋斗期的爱情》《公司春秋》《婚姻之痒》《母系氏家》,中短篇小说集《前面就是麦季》《此案无关风月》,随笔集《比南方更南》,文化散文《受伤的文明》等。2010年10月凭借中篇小说《前面就是麦季》获得第五届鲁迅文学奖,并于同年11月29日凭借长篇小说《母系氏家》再次斩获赵树理文学奖。新作《中国战场之共赴国难》获得第四届汉语文学女评委奖最佳叙事奖。第四届山西新世纪文学奖、第十二届庄重文文学奖、第五届鲁迅文学奖、赵树理文学奖及赵树理文学奖荣誉奖得主。

文源神话
精神家园

李敬泽
二〇一五·四月

提起甲午战争,我们首先想起的就是北洋水师的全军覆没。一百多年以来,描写甲午战争的小说以及其他种种艺术形式的流传,尤其近年以来电影电视的还原,更多表现了这种战争的惨烈,给我们造成一种错觉,大家都以为甲午战争就是一场海战,其实海战是整个甲午战争规模很小的三次战争,而且甲午海战的失败原因并不在北洋水师,战争只是一个表象,甲午海战失败最大的原因是甲午陆战的失败,如果再追究,甲午战争失败的根本原因是清廷政府当时自上而下的腐败。

非常感谢山西省图书馆还有北岳文艺出版社的组织,更感谢各位朋友牺牲美好的周日时光,跑这么远来听我的报告,在座也有很多老人家,非常感动。在他们跟前讲抗战的历史,作为一个年轻人,压力也很大,有什么不详尽或者不准确的地方,请各位朋友指教。

今天的题目是《从甲午战败到抗战胜利》,从这个意义上来讲,今天在座的各位不仅仅是喜欢读书的人,更是有一颗爱国之心的人。今年我在北岳文艺出版社出了一部长篇《中国战场之共赴国难》,恰逢今年是中国抗战70周年和世界反法西斯70周年,"文源讲坛"想让我来做一个报告,讲一些心得。但说实在的,因为我是作家不是专家,也不是历史学家,所以今天讲到的都是我在作书的过程中"打通史料"——把史料弄清楚,把历史脉络搞清楚——把历史人物的性格和方方面面都搞清楚,在这个过程当中的一些个人心得。另外我之前也写过很多中国远古时候的故事,我还想就这两者的创作心得,跟大家做一个交流。

刚才说了,今年是抗战胜利70周年,世界反法西斯胜利70周年。我想,世界反法西斯战争是世界的事情,反法西斯有很多战场,欧洲战场、非洲战场等等,咱们今天不去说世界的事情,我们只谈我们民族抗日战争的事情,只谈我们抗战历史,还有我们被侵略的原因,只说我们家门口的事情,别人家的事情暂时不去谈。

简单说,今天是谈一个主题,两个字,三方面的内容:一个主题就是我们和日本的战争;两个字是"抗日";三方面的内容,一个是日本侵华溯源,一个是甲午战争的真相,还有就是围绕国共抗日的贡献讲一些我的发现和看法。

一

说到抗战,不知道大家想过没有,有一个问题就是中华民族为什么会抗日呢?为什么不是日本抗华,而是我们抗日呢?这么多年,我们一直把"抗日"作为爱国教育,作为我们塑造英雄、体现中华民族精神的一个折射,但是我们很少去考虑、很少去反省为什么会有"抗日"这个词。

熟读历史的人都知道,古往今来有一个道理,基本上都是大国吞并小国,所谓"大鱼吃小鱼,小鱼吃虾米",物竞天择。可是为什么日本这样一个弹丸小国,它敢于"蛇吞象"呢?还有一个问题,中华民族从什么时候开始抗日的?我们抗日的历史到底有多长?

我研究了一下,结果很震惊,也很惨重,我们抗日的历史长得让人想不到,竟然有五千年。日本这个国家不停地骚扰,不停地侵略中华民族,已经有五千年的历史了。"抗日"是20世纪产生的一个词,之前叫什么呢?我们知道叫"抗倭",抗倭之前叫什么呢?叫"射日",就是"后羿射日"。后羿射日是一个成语,也是一个神话故事,同时也是一个历史事件,是一个历史史实的存留。

后羿射日是尧舜禹时候中国远古时代的事,在公元前2800年左右,距今有5000年。后羿射日这个神话故事可以说妇孺皆知,说的是中国远古时代"十日"并出,十个太阳炙烤着大地,生灵涂炭,百姓生灵都没有办法生活,这个时候出现了后羿,射下了九个太阳,恢复了人类的正常生活,这个是神话故事。

但是我要告诉大家,很多神话故事都是真实历史事件的演变,口口相传当中,由于流传的需要,由于人类对文艺创作的需要,对神话的向往,慢慢变成了一种神话故事,但是你从考古的角度去考证一下,很快你就会发现,很多神话故事实际上都是历史史实。

举个小例子,上古有伏羲、女娲延续人类的传说,说的是远古第一次大洪水时期。关于大洪水的神话各地都有，就是说发了大水了，淹得只剩下伏羲女娲兄妹两个人，为了把人类延续下去。没有办法，那时候也没有伦理道德的概念，决定亲兄妹去结婚，这是神话当中说的。为了冲破心理的障碍，他们做了几件事情请求上天的昭示，比如从山坡上把两个磨盘滚下去，如果两个磨盘能落在一起，那么就是上天昭示兄妹俩应该结婚，繁衍人类，结果两个磨盘真的落在一起了。这还不能冲破心理障碍，又做了一个祈祷，分别在两个山头上点火，如果两股烟能够缠绕在一起，就表示上天让我们结婚，两股烟真的缠绕在一起，兄妹俩就结婚，生下孩子再互相结婚，按照这个神话传说下来，人类就是近亲结婚的产物。

传说故事很美丽，但是它有不合逻辑的地方，如果真是近亲繁衍这样生出来的孩子基本都是半傻子，这个神话故事的历史史实是什么？其实很简单，阅读过一些典籍你就会发现，伏羲、女娲是拟人化了。实际上在远古，他们只是两个部落，女娲部落是母系氏族部落，伏羲谐音是"父系"，是一个由男人做主的部落，之前是不通婚的，但是由于自然灾害，人类大量灭绝，为了延续后代，两个部落开始通婚，群体通婚，这个是很合理的，所以就延续了人类。

伏羲、女娲不仅仅是这个部落的代称，也不仅仅是部落首领的代称，它是一个统称，比如罗马很多的皇帝都叫"恺撒"，俄国很多的皇帝都叫"沙皇"，女娲部落很多的首领都叫"女娲"，伏羲部落很多的首领都叫"伏羲"。

通过这个小故事，我们可以知道神话故事和历史史实之间的关系，后羿射日也是这样，它发生在尧舜禹时代。尧帝开始，是中华民族历史的发端。后来通过考古，比如临汾的襄汾有陶寺文化遗址，发掘出来那个时代很多都城的雏形，一些生产生活资料，这些都提供了佐证。

后羿射日讲的就是尧舜禹时代抗日的故事，大家都知道，中国古代有三皇五帝，三皇的说法不一，五帝就是黄帝、颛顼、帝喾、尧、舜，帝喾就是帝尧的父亲，他去世的时候，没有把地位传给尧，而是传给了帝挚，当时的部落联盟叫华夏族。这个时代根据考古，在公元前2800年左右，现在是公元2015年,将近5000年。

在公元前2800年的时候,同时代已经有了日本,但是当时的日本列岛还不叫日本,叫"扶桑",扶桑岛上,日本人的部落联盟首领叫扶桑日君羲和,这个部落当时不叫日本,叫"十日族",因为岛上有一棵扶桑树,他们就认为扶桑树上挂着十颗太阳,全世界的太阳都要从他们岛上升起,从这儿就能看出来,日本这个民族非常自大而且自负。

当时发生了什么事件,出现了抗日呢?也是跟人类的大洪水有关。人类的生存和繁衍都是由自然条件决定的,尤其在远古时候,生产力水平低下,那个时候远古社会更是这样,人类战胜自然的能力非常弱。在公元前2800年的时候,帝喾的儿子帝挚执政,发生了大洪水。由于人类华夏族的部落主要生活在黄河流域,这个时候冰山融化,海平面上升,海水倒灌,这个绝对不是耸人听闻,整个江河湖泽一片泛滥,这个情况下怎么办呢?作为统治者的帝挚想办法让各个部落往山上走,避洪水。那个时候狼虫虎豹非常多,也跟人类争地盘,所以当时的生存条件非常艰难。在这种情况下,帝挚是一个善于治理民生的皇帝,他把人类基本安定下来。

又过了一些年,自然条件发生变化了,由洪水期到了干旱期,很多年都不下雨,人类又跟狼虫虎豹争夺水源。怎么办呢?在这种情况下,当时的各个部落都是有分工的,比如有一个部落叫陈逢氏姜炎族,这个部落主要是司职祈祷,天旱下不了雨,他们也去祈祷,这个时候,由于华夏大旱,没有办法,陈逢氏姜炎族就到海上求雨。

古人有一个延续到今天的理念,就是说当人类需要感动上天的时候,是需要去受苦的。包括现在的仪式,我们晋南是这样的,它有一些仪式的存留,这都是当时人类祈祷上天留存的仪式,求雨也是这样,不能说我到一个大树底下,很阴凉的地方去求雨,要去一些生存条件艰难的地方,或者是一些比较神圣的地方。当时去了哪儿呢?就去了海岛,他们认为在大陆求雨不足以感动上天,就去了中国和扶桑列岛之间的海岛上,但是他们不知道,这块水域当时就是日本人的祖先十日族已经统治的海域,他们陆地狭小,就要开发海洋资源,海上作战是很厉害的。之前十日族并没有注意到华夏民族在这儿有一块丰茂的土地,而我们去那儿求雨被他们发现了,然后引狼入室,十日族就开始进攻华夏族的地盘,这是最早中日作战的记录。那样一个小岛上的人,他们作战武器可能很先进,单兵作战非常厉害,厉害到什么程度呢?华夏族首领帝挚地位开始动摇,整个华夏族的部落联盟全部被人家打败了,五千年以前,华夏族就差点儿亡国。

这个跟1930年以后日本侵华很像,当时执政的是帝尧的哥哥帝挚,而1930年当时中国的执政党是国民党。帝挚这个时候把位置让给弟弟尧,帝尧接替位置以后,发现这个民族是不善于作战的,利用本联盟的力量是抵抗不了的,就开始找外援。当时华夏民族东边我们叫"东夷",有一个部落善于制造弓箭,——"夷"拆开是"大"和"弓",东夷民族是人类最早制造弓箭,也是最早使用带羽毛弓箭的民族,射得很远,射得很准,——这个部落的首领就叫羿,请这个民族来抵抗十日族,结果这个部落在他们首领羿的带领下,利用弓箭打败了十日族,把他们赶回了海岛上。虽然你的兵器长,但我不用到你跟前就可以把你射倒,可以把你大面积地杀伤,所以取得了第一次抗日的胜利。

这段历史史实如果像我今天这样讲,很难流传下去,太复杂,而且也牵扯到民族之间的关系,所以后来变成了后羿射日的故事,把善于使用弓箭的部落,用他的部落联盟首领来拟人化,变成一个神人,拿着一个弓箭,射下九个太阳,这就是历史史实到神话故事的演变。

我孩子小的时候,我也跟孩子讲后羿射日的故事,也没讲这么复杂。

二

下面咱们讲甲午战争。今年是甲午战争120周年,提起甲午战争,我们首先想起的就是北洋水师的全军覆没。一百多年以来,描写甲午战争的小说以及其他种种艺术形式的流传,尤其近年以来电影电视的还原,更多表现了这种战争的惨烈,给我们造成一种错觉,大家都以为甲午战争就是一场海战,就是北洋水师跟日本联合舰队的一场海战,实际上这个观点大错特错。

其实海战是整个甲午战争规模很小的三次战争,而且甲午海战的失败原因并不在北洋水师,战争只是一个表象,甲午海战失败最大的原因是甲午陆战的失败。如果再追究,甲午战争失败的根本原因是清廷政府当时自上而下的腐败,所以我想从军事和政治方面进行一个简单的分析。

首先我介绍一下北洋水师的实力,就是战斗力。就硬件来说,北洋水师海军舰队从它的舰船数量到它的炮火威力,两方面都远远超过当时的日本联合舰队,也就是说,当时清朝政府李鸿章的北洋舰队,它的战斗实力是亚洲第一,咱们是老大,世界前十。海军都受过良好的训练,船只先进,炮火猛烈,这是它的硬件。软件方面,北洋水师的主要将领都不是中国土生土长的,不是在中国受教育的,都是长期留学欧洲海军强国,毕业于专门的军事院校,具有相当高的近代海军技术理念;另外还专门聘请了英国人琅威里等欧洲海军将领做教官,因而海军也都受到过良好的训练。

我们说"理念先行",搞什么都是这样,包括我们搞文学创作也是这样,理念是指导性的。当时清朝的这些管带们理念都一样先进,尤其林太增不逊于世界上任何一个海军强国船长、舰长、管带,这是我们的人力资源。

还有一点,北洋水师战舰上有很多西洋教官,当时他们抱着观摩、指导的态度参与了当时的海战。战前,西方列强都认为北洋水师是西方最先进的舰队,就好像国民党美式装备一样,战前都预言说日本一定失败,包括德国、英国这样的老牌强国、霸主都是这样认为的。有个洋顾问对英国路透社肯定地说,毫无疑问,日本最后必然会彻底粉碎,他这绝对不是忽悠你,因为他了解北洋水师硬件、软件的实力,他们认为北洋水师和舰队和英国一样强大,对日本根本不屑一顾。

但是谁也没想到战败了,为什么会战败呢?有这样几个原因:

首先,甲午战争不仅仅是海战,它是一个大规模的战争,是日本、中国、朝鲜三个国家之间的战争,而且甲午战争主要的战役有十几次,主要是陆战,海战只占其中的三次,这三次海战在整个战争当中比重很小,基本都是遭遇战(比如丰岛海战、大东沟海战),而陆战的规模相对海战要大多了,包括平壤保卫战,鸭绿江江防战等等,都非常重要,有几万人、十几万人参加,而北洋舰队整体兵力只有几千人,比重很小。于北洋舰队当时主要的任务不是对日作战,而是为大清给朝鲜战场输送兵力护航。

当时陆军是清军的主体,占整个军队的95%,海军只占5%不到,只有区区几千人。相当于北洋水师这样世界一流的战队来说,大清陆军近代化、现代化的程度严重落后,它不像海军一样可以进前十。可以讲,当时的大清陆军还停留在冷兵器时代的战争理念,跟海军不在一个世纪,这是几个客观上的原因。

还有一个主观上的原因,也是我今天着重想说的,需要我们着重反思的,中华民族除了特产汉奸以外,还有一个让我们很自惭的,就是自毁长城。甲午海战北洋舰队为什么会战败呢?过错不在他们,直接过错在海防陆战。间接过错在皇室的贪图享乐和政府官员的愚昧腐败。

威海卫军港是北洋舰队的母港,所有的舰船都停在那儿维修,这样的母港在家门口,可能只摆战舰吗?不可能的,它有非常严密的防卫措施,有很多防止偷袭的,军港两岸有十几座炮台,就是为了保卫军舰,而且炮台之间炮火可以交叉,同时开炮可以覆盖整个军港。炮台是个什么概念呢?不是一门炮,小炮台有几十人,大炮台有几百人,是一个营到一个连的建制。大炮有多少?几百门大炮,而且舰船上有更先进的火力,它形成了舰船上的火力跟两岸的炮台火力暗箭协防,固若金汤。不要说日本舰队,就是德国、英国都打不进来。你进来就是腹背受敌,没有人那么傻,要直接进攻别人的母港。

但优劣是互相转化的,一旦人家进攻你的舰队之前派陆军把你的海防炮收拾掉,占为己有,是个什么效果?优势马上转变为劣势,我们马上腹背受敌。作为清廷的军事指挥,应该意识到这一点,首先保卫炮台,可悲的是就没有人想到这一点,或者是想到了,懒得去做,或者想到了,觉得这不是职权范围内的事情,不管,或者在烟花柳巷,或者抽大烟，就是没有人做这个工作。恰恰日军抓住了这个软肋，他们知道凭自己的实力是打不过北洋舰队的，他们就开始研究，开始动两岸海防炮台的脑子，如果能打下来炮台，那就吃定北洋舰队了。

刚开始，他是抱着试一试的态度，侥幸的态度。日本人从五千年前侵华到甲午战争侵华，刚开始他们都是没有把握的有三种方案，打赢怎么办，打平怎么办，打输怎么办，都是试，试试你水深水浅，但是一试，发现我们根本不堪一击。这次，日本陆军就尝试对威海卫军港两岸炮台进行进攻，结果让他们没有想到的是，他们做了那么详细的军事计划，本来想打个持久战、突袭战、闪电战，都没有用上。仅仅四个小时，南岸的炮台被攻陷了。

南岸炮台被攻陷了，如果北岸炮台还在，我们还有一半的保卫火力，可是北岸一看，根本就没抵抗，闻风丧胆，望风而逃。也就是说，攻占南岸的日本陆军还没有打到北岸，清军就已经跑光了，炮台全扔下，逃窜殆尽，日本人兵不血刃地占领了北岸炮台，把最大的优势让给了日本人。

清军当时拱卫威海卫军港的有上万守军，而且李鸿章是一个兢兢业业的人，军备物资他准备了一年，但是日本人乘胜追击，整个旅顺军港坚持了一天，拱手相让。甲午战争十年以后，旅顺军港那时候归俄国，也是日本人进攻，俄国人兵力很少，物资也很少，坚守了多少天呢？300天，将近一年。所以当时没落的清王朝应该被推翻了。后来国民党有个自嘲的说法，不要说几个人几小时被歼灭，就是几头猪，你杀也得杀个把月吧？所以还是自身有问题，不是日军多厉害，是清军自己不争气。

插一个事，1931年"九一八事变"当中，东北军也是这样，据说张学良当时在北平跟胡蝶跳舞，大家都在放假，日本间谍刺探到这个情况。当时张作霖励精图治，军备非常厉害，飞机几千架，重型轰炸机、坦克、生化武器，武器弹药都有，炮弹有四万发，军备物资不计其数，一夜之间撤离东北，老百姓苦劝，大学生阻拦，一辆辆军车都扔下家属走了，他们进了关内，后来很多家属才找到关内。东北军负担很重，有多少部队就有多少家属,扶老携幼,推着三轮车,连哭带喊,来来去去得病的、累死的,非常惨,这就是丧失家园的后果,就是不抵抗的后果,丢盔卸甲的情形和甲午战争时很相似。

日本人一看,还有生化武器,还有这么多飞机,日本人开上东北军的飞机去轰炸东北军,东北军把打飞机的东西都扔下跑了,拿步枪打飞机。

甲午战争时期,清军陆军就是这样的,能支撑一年的物资军备,全部放下资敌,所以日本形成了一个概念,进攻中国不需要军队。当时清军的规模都很大,每个战场都有二万人,将近一百个营的兵力,但是即使有一百个营,二百个营,只要有一个营被击溃,就会全线溃败,千里大坝溃于蚁穴。整个甲午战争当中,大清陆军和日本陆军的阵亡比悬殊较大,那肯定是你前面跑,我后面打,那不是打死了吗?你要抵抗,他还得爬下找个掩体,你一跑,别人手榴弹带扫射。也就是说,清军和日军的阵亡比较大,这种状况也没改变,诸如南京大屠杀。

当然,我们有很多可歌可泣的将领,但是也不乏这样的笑话,原因是什么?后来抗日战争当中,中日双方阵亡比悬殊有所缩小。你在电视上看,一个神枪手端上两个枪打死几十个日本人,所以现在抗日神剧这些导演真是造孽。这不是娱乐,这是愚民,大家以为日本人不高兴,日本人可高兴了,因为你全民已经被娱乐化了,把你的民族耻辱娱乐化了,不但不感到耻辱,而且感到很娱乐,看来很好玩。包括一些莫须有的地雷战,那些都没有,没有那么好玩,跟小孩子过家家捉迷藏一样,鬼子都笨得跟猪一样,根本不是那样,所以我们要杜绝抗战剧的娱乐化。

现在日本、韩国、欧美变了侵略方式,现在是文化侵略,现在我们的孩子过洋节,吃洋饭,学洋文化,我们还有什么民族传统呢?美国一个总统说过,几十年以后,我们根本不需要武器侵华,他们长的中国人的样,说的都是英语,吃的都是肯德基,接受的全是我们的教育。这种现象不是吹,现在大多数有钱的大老板、有地位的官员的孩子大都在留洋。我们现在的年轻人,每年的七月七日不知道是国耻日,以为和农历的"七七"节一样,很多人还在这天结婚,把这天当情人节过,白头偕老。那是国耻日,卢沟桥事变,全面抗战爆发! 可见尼克松的论断并不是危言耸听。

回到话题上来,当时清军陆军作战失败了,战争可以失败,但不是这样的败法。也可以说,就是大清陆军的不堪一击,直接刺激了侵略者的胃口——后来日本有一个史料说30年代他们敢叫嚣"三个月灭亡中国",就是因为当时甲午战争清军不堪一击,后来东北军不堪一击,刺激了日军的胃口,三个月跑遍中国,你骑上马跑也不止这个时间啊——,所以是我们的软弱在刺激他们的胃口。

正是因为海防炮台的丢失,使北洋水师被自己炮台的炮火和日本联合舰队夹击,注定了失败的命运,不失败是不可能的。日本人狼子野心不仅仅体现在一次战争的提前谋划,日本侵华的谋划是非常久远的,我小时候听老师讲课,日本人对孩子们进行侵华教育,孩子们上幼儿园的时候就进行侵华教育,挂一个小黑板,拿一个粉笔头,老师在黑板上画一个很圆的圆圈,这是太阳。再戳一些点,这是什么? 烧饼,饼子上有芝麻。

把烧饼画出来,烧饼好吃吗? 好吃。想吃吗? 想吃。哪儿有呢? 中国有,地大物博,物产丰富,日本太狭小了,粮食不够吃,要想吃烧饼,占领中国,那是个好地方。当时日本给孩子们灌输这个思想。当时日本就是这样的教育,这帮孩子长到二三十岁的时候,正好开始侵华,这都是从小的教育。

侵华之前他们也是有计谋的,山西当时是一个模范省,路不拾遗,夜不闭户。日本人拿下东北以后要入侵华北,要过阎锡山这一关很不容易,阎锡山也是留日回来的,阎锡山从感情上是排日的,我再对你有感情,也不可能把我的地盘给你。所以阎锡山早在日本侵华之前还在山西当省长,这个时候突然接到一个电报,他一个日本军校时期的同学,当时是日本的生物学教授,研究植物的,给他发了一个电报,说想在山西考察一下的植被。阎锡山说,欢迎,当时已经是山西的一把手了,要显示一下自己的权威,派大员到娘子关去接,在那儿等不到。突然有一天,阎锡山在府东街的督军府坐着,说一个日本人来找你,进来一个人,帽子也破了,身上衣服也成了一条一条的,洗洗脸一看,就是他去接的那个教授。怎么搞成这样?他说我是个学者,自己从山里钻过来的。你没有走娘子关吗?没有,从关后面绕过来的,从一条小路到了太原。阎锡山很敬佩,确实治学精神很高,应该向你学习。他就没有警惕这个家伙是干吗的,就把他当学者了。

几年以后,日本人开始进攻娘子关,阎锡山什么也没学到,学到一个口袋阵,把最精锐的兵力全部调到娘子关,等着日军来钻,结果就和当年接人一样,那么多人在那儿等,突然说日本人到了太原城下了,开始跟傅作义作战了,这才往回跑。后来说赶紧查一下指挥官是谁,一查瞠目结舌,就是当年的生物学教授,日本人当年没有走娘子关,走的就是当年考察蘑菇的那个山路,从娘子关后面绕过去,打你个措手不及。傅作义是最善守的将军,守不住,太原沦陷,接着临汾沦陷。

日本人侵略你是有谋划的,他全民参战参军的人方方面面的人都有,一个生物学教授直接就成了大佐了。

到底应该谁来承担甲午战争失败的历史责任呢?首先是体制。大清陆军的近代化程度没有广泛展开,还停留在冷兵器时代,还停留在刀枪剑戟的时代,严重落后于列强。我们电影上也看到,实际上当时欧美的火枪作战理念也不是很高超的,南北战争我们看他的作战形式,就是双方站队对阵,双方都倒,就和排着队枪毙一样,他们的理念也不先进。清廷当时没有先进的作战理念,临时抱佛脚,购入了大量的洋枪洋炮,也请了洋教练,但还是跟不上军事潮流,配上最先进的武器不会用,就跟烧火棍一样。

那年王家岭矿难的时候我们去采访,发现矿工致死的原因不是他们没有救生设备,救生设备非常全,只要发生瓦斯泄露,透水什么情况,你把东西摘下来扣到鼻子上,可以坚持10到16个小时。就好像那个灭火器一样,一拔一捏就能灭火,这个东西也很简单,一捏就断了,直接拉过来放到鼻子上就行。有些矿工背了几十年不会用,全扔了,直接闷死了。

战败还有一个本质的原因,清政府的腐败,体制的僵化,他们不愿意打破当时的权力格局、利益格局。当时战斗力最强的部队并不是清廷的中央军,是湘军和淮军,他们是有名的能打,平叛也好,跟洋人作战也好,非常能打。但是湘军跟淮军是地方军,他们在整个大清陆军的血液当中属于二等公民,从武器配备到军事给养都要比清朝的军队要低等,清朝的军队吃香的喝辣的,而湘军是吃糠咽菜,所以当时是最有能力的人,最得不到相应的报酬。

大清当时没有统一的建制,陆军和海军基本上都是各自为政,所谓的中央军也是谁拿着虎符听谁的。北洋水师提督丁汝昌只能指挥海军,不能指挥军港两岸炮台的守军,指挥不统一造成失败,这是一个教训,所以后来毛主席说"只能党指挥枪",要号令一致。

还有一个原因就是清廷的用度靡费造成的国库亏空,不知死活挪用海军军费。甲午战争即将爆发,强敌虎视眈眈,大清却在忙着给光绪皇帝大婚和慈禧老佛爷过寿,光绪大婚花了五六百万白银,老佛爷过寿修建景点花费四五百万白银,为了献寿修建颐和园,花了一千万白银,假借在颐和园的水塘里训练水军,挪用了七百万的海军军费,造成当时的国库存银只有六十万两,于是停止了向欧洲购买军舰和炮弹。我们在电视连续剧《甲午风云》里看到,李鸿章要给北洋水师买铁甲舰,据理力争,给户部尚书翁同龢讲大是大非,而为了给老佛爷修园子太监总管也去找翁同龢,太监拿着黄金去找他,发现这个人不贪利,给我什么也不要,我是个清官。太监没辙了,回来请高人。中国的事就坏在高人身上,高人讲,人生在世名利二字,不贪利的人肯定贪名。一语惊醒梦中人,太监又跑去找这位翁大人,说有一个印刷厂,印制书法非常好,你的书法应该流芳百世,我已经跟他们说了,他们用最好的纸张,最好的印刷技术来印你的书法,让翁大人和令尊的书法成为后世楷模。一下子把翁同龢说动了,一本书法集,几十万两白银给老佛爷庆生,修了园子。李鸿章要钱的时候说没了,国库没钱了。

这个时候日本的间谍刺探到这个情报,日本之前很担忧,知道北洋舰队的旗舰定远舰有7000吨的排水量,即便没有炮弹了,撞也能把你撞沉。他们一直担忧,如果这个战舰配备上,就没有什么事了。结果担忧当中传来好消息,大清买不起更先进的战舰了!军方跟天皇一说,天皇说,砸锅卖铁也要买,从我这儿一日三餐改成一餐,一天只吃一顿饭,剩下的饭钱买战舰,天皇让皇室都减餐,感动了臣工和人民,于是全日本都捐款买战舰,举国之力,勒紧裤带攒钱,有资料说当时很多日本少女晚上卖春,白天捐款给政府买军舰。于是在大清停止购买军舰的几年里,日本购进了很多世界上最先进的军舰,海战理念超越北洋水师,和欧美保持一个水平。

即使是这样,北洋舰队还是亚洲第一、世界前十,也不可能迅速被打败。问题是大清朝廷和官员腐败到了极点,北洋水师最后被自己人坑了,这就是腐败的可怕。所以我们"十八大"以后的反腐是非常必要和及时的。北洋水师是怎么被自己人坑死的呢?军舰的动力当时靠烧煤产生蒸汽,对煤质的要求是很高的,该死的是开平煤矿的总办张翼贼子,把本该供应北洋舰队的"五槽煤"私自卖给了西方商人,把一半煤一半矸石的"八槽煤"提供给水师,这种低劣的煤质,不但不能保证军舰的动力需要,而且还损坏锅炉。此贼应该永远钉在中华民族的耻辱柱上!还有就是朝廷和户部尚书翁同龢停止了购买先进的黄火药炮弹,使北洋舰队只能使用威力低下的黑火药炮弹,最令人发指的是还被供应了假炮弹,每一箱炮弹箱子里面,上面一层装的是火药,底下的弹壳里装的全是沙子!所以在北洋舰队和日本联合舰队的大东沟遭遇战中,原本北洋舰队占着上风,正打得热和,后面打出的炮弹全哑了,每个都是哑弹,打开一看是海沙,能不失败吗?坑爹啊!日本用的是填充黄色火药的开花弹,北洋舰队用的是黑火药的实心弹,人家打咱一发烈焰熊熊,咱打人家一发只能钻个洞。所以北洋舰队官兵那么英勇惨烈地作战,把日舰打成了马蜂窝,也没有击沉一艘,相反在大东沟海战中被日舰击沉四艘。所以最大的原因不是敌强,是我们被自己人坑爹!

甲午海战越说越生气,惨重后果还不止这些,签订了《马关条约》,《马关条约》直接把一个民族发展的脖子掐住了,条件非常苛刻,战争赔款,将近三亿两白银,当时国库里面作战六十万两拿不出来,战争赔款将近三亿两白银,那得赔几代?割地,它整个拖住了中国往前发展的脚步,我们一直停留在半封建半殖民地,落后世界五十年。

我们现在对落后没有很直观的感觉,你去一下美国,再去一下印度,就感觉出来了。去了美国,感觉我们跟美国差一百年,赶不上,去了印度,发现他们离我们差几十年,他们正在拼命追赶。

说到这里,证明了一个道理,腐朽没落的清王朝应该被推翻,辛亥革命应该发生,已经没办法了。不知道在座的有多少人读过《官场现形记》,你就能看出来清朝的官场没落到什么程度,所有的人都只知道贪图享乐,全是烟花柳巷,全是鸦片,蝇营狗苟,没有一件事情能拿到台面上,装腔作势,你看了这本书,会非常痛恨清王朝。

后来东北沦陷以后,溥仪还做了十四年的伪满政府的皇帝,有奶就是娘,这也是甲午战争失败的恶果。

三

后来发生了辛亥革命,推翻了清政府,接下来到了民国,民国的时候,开始了抗日战争。辛亥革命以后中国进步了没有呢?没有,换汤不换药,辛亥革命最伟大的意义就是推翻了清王朝,就是把一些现代理念引进来,但是民族精神以及种种方面都没有得到进步。这不是我说的,是孙中山先生说的,孙中山说民国是一盘散沙,后来又辞去大总统,为什么呢?这跟中国的文化,跟中国的封建体制是息息相关的,民国也是军阀林立。抗日战争对我们最大的意义是我们有了家国概念。

在这样的形势下,蒋介石开始了北伐,让国民政府统一全国,但也是名义上的统一,实际上军阀都不听他的,是一个弱势的政府,各地军阀地理观念非常强,没有国家感,只有地域感,而且每一个军阀背后都有列强在支撑,有些人背靠苏联,有的人背靠欧美,甚至绝大多数的人背后的列强就是日本,封建思想严重,谁能支持我当土皇帝,我就听谁的,一盘散沙。这样的情况之下,外国侵略者就推行"以华制华",苍蝇不叮无缝的蛋,你裂开了我就叮你。

李宗仁、白崇禧当时背后的后台也是日本人,军援是日本,他是背靠日本跟中央政府唱对台戏,他要保他的地盘,所以打着抗日旗号对抗政府。抗战时期的东北伪满洲国就更加严重了，1931年九一八事变以后，直到1945年，这十四年间，日本培养了一代中国的年轻人，他们都不知道自己是中国人，他们只说自己是满洲人，而满洲人是亲日的。

九一八事变以后，实际上中国已经接近亡国了，东北四省沦陷以后，华北五省开始推行半自治，将近四分之一的省份沦丧，各地军阀不思抗战。而老百姓历来只要有吃的有喝的，管你谁当皇帝，所以整个全民族对抗战没有精神的，政府没有人来号召，没有人说，甚至还压制抗日，不准提"抗日"二字。在1948年出版的书当中有一篇文章叫《蒋委员长》，他当时求助于国联，国联开会投票，认定这是侵略行为，勒令日本退回，结果日本悍然拒绝，退出国联，所以蒋介石没有办法了。

这样的形势下，很多人被迫抗战，比如"大刀向鬼子头上砍去"，这首歌是歌唱国民党29军的。在没有人去组织抗战的时候，共产党站出来了。正面抗战确实是国民党在打，但是精神上号召全民抗战，举行工运，民运，罢工罢市，燃起全国抗日火焰的是共产党，一直在宣传统一战线。也就是说，正面抗战是国民党在打，但是日本人之所以没有实现"三个月打下中国"，之所以被拖住后腿，是因为他陷入了共产党领导人民战争的海洋，是因为敌后工作非常厉害。全民族抗日精神是共产党在主导的，所以说到国共抗战的贡献，客观地说，正面抗战的确是国民党在打，牺牲的人很多，但是当时国民党说允许投降，等到机会成熟再开始抗战，所以当时国民党成师建制投降得很多，但是共产党一个班以上投降的都没有，这个确实是很厉害的，坚决不投降。我们现在和平建设时期，要有这种骨气就抵制日货了。

归根到底一句话，我们还是要自强，人家几千年侵略咱们，不是因为他强，是我们太弱，是我们自毁长城，所以我们有些东西要改，日本对外是一个很没有节操的民族，偷袭珍珠港，细菌战，毒品战，很没有节操，但是在国内很文明，你去一下日本，开车前面几个人在走，永远不打喇叭。他要超车，超车以后还要双闪感谢你一下。而我们恰如相反，有个外国人接受访谈，说中国就是猴子在马路上开车。

日本对内非常文明，对外非常野蛮。而我们在历史上就是对内斗争毫不手软,对外一味赔款割地。

　　所以我们还需要对外强势一点,对内平和一点。小节上要做到排队,礼让,不能让"番邦"觉得中华礼仪之邦都是些猴子。

　　谢谢大家!

二〇一五年七月十九日

第三辑　历史·争鸣

文史
讲坛

张居正改革的得与失

林 乾

林乾,历史学博士,中国政法大学法律史学研究院副院长、教授、博士生导师,兼任国家清史编撰委员会典志组专家、中国法律史学会理事等。主要著作有《中国古代权力与法律》《传统中国的权与法》《曾国藩传》《清代衙门图说》《嘉靖皇帝大传》等。主持国家社科基金、教育部重大项目、北京市规划项目等多项课题。发表专业论文六十余篇。

文之源，进步的阶梯
讲之堂

2015.12.6

我们看历史上的改革,都很悲壮。改革者理应受到社会的尊重,不应该说社会受到了改革的利益,改革者却付出了巨大的代价。封建社会的改革说到底就是利益关系的调整,是统治阶级内部利益的分配问题,张居正的改革,侵犯了太多的权贵者,最后人亡政息,这不得不说是人治社会的悲剧。"工于谋国,拙于谋身。"这是海瑞对张居正的评价,张居正对国家全副精力都投入进去了,但是自己怎么平安落地,给自己的子孙一个平安的结局,没有想得太多。

今天我用小半天的时间与在座的各位交流一下历史上最后一次改革。

中国历史当中,大家知道,重要的改革实际上就是三次,有人说清朝也有改革,实际上没有贯以改革的名字,称得上改革的有商鞅,王安石,还有就是张居正改革,这是历史上三次重要的改革和变法,这是最后一次,也是整个中国社会发展到封建社会晚期的一次改革。我们一般把宋朝作为封建社会的晚期。明朝叫"近世",也就是说,到了明朝的时候,已经有了一些近代的因素,跟宋朝已经不一样了,开始向另外一个方向引领中国社会的历史向前走。所以在这样一个环境之下,明朝的改革可能更加能够凸现它的时代意义。

今天我们在这样短的时间内,跟大家讲三个问题:第一,中国的制度文化与张居正的强国梦;第二个是张居正改革的纲领与目标,还有主要的措施;第三,解读一下张居正改革为什么也出现了一些大的反复,他为我们今天的改革提供了哪些启示。实际上我是研究明清史的,从研究生时期开始做明清史研究,后来主要做清朝,我也写过几篇关于明朝的东西,包括《嘉靖皇帝大传》等。

破题

我讲一下中国社会有一个基本规律性的东西,概莫能外,那就是创业——守成——中衰,中衰之后可能有中兴,有的朝代没有,直接中衰就进入灭亡了,一个新的朝代诞生了。所以在中衰的朝代当中,能不能够出现中兴,这在历史当中是不多见的。

我们回过头来讲曾国藩,他一生当中最大的理想就是中兴,很明显明朝出现过一次中兴,这次中兴是由谁打造的?就是今天的主人公张居正。所以历史有惊人的相似,为什么要说黄炎培跟毛泽东要探讨周期律呢?新一届领导人上台后,习近平主席和政协主席等同志走访了各民主党派和工商联,他们就提出这样一个问题,延安窑洞当中讲的周期率,今天有没有意义呢?当年黄炎培问毛泽东,我今年六十多岁了,亲眼所见,从个人到团体,到一个民族,到一个国家,都没有逃脱周期率,"其兴也勃也,其亡也忽焉",大凡初时聚精会神,没有一事不用心,没有一人不卖力,也许那时艰难困苦,只有从万死中觅取一生,既而环境渐渐好转了,精神也就渐渐放下了。

我们要扭转一个风气太难了,我们新的中央领导集体,最重要的就是要通过政风来转变社会风气,搞了政治局八项规定,到现在有《中国共产党纪律处分条例》,就是要解决政治风气的问题,以政治风气来带动社会风气的好转。我们过去积累了很多问题,但是改变一种风气很难。风气就是全国性的东西,所以要扭转太难了,这是黄炎培给毛泽东提出的第一个问题,风气;第二个,你的区域扩大了,过去是一个省,现在管理一个国家,管理天下,这个时候,它的难度系数要增加很多;紧接着第三个问题就出现了,干部跟不上了。不知道在座的有没有企业家,你做一个企业,就在一个省,你可以控制局面,在一个县城也好一点,你做一个跨国集团,甚至走向世界,那就更加难,你得熟悉各项政策法规,还得跟官员进行打交道,所以他说人才是一个原因;第四个是控制能力,范围越广泛,控制能力越弱。我们家庭就这么几口人,一个家长管他的儿女,这很好管,而如果像金字塔一样,最上面的人控制最下面的人,就很难。张居正变法为什么会失败?人亡政息。所以他跟毛泽东说,你们将来执政,能不能跳出周期率,执政之后转眼之间又衰弱灭亡了?这是给共产党提出的问题。

习近平主席认为,窑洞对当中的周期率,对今天仍然有重要的警示意义,我们作为一个开篇。毛泽东怎么回答的呢?他深思熟虑,最后说,我们找到了,我们能够跳出这周期率。什么答案呢?民主。只有让人民监督政府,政府才不敢松懈,只有人人都负责,才不会重蹈古代人亡政息的覆辙。毛泽东讲的是对的,人民民主实现的方式我们现在还在探讨,人民代表大会制度是我们坚持的基本制度。

《延安归来》是黄炎培从延安回来之后写的一本书,我刚才讲的内容就是这本书当中的内容,这是研究现代史非常重要的命题。

我们接着要引申的,改革要付出代价,由于机制不同,我们的社会跟西方的社会不一样,西方的社会小修小补,每年或者每一届政府,每一届总统都在进行政策调试,古代的人治社会不是这样,他是矛盾积累到一定程度,最后一下子结束,是一种恶性循环,所以改革要付出代价。

朱镕基还在当副总理的时候,在北京看话剧《商鞅》,商鞅变法的成果是建立了秦王朝,但商鞅个人付出了车裂的代价,看后潸然泪下。后来他做了总理,推进改革,非常艰难。他讲过,要打一百口棺材,最后给自己留一口,有一种壮士断腕的精神。我们今天也是如此,习近平总书记经常讲,改革开放只有进行时,没有终止时。李克强总理在两会报告中进行座谈的时候讲过,改革当中触动利益比触动灵魂更难,所以我们深水区表现在什么地方呢?我们要解决四大问题。

第一个,政府的公权力与公民私权的问题,政府管得太多,废止那些不合理的东西。很多基层办事的时候难,要证明"我妈是我妈",这些东西都有,所以这个要调整,公权力不能无限延伸,要真正建立一种公民的社会,这是好的。第二个,打破国有资本和行政的垄断,构建市场的公平,不能让国有做所有企业的老大,好多东西要退出。第三个,限制并最终取消特权,层层特权;最后,要冲破利益藩篱,建设普惠型社会。这些非常艰难,每一条都非常艰难。

一、中国的制度文化与张居正的强国梦

女人从什么时候开始缠足的呢?普及下来是从宋代。讲女人要

"从一而终"，要"守节"，从什么时期开始的呢？从宋朝。所以中国文化当中，就我的整体研究而言，宋朝的时候已经到了一个十字路口。儒家文化遇到了困境是从宋朝开始的，越往前走越没有归路，这种文化越来越保守，促使中国的制度越来越内敛。所以宋朝的江山从北宋到南宋，最后颠沛流离，北方小的少数民族并没有多么强的力量，但是可以横行无阻，文化和制度的东西同时显示出它的落后性，或者说保守。所以王安石变法提出叫"三不畏"：第一个是"天变不足畏"，天变的时候，是对统治者的一种警示，反常的自然现象都是上天给天子的警示。这个时候你要畏惧，所以王安石提出不怕。第二个是"人言不足恤"。第三个是"祖宗之法不可守"，老祖宗定的那一套还行吗？我们还认为是真理吗？我们知道，列宁没有评价别人，他评价王安石是11世纪世界上最伟大的改革家，他最可贵的精神就是"三不畏"。

回过头来我们看张居正的故居，在荆州。后来他被抄家，儿子上吊自杀，所有的子孙全部发配，故居也被拆掉，现在的故居是重新修缮的。万历皇帝10岁即位，张居正辅佐了10年；张居正的墓地也被毁，现在看到的是重修的墓园，受国家级保护。

张居正绝顶聪明，我们经常说"早慧不祥"，从年龄来说，张居正没有活到60岁，50岁多一点就累死了，为国家鞠躬尽瘁，但他真正有才，12岁考中秀才，在中国历史当中，几乎是最早的秀才；第二年考举人的时候居然就考中了。主考官说，哪有13岁做举人的？今年不录你了。隔了几年，张居正16岁考上了举人，也是非常早，典型湖北人的聪明；后来在内阁当中，跟那些大佬们进行斗争。张居正真正是智慧高超，22岁中的进士，也是非常早，很多人考了一辈子考不上进士，考不了举人。范进中举我们知道，已经到了告老还乡的时候。所以成名要趁早，张居正在最早的年龄拿到了敲门砖，为他的政治生涯奠定了非常好的基础。那个时候我们知道，是明朝政治非常昏暗的一段时间，后来嘉靖皇帝继承了皇位，最后也不行了。明朝第一代朱元璋，第二代明成祖，到宣德好一点，后来一个不如一个，都是怠政。到了万历皇帝，几十年不理朝政。要当宰相其中有一条，得写一手好青词，这些人都有。明朝最大的贪官严嵩,江西人,他就写的一首好青词,所以皇帝觉得他还好。我们知道后来有海瑞骂皇帝,海瑞罢官。海瑞指着嘉靖皇帝的鼻子骂他,"天下人不直陛下久矣",嘉靖皇帝气得让身边人快把这个人抓起来。海瑞的老师在旁边,这个人叫徐阶,他跟嘉靖皇帝讲,海瑞已经把棺材打好了。所以中国古代,个人的荣辱真不在话下,海瑞罢官,被关在监狱里。这时候嘉靖很快就死去了,继位的是他的儿子隆庆皇帝,坐了六年,这是一段非常不好的时光。所以张居正熬到43岁入阁,进入到内阁里面。

明朝废除了宰相,最高的权力机构就是内阁,内阁有票拟的权力,到太监那个地方盖皇帝的玉玺,形成了皇帝最高的指示,发向全国。到了隆庆六年(1572),隆庆皇帝死的时候,拉着张居正的手,拜托他下一代的储君太小了,9岁的孩子怎么当皇帝? 全靠先生了,有点儿托孤的精神。所以张居正一直以这种精神自居,走向了他的改革,是这么一个背景。

二、张居正改革的纲领与目标

张居正怎么改革呢? 很难。因为朱元璋定了规矩,后世有言更改祖制者,以奸臣论。什么是祖制? 王朝的家法。大明王朝的家法是朱元璋定的,后人要改革,那是要杀头的,所以张居正改革的风险远远比王安石高,这是最基本的原因。还有其他的原因,我们后面再解读。

张居正改革不像王安石的"祖宗之法不可守",祖宗给我们留下来的东西我们要抛弃掉,要做新的东西,王安石是这个意见,张居正不敢,他认为"国家要务,唯在遵守祖宗旧制",我们偏离了太祖皇帝定的规矩,所以我要做的就是恢复到太祖皇帝的规矩当中来。所以他的纲领,在王世贞给张居正写传的时候写道"居正之为政,大约以尊主权、明赏罚、一号令"(《嘉靖以来首辅传》),最后要追求什么样的效果呢?"朝下而夕奉行",不在中间阻隔,是这样一个道理。你只是在宫里颁布最高指示,下面依然我行我素,有什么用? 政令要立刻执行,"如疾雷迅风,无所不披靡"。

(一)体制改革——建立效能型政府

改革是全方位的,不然不能称之为"改革"。它是体制性的,不是制度性的改革。它追求的目标是什么呢?那就是建立一个效能型政府,最重要的是有效果,一切以效果论英雄,提拔或者免职不看别的东西,就看效果。这是张居正体制改革,或者宽泛地讲,政治改革当中最核心的一条。

1. 废止公文主义

我们中国有个一以贯之的传统,靠文件,所以我们的会议异常多。我在政法大学也是中层干部,大会小会文件往下推,这是中国的特点,靠文件来推,靠会议来推。张居正认识到这是一个问题,我们要解决。所以他讲过一段话,"天下之事,不难于立法,而难于法之必行",张居正的原话就是这样讲的,要开放言路,尤其言官,向国家有建议权,经过政府的公文程序履行,最后批准了,发布文件。言官尽了职责,但是最后实行不实行,没人来管。朝廷曰"可",向地方下达,是否实行,没有追查。中央下令,这条政策不好,我们把它革除,下达下去,但是不是地方就革除了呢?没有人管。所以张居正引用民间的谚语说"姑口顽而妇耳顽","姑"是婆婆的意思,婆婆对儿媳千叮咛万嘱咐,当成最重要的事情来说,儿媳妇耳朵听出茧子来了,也没有当成事情来做,所以明朝"今之从政者殆类于此"。

2. 建立稽查制度

稽查就是看效果,看你执行没执行。所以中央六大部,第七大部是管监察的,解决什么问题呢?天下的监察部门立三本账,最后什么也不管,就查这三本账,这是张居正解决问题的办法,所以张居正是现实主义者。各级衙门都记三本账,这个衙门应该办的事情先记一本,另外一本交给科,第三本如果解决了的话,把它注销了。如果没有完成,向各衙门发问,为什么没完成,你得有原因。如果没有原因,那么对不起,你就要下课了。

另外我们知道,云南需要55天才能到达朝廷,山西9天就到了,所以这个要按道路远近;还有按照事情缓急,很紧急的事情,当然就要立刻来办,不能一级一级往下研究。所以要分事情缓急,急的事情时间要短,缓的事情时间要长,这是张居正建立三本账要解决问题。

3.实行绩效考核

绩效考核要来真格的,所以万历六年(1578),当时有137件事没有在规定时间内完成,涉76个人全部下课,或免职,或停职。所以张居正规定"一以功实为升降标准",不能上面有公文来督促你,你也用公文来反馈,那不行,得看老百姓认不认账。所以"虽万里外,朝下而夕奉行",地方官非常怕。早上到达的文件,晚上就连夜开会,明天就落实。把中央的号令,中央的部署贯彻下去。

在此过程当中,有了很多冗员,就得裁员,这也是最难办的事情,中国人一旦端上这个饭碗之后就难以割舍,你把他的饭碗打碎了之后就麻烦了,人力资源部部长讲,会不会形成比20世纪90年代还要更大的一轮下岗潮?过去国家大的企业要注资,只要生产就算完成指标,至于最后转化没转化,销售没有?都在那儿库存着。现在不行了,生产一吨钢赔的钱更多,那就少生产。包括我们太钢,我上次到河北调研,太麻烦了,像我老家东北,倒数第三,重工业和资源型出了问题。

怎么裁?涉及的太多了。我前不久到天津调研也是这样,问题太多了,河北四千多家企业倒闭,太厉害了。民营企业能够数得上的,没有问题的太少了,最后银行都不敢贷款,社会不动了,这问题一下子集聚起来了。所以张居正一下子裁了官员20%到30%,这么多的人丢了饭碗。

(二)经济改革——减轻民众负担、增加财政收入

经济改革是主轴,政治改革是为了辅助经济改革推进,历代改革很少从制度上、体系当中进行颠覆,没有人敢这么做。所以商鞅变法为什么付出那样的代价?就是因为他把老祖宗的东西全部推翻了。王安石不是这样,中国的制度体系到了唐朝的时候已经非常稳定、成熟、完善了,你再想要修修补补很难了。就像我们已经是一个成年人,你再重新塑造就很难了。所以张居正改革中经济的改革成效最大。

张居正改革,是因为国库空虚。一个王朝改革,首先财政出了大问

题,这样的话就从老百姓身上想办法,加赋,要搜刮,老百姓承受不了了,就要揭竿而起,这是一个规律性的东西,所以现在财政问题已经提到了很高的高度,财政一旦出问题就是大问题,所以发展是硬道理。嘉靖皇帝就有这问题,财政收入每年的亏空在150万两白银,国家赤字达到了35%到50%,用经济学的话讲,这个政府实际上就是破产了,寅吃卯粮,那你怎么做建设,怎么打仗?北方的少数民族把皇帝抓去了,天朝大国颜面何在?危机从财政来。

还有一个指标,就是国家储蓄,仓储。我们知道"国有粮,民不慌",今年农民粮食减收非常厉害,有的粮食丰收,但是收购价低了12%左右。在这个时期,他的粮食(嘉靖期)多少呢?只够不到一年。所以张居正改革从经济上一定要解决这个问题,一定要国富,所以他定了一条规矩,不能向老百姓伸手,否则的话明朝没有中兴,立刻就亡了,所以他惩治贪官以足民。

中国有一个规律就是百姓的负担在逐渐加重,改革一次,革了一段时间减轻了,过一段时间又加重了。当时减轻了很多,民众负担减轻了25%左右,但是明朝后来为什么灭亡了?因为这些负担又增加了。

1. 清丈土地,解决隐匿土地

富人那时候有豪宅,像很多山西的大宅院一样,土地很多。但明朝的问题在哪里呢?按照官员的品级,按照他的爵位,他所占有的土地多少可以免征赋税,最高的王可以免五千亩,所以明朝形成了大地主。清朝没有大地主,唯一的税就是土地税,明朝没有走到这一步。所以张居正从全国开始清丈土地,要摸清自己的家底。过去的土地也是这么多,被谁占去了呢?最主要的就是宗室。明朝的时候宗室有26万人,每个人占领得都很多;还有豪门,官宦,这些都是特权阶层,是免税的范围。

但是后来小百姓也有想法了,这个田放到你家的账上,把我的田写到你的名字上,我也免了,使得国家课税范围越来越窄,这也是国家财政急遽减少最核心的原因。所以张居正从这里开始,首先把家底弄清楚,你优免的范围我不动,但超出的范围一定要吐出来。我家里做带头,告诉儿子,让他去查,我们家多了多少田,哪些田是别人寄存在家里的。通过三年清丈土地,隐匿的那部分出来了,减少了百姓的负担。所以清丈土地的过程是最艰难的。张居正说,我生前就要做这件事情,但遇到的阻力也最大。

就像今天我们要公开官员财产,这有很大的困难,跟张居正所遇到的问题是一样的。这些人他们是有力量的,今天给皇帝上一个条陈,明天给皇帝上一个书,所以张居正后来没有办法,请示万历皇帝,这些阻挠新法的人太多了,家里有很多田不让丈量。皇帝亲自下了一道谕旨,敢有阻挠丈量的,格杀勿论。所以用了三年的时间,新增的土地达到了多少呢? 比原来的1/3还要多,接近40%,182万顷。

2. 统一赋税徭役,解放劳动力——一条鞭法

第二个解决的是劳动力的问题。我看在座的有人跟我年龄相仿,我今年57岁,上大学之前,我们还有义务工,每年要多长时间呢? 我十几岁的时候,我的父亲和我一年有24个义务工,要出24天工没有报酬的,这在古代的时候叫"劳役"。今天我们要修什么河渠,修公共工程,没有钱,就出义务工,大家都要出,这是一个问题。

中国的赋税有很多品种,简单地说,夏税秋粮,夏天征的是税,是银子和铜钱,百姓要把自己的粮食卖掉之后,拿银子来交;到秋天的时候是交粮食。除了国家法定的税之外,最多的就是国家的费。你办一个什么东西就有费,这个量很大。张居正改革最有名的就是搞了"一条鞭法",税、费、义务工加在一起是一条鞭子,作为一个总的数目,哪些东西没有必要的,我要减。最后征收的时候,由中央统一征收,以州县为单位征收,这样减少了非常多的负担。我们知道,多一层环节多一层负担。

马云最近讲了一段话,他说中国的网购快递为什么在美国成不了气候? 中间的空间没有,基本上生产和销售中间环节非常少,而中国的环节非常多,一块表从五百元卖到五千元。所以张居正就是一步到位。

过去你出义务工,人要亲自到这个地方修黄河,修滨河,修汾河,现在不用了,张居正有个办法,你可以出钱,你可以按照人工折合一个人工,一天比如八钱,十个义务工折合半两银子,那么家里出半两银子就

可以了,然后由政府拿这个银子统一雇人到这个地方修,这解决了非常大的问题,中国劳动力的解放是从这个时候开始的,人口的流动从这个时期开始了,张居正功不可没。

在经济当中还有很重要的一条,过去我们知道,人有人头税,户有户税,我们的户口簿到今天仍然是最多的,世界上没有一个国家比我们国家的户口带来的功能多。过去这个户有钱,要给国家服徭役;还有就是丁,有完全的劳动能力,这两种国家都要征发,现在张居正改革,全部按丁,不按户了。过去为什么要有男丁呢? 就是因为国家有徭役。现在不用了,他把丁役部分摊到土地里征收。

张居正改革,整顿驿递。我们中国的驿站1936个,都是由当地来派发的,我们山西就是派差役最多的地方,向西北要从山西走,向西南也要从山西走,所以徭役在山西非常多。这个时候张居正改革,都不遵循了,包括他的弟弟回老家,保定巡抚说,我可以用官车来接送。张居正写信说绝对不可以,我为朝廷定法律,自己家里都做不到,别人怎么能信服呢? 病重也不行,必须自己花钱,不能走官车。所以有人统计,仅一年,这种改革就节省了全国的银两90万两。大家知道,明朝最好的时候,一年收入300万两,仅此一年就节省了大概1/3。

张居正的改革效果,从万历元年(1573)开始,由原来200万两银子到了280万,最高的时候380万到450万,几乎是以前的两倍。所以国库的存银经常有700万两,纯开销可以支撑两三年,国家打仗没有一分钱收入,可以维持三年开支。过去的时候,储存的粮食只有十个月,但是经过张居正改革到了1300多万石,可以支撑十年,效果非常大。这样的话国家富有了,财政有了基础,修黄河,打仗,国防力量加强了,日本倭寇再不敢踏进东南半步,国家的稳定局面维持了38年之久,边疆非常安定,少数民族也不闹乱了,张居正的改革大体上成效是40年到50年。

嘉靖的时候,明朝就要灭亡了,很多历史学家断定万历时期就应该亡国了,结果又支撑了六十年,后来又支撑了八十年,这是张居正改革所带来的。

(三)军事改革:解决了嘉靖以来长期困扰的南倭北虏之患

现在国家有了钱，可以解决军事上的问题，能打仗。打仗是最花钱的，富国才能强兵。我们知道现在建立一支符合现代作战体系的军事制度改革，划分为五个战区，这个战区不像过去北京军区、成都军区，将来要有南部战区、北部战区，然后有更多的调整。所以世界评价中国有一个指数，这个指数我们一直排在老三，就是飞机大炮；另外还有一个火力指数，火力指数是一打一的，我们国家排到16位，那就不行了。所以张居正那时候军事改革做得非常好。

将领的权力一定要加大，和平时期文压武，文官永远排在武官面前，武官老抬不起头。张居正说不行，要让他们参与决策，提高他们的待遇。

三、改革的过失与悲剧原因

我们看历史上的改革，都很悲壮。作为百姓，今天的改革跟过去很不一样，我们今天有了广泛的民意基础，更多会集了民众的意见，这是改革的路能够走得更远、更宽的基础。说到底，过去的改革是统治阶级内部利益的分配问题，而今天不是这样，让每个人兜里的钱都装得更多。

古代的改革对我们的启示是什么？如果一个社会制度好的话，矛盾不会积累到那么多，不改革就不能统治下去了，他要重新造一个江山，造一个世界。

回过头来看张居正改革，我看他的奏疏，写的最多的就是"先帝"，隆庆皇帝临死之前拉着他的手，新皇帝年轻，所有的国家大事托付给先生，所以张居正有担当，有可能自己的脑袋就掉了。他说过多少次，跟万历皇帝多少次辞职，甚至有时候就坚决不上班了，20岁还不能处理朝政吗？所以他叫"归政"，我把政权给你，你皇帝来做吧！

改革者理应受到社会的尊重，不应该说社会受到了改革的利益，改革者却付出了巨大的代价。所以他经常讲"苟利国家生死以"，个人的生死何必要看得非常重呢？张居正给皇帝编了一本书，给他讲了十年的国学课，给他讲怎么当皇帝，结果最后还是这样子，两个人的关系超越了君臣，万历皇帝从来不叫张居正，都叫"张先生"，但是为什么出现了这个问题？我们要探讨这个原因,我总结有六大原因。

（一）触犯利团

侵犯了利益集团。大家知道,孔夫子讲过一句名言,"为政不得罪巨室",不能跟这些有力量的人掰腕子,这是孔夫子告诫所有政治家的,改革说到底就是利益关系的调整,所以张居正的改革,侵犯了太多的权贵者,所以为什么张居正不放弃手中的权力？为什么敢冒天下之大不韪,36年不回自己的家乡？就是认识到一旦离开权力,改革的成果会完全颠覆,张居正成为罪人,新任宰相就会让他成为阶下囚,所以"一朝天子一朝臣"的悲剧就是这样。

张居正改革侵犯了这些利益,所以史书讲,这些人到处砸,还动员黑社会的东西,张居正的人身安全受到了严重的威胁,一天晚上睡觉,别人都找不到他在哪里睡。史书当中记载,"居正以江南贵豪怙势及诸奸猾吏民善逋赋,选大吏精悍者严行督责。赋以时输,国藏日益充,而豪猾率怨居正",所以我们做法律的人呼唤法制中国。

（二）执法过严

张居正信奉的是申韩、公平、行无等差、天子犯法与庶民同罪。朱元璋的亲子孙犯了罪,张居正亲自督察处理。这个涉及皇帝家族,现在有万历皇帝信任你,将来不信任你会怎么样呢？所以他"核驿递,省冗官,清庠序,多所澄汰。公卿群吏不得乘传,与商旅无别。郎署以缺少,需次者辄不得补。大邑士子额隘,艰于进取。亦多怨之者"。他得罪的不只是一个层面,很多层面都得罪了。

（三）统一舆论,备受争议

我们现在不能妄议中央,张居正也有,一些书院对朝廷的大方针政策评头品足,所以张居正说,讲学之风,大者摇撼朝廷,小者藏污纳垢,最后干脆把天下的书院全部毁掉,改成国家公廨,舆论统一。这些讲学之风左右了官场,官员看这些舆论,宁抗朝廷之明诏,而不敢挂流俗之谤议；宁坏公家之法纪,而不敢违私门之请托,所有知识分子对张居正大为不满。

(三)夺情敛怨

按孔夫子讲的,父母养育了你三年,你的父母死去的时候,你要回去守孝三年,三年丧是这么来的,是孔夫子从儒家的伦理当中讲的。什么叫"孝子"呢? 父母丧了你要守三年,这叫孝道。张居正的父亲死了,你得快点儿回家为父亲守丧,趁机颠覆他的改革。张居正留下来了,不为他的父亲守丧,在京城当中,父亲安葬的时候,他都没有回去。这样反对他的人更多了,更有借口了,这种借口冠冕堂皇,在家不做孝子,怎么能做忠臣呢? 不够格,大义都没有了,骂张居正恬不知耻。张居正被激愤了,破天荒地搞廷杖。我们知道,廷杖对明朝官员是最严厉的处罚,廷杖就是打板子,很多人被打死了。所以当时彗星从东南方起来的时候,说张居正要带军而变,说他要取代皇帝,这个舆论瞎造谣,一波又一波,大街上贴满了诽谤张居正的东西,张居正压力太大了,跟万历皇帝说我回家吧! 皇帝下了一道诏旨,再讲这个事的杀无赦,停止了对张居正的诽谤。

张居正忍着自己的悲痛,忍着天下人对他的谩骂、辱骂,穿着青衣(孝服)处理朝政。父亲去世了,他没有为父亲守丧。紧接着万历皇帝大婚,这是大喜的日子,张居正作为内阁首辅,肯定得穿着吉服,这样别人又骂他,反对他。张居正气愤之下,把四位有名大臣拉到午门去杖责,其中有一个大臣身体很肥壮,最后打到巴掌大的肉有十六片,这就是"四君子廷杖",即吴中行、赵用贤、艾穆、沈思孝,但是万历皇帝坚决支持。

(四)清白受疑

这是万历皇帝最后动心要抄张居正家的主要原因。万历皇帝为什么喜欢钱? 跟山西人有关系,他的祖先是山西人。万历元年(1573),张居正在老家荆州造太师府第,历时三年,耗银二十万两,皇帝给他拨了十几万两。张居正开始拒绝,后来是安然接受,而且所有成年的儿子,同年中进士,这让天下的士子质疑,写了条子。所以张居正个人不检点、不够清白,最终成为别人的口实。

张居正几次拒绝收受别人的东西,但他的老父亲在湖北,却有络绎不绝到家里送礼的人。你积攒了多少钱? 所以受到了质疑。

（五）归政不得——君权与相权

他是代行皇帝的权力，所以叫"归政"，我把政权归你。这个时候他犯了一个大忌，朱元璋把宰相制度废除了，皇帝不一定很精明，不一定智慧很高，但宰相的智慧是全国选拔出来的，朱元璋把宰相废除了，直接统领六部，这样的话，明朝有名的臣子，最后没有一个有好下场，因为你侵犯了君权。所以如最后都没有好结果。

万历八年（1580）三月开始，张居正正式提出"归政"，我看了他的个人传记，一共六次，两次不上班了，彻底归政，朝政愿意谁来处理谁处理，不做了。所以他说"大权不可以久居，高位不可以久窃"，怕首领不保，以辱国家。他给高拱写信，我不知道哪一天会死在什么地方。这段话写得非常好，我读的时候非常感动，汉朝四位大臣为什么最后都取祸？"坤道贵顺"，包括山西的大官出了问题，就是对坤道认识不足。张居正认识到，这四大臣（赵广汉、盖宽饶、韩延寿、杨恽）论其能力一顶一，但是傲慢无礼，盛气凌人，使皇帝受不了。张居正跟他的老师坦白心迹，"事明主易，事中主难；事长君易，事幼君难"，尽管他多少次归政，但是不得，最后死在任上。

怎么死的呢？实际上他是得痔疮死的，痔疮怎么能死人呢？皇帝派了很多御医，熬了三个月，神形已散，最后死去，万历十年（1582）六月二十日，年仅五十八岁，为国家操劳了十六年。万历皇帝一再跟张居正表态，先生的功劳大，朕没有办法来酬报你，朕只有一条，看护好先生的子孙。然而张居正死后，人走茶就凉，人一死，这个事就完了。反对他的太多，反对他的不是一个群体，而是更多的群体。万历皇帝开始不动摇，后来说他犯上作乱的时候，皇帝下决心，他把生前的所有荣誉都追回来，爵位没有了，大臣的待遇没有了，子孙当中所有的东西全没了。

张居正有一个搭档，盖皇帝印的那个人，叫冯保。张居正一死，就把这个太监发配了，张居正的根基动摇了。我们知道，君臣天天见面还好办，有的东西能够讲清楚，现在不行了，特别是有一个宗室的几十万家财跑到了张居正的手中，万历皇帝爱财，下了一道谕旨，派刑部侍郎千里迢迢到荆州开始抄家。朝廷当中也有正义之人，一拨又一拨地救张居正,张居正的功劳很大,家里有80岁的老母,这样抄能行吗?皇帝已经落套了,没有办法。特别是荆州的地方官跟张居正的关系又不好,所以当朝廷的官还没到的时候,立刻把张居正的家给封上了。等朝廷的查封官到来的时候,饿死了12口人。第一遍查抄的时候,抄出了11万两银子,别人就讲,张居正做了16年,家里怎么只有11万两银子呢?再抄,三次抄家,最后抄到长子没有办法,悬梁自尽。他的三子如果不承认的话,还要被酷刑打死,所以他说有30万两银子,寄存在别人家里。没有办法,躲不过去。所以最后鸡犬不留,浩浩荡荡,从荆州抬了110杠,张家片瓦没留。后来万历皇帝留了几亩薄田,养育张居正的母亲。

这是一个休止符,也是一个感叹号,张居正一死,带来这样大的问题,生前为国家做了这么大的贡献,也难逃这种人治社会的悲剧。

万历皇帝死了之后,人们开始反思,"人人都道居正好",所以从天启到崇祯时期开始给张居正平反,张居正的后代也都是为了守护大明王朝,最后在昆明战死沙场,一家很忠诚。功在社稷,过在身家。海瑞讲张居正"工于谋国,拙于谋身",对国家全副精力都投入进去了,但是自己怎么平安落地,给自己的子孙一个平安的结局,没有想得太多。梁启超也为张居正写传,他说明代只有一个政治家,就是张居正。他以最悲愤的语言写张居正,所以传统社会的最后一次变革,就是张居正改革。

谢谢大家!

二〇一五年十二月六日

丝绸之路对古代中国人的影响

于赓哲,男,生于1971年6月,武汉大学博士、南开大学博士后,现任陕西师范大学历史文化学院教授、博士生导师,主要从事隋唐史、魏晋南北朝史研究。曾分别于2012年12月、2014年1月、2015年3月受央视邀请登陆《百家讲坛》讲授《狄仁杰真相》《发现上官婉儿》《大唐巾帼传奇》,并配套出版图书《狄仁杰真相》《巾帼宰相上官婉儿》《她世纪——隋唐的那些女性》等。

史以明智

于良哲口

二〇二五年十二月廿七日

支撑整个丝绸之路畅通的是中国的国力以及历代英雄们的坚韧努力，在这里我们能够看到古人的爱国主义精神与责任感。丝绸之路的开辟不仅使中国人的世界观和日常生活发生了巨大的变化，而且让餐桌更加丰富，也给我们留下了丰厚的精神遗产。此外丝绸之路是一面镜子，反映了整个中国的历史，每当中国富强的时候，丝绸之路就是畅通的，中国衰弱的时候，丝绸之路往往也会遮断。

非常高兴能够来到咱们山西省图书馆，和大家有这样一个交流的机会。今天来的朋友也很多，我尽量讲好一点，否则对不起大家。

我们来之前商量了几个题目，最终决定了讲《丝绸之路对古代中国人的影响》，为什么选这个题目呢？大家知道，丝绸之路已经热了几年，因为从2012年开始，中国提出了"一带一路新丝绸之路经济带建设"的问题，这个题是借了古代丝绸之路的概念，内容是全新的，跟古代丝绸之路没有多大的关系。但即便如此，仍然引起了人们对丝绸之路极大的关注。

我今天不是讲丝绸之路怎么开辟的，沿途经过哪些城市，那是历史地理的讲法，我今天讲的是丝绸之路影响了中国人的哪些方面，包括我们的地理观念，以及我们的生活，而且还要具体到怎么样影响了中国人的餐桌。

今年有一个重大的新闻，中国的申遗工作取得了重大进展，丝绸之路长安—天山廊道路网项目已经获准入选世界文化遗产，这个相当不得了。比方我来自于陕西省，就我们陕西省而言，陕西省是中国文物大省，排在前三名。前三名是山西、陕西、河南，咱们三个省是最多的，结果陕西这么个文物大省，在这个之前，我们入选世界文化遗产的只有一个兵马俑，这和我们文物大省的地位相配吗？到了这个时候，终于取得重大进展，陕西省一口气增了七个世界文化遗产。

丝绸之路申遗是中国文化史上的重大事件，这是第一阶段，第二阶段听说牵扯的范围更广,也许山西省的某些项目也会囊括其中。丝绸之路给我们留下了很多的精神遗产,对中国人的影响是非常深的,比如爱国、敬业、富强、和谐,在这个里面都能找到影子。

丝绸之路特别能体现中国人开拓进取的精神、敬业的精神,还有爱国的精神。每当中国富强的时候,丝绸之路就是畅通的;中国衰弱的时候,丝绸之路往往也会遮断。所以丝绸之路是一面镜子,反映了整个中国的历史。

前段时间有一个电影,国际著名巨星,一个武打明星拍了一个古装电影,不记得是汉朝还是唐朝,一边打一边喊"保卫丝绸之路",这个穿越太厉害了。"丝绸之路"这个名字是到19世纪才出现的,给它起名字的人,是德国的地理学家李希霍芬,1877年他写了一本书叫《中国》,这里面使用了这个词。后来德国历史学家赫尔曼在另外一本书《中国与叙利亚之间的古代丝绸之路》,将其概念进一步明确化。

这里面存在个问题,这条路自古以来,贩卖的物资琳琅满目,品种非常多,为何西方人强调它叫"丝绸之路"?因为"丝绸"两个字颇有深意,丝绸在古代曾经有唯一性、排他性,它是中国独有的产物。你如果把它叫"黄金之路",这里面是卖过不少金银的东西,但黄金没有任何特色,哪个国家没有?或者叫"宝石之路",这都不行,因此"丝绸"特别能强调这条路跟中国的关系,所以才用了"丝绸之路"这个名字。

西方从古罗马时代开始,就对中国的丝绸惊叹不已,那阵儿中国就已经开始把丝绸贩卖到西方去了。当然了,我这里要说明的是,没有一匹丝绸是由中国的商人直接贩卖到古罗马去的,都经历了中东的中转贸易。也正因为中转,所以价格极其昂贵。试想,经一道手就要有一道手的利润,结果卖到罗马的时候,贵得不得了,据说要用与它同等重量的黄金来换。而且还有一个问题,西方人始终搞不懂中国的丝绸是怎么来的,所以他对这个东西更加惊奇。

古罗马的恺撒大帝曾经有一次在宴会上穿着中国制造的丝绸,结果一出场,满场惊叹,一看穿的这个东西,衣料如此光滑,还发着光,大家神奇得不得了。

我刚才说了,罗马人虽然喜欢丝绸,但是始终搞不懂丝绸怎么来的,罗马有个历史学家叫普林尼,他说"赛里斯人(中国人),以出产羊毛闻名,这种羊毛生于树叶上,取出,浸之于水,梳之成白色绒毛"。这绝对是一个见过中国丝绸生产的人,但是传回去的话,越传越走样。"树叶"估计他是看到了桑树叶,然后确实桑丝要泡到水里面,完了就是白色绒毛。我估计他就是一知半解,不求甚解的人,在中国瞟了一眼,传回西方,这就走样了。

　　丝绸在罗马贸易中的比重达到多少呢?姚宝猷写的《中国丝绸西传史》当中说:"罗马帝国末年之财政,因是陷于极度穷困之境地,而帝国之崩溃,亦与此(丝绸贸易)有密切之关系。"什么意思呢?罗马帝国衰落的原因之一,就是大量的黄金用于购买丝绸,导致黄金外流,方豪写的《中西交通史》也是这个观点。

　　赫德逊写的《欧洲与中国》是一个名著,在这里面,他对此进行了辩白,他认为丝绸贸易对古罗马的影响没有前面的人说的那么严重,但是即便如此,"由东方贸易造成的黄金和硬币的外流乃是罗马世界经济衰落的主要因素之一",他认为这一点是无可否认的。也就是说,也许程度没有我们想得那么深,但仍然是罗马衰落的主要原因之一,它造成了黄金和白银的大量外流。

　　我们今天经常说"软实力",这就叫软实力,杀人不见血,把罗马帝国给搞得衰落了。但我要强调,这绝非我们中国人的阴谋,谁知道会这样呢?这贸易全都是中东人给垄断的。

　　说起丝绸,大家看看,这是一个国宝级文物(图一),我们知道,文物没有国宝级,只有一二三级的区分,但有些文物是不许出国展览的,我们俗称国宝级,这就是其

图一　"五星出东方利中国"织锦

中一件。它是1995年10月,中日联合考古队在新疆和田地区尼雅遗址一处古墓当中发现的,相当于中国汉代的一座古墓,发现了这样一个东西,这是一个护臂,两头都带绳子,是保护胳膊的,是墓主人生前用的东西。而且有意思的是织锦上写"五星出东方利中国",五星出在东方,有利于中国。多激动人呢?而且特别有意思的一件事,中日联合考古队队长叫什么?齐东方,所以考古当中有很多巧合是非常有意思的。齐东方老师是北京大学考古学教授,他叫东方,发现了"五星出东方利中国",这个文物现在不仅是一级文物,而且是禁止出国展览的文物。

古代还有一个"传丝公主"的传说。长时间以来,西方包括中东人都不知道丝绸是怎么生产的,以至于西方流传了这样一个传说。这个传说后来被唐僧取经的过程当中听说了,就记录下来了,说有一个国家叫瞿萨旦那国,这个国家不知道蚕桑为何物,只知道中国有,就向中国求婚。据考证这个国家,就是现在的于阗国,他向中国人求婚,还派人秘密找了一个公主,说你嫁过来的时候,帮我们带点儿蚕种过来行不行?

我是70后,我相信在座如果有70后的话,回想一下,我们小时候曾经养过蚕,一张黄纸上,密密麻麻都是蚕种,怎么样养出蚕宝宝,我没有干过,但是我见过别人养。他就是说你能不能把蚕种偷一些来?结果这个公主竟然就把这个蚕种塞到自己的发髻当中。为什么要塞到发髻当中?因为出关的时候要检查行李。放在行李当中,就被人发现了,因此放在自己的发髻当中,带到了于阗那个地方,就有了蚕桑。

这是英国探险家斯坦因在和田丹丹乌里克一个寺庙遗址中发现的木版画(图二),这是一个侍女的形象,还有一个公主,侍女正在指着公主的发髻,这个画被认为就是传丝

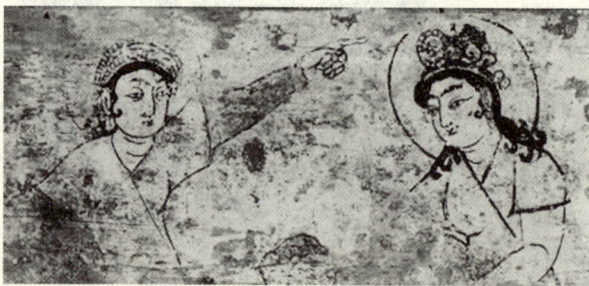

图二 公主与侍女木版画

公主。

　　当然了，最近我看到一篇文章，有人反对这个，说这个就是佛教的画，跟传丝公主没有关系。但是斯坦因在一百多年前发现这个东西之后，人们一直认为这是传丝公主的木版画，一直是这么说的。

　　中国人对丝绸之路承担了很大的国际义务。为什么这么说呢？我这里要说一下，尽管我们今天一说丝绸之路就是"伟大""中西文化交流"，这些我都不否认，但是我要指出一点，丝绸之路对于中国的经济生活自古以来都没有什么特别重要的意义。为什么这么说呢？很简单，中国人的经济生活自古以来就是传统的，自给自足的小农经济，本来就重农抑商，而丝绸之路上过来的商品，由于是陆路贩运，成本高昂，成本大极了，你千万不要按铁路的思维模式考虑古人，陆路运输成本及其高昂。因此，陆路上如果贩卖的物资是重而贱的商品，那没人干这个事，谁傻到在丝绸之路上卖粮食？绝对不会的，一定要卖轻而贵重之物。什么是轻而贵重之物？所以西方卖到中国的就是宝石、金银器、玻璃、香料这些玩意儿；中国往外卖的是什么呢？主要就是丝绸，这个东西是占多数的，另外还有茶叶。后来是卖茶叶了，但中国人喝茶的历史并不长，普遍开始饮茶是从唐玄宗时期才开始，也就是唐朝中期。在此之前，中国人是不喝茶的，尤其北方人不喝茶。好多电影电视剧糟糕极了，动不动先秦人就喝茶，就用白银，瞎胡闹，白银是宋朝以后才具有的，茶叶也一样，先秦人喝茶，这是绝对不可能的，除非他是南方的少数民族。

　　丝绸之路这个东西它对于我们来说，贩卖的物资也好，贩出去的物资也好，都不是国际民生的物资，不是雪中送炭，只是锦上添花。一个锦上添花的贸易之路，干吗要拼了老命维护它？汉朝维护，唐朝维护，多少人牺牲在这个前线，为什么？这是中国的国际义务，一方面对自己有利，一方面对其他国家有利。

　　一方面，中国要维持天朝上国的地位，靠什么？中国自古以来外交体系的核心是什么？朝贡机制，你要展现对我的臣服，不用别的方式，你给我朝贡，我就认为你是臣服于我，中国的思维模式两三千年都是如此,一直用到清朝。乾隆年间英国的马戛尔尼使团来到中国,人家要平等谈判,要开商贸,乾隆一问,哪儿来的?说有一个国家叫英吉利,干什么来了?来进贡来了。人家是商贸谈判,他理解就是进贡。天朝上国哪有谈判?只有你们向我们进贡。

中国算政治账,不算经济账的历史很久了,中国的丝路上,其实很多使节不是进贡,就是外国商人,他冒充本国使节来进贡有什么好处呢?比方有书记载,说唐朝的皇帝在广州设置使节,收购外国的商品,而且你只要说你是进贡的,那你看吧,中国的官吏把你的贡物拿走,然后马上用几倍的数字给你回礼。你给他献上价值黄金一千两的贡物,他还你黄金五千两。从经济上来说,这是划不来,但是我天朝上国要的是体面,从来不计较这些蝇头小利,你来得辛苦,还你五倍的,这是天朝上国的尊严问题,所以这些人热衷于搞这些事。因此,丝绸之路的畅通,意味着远方的使节可以向中国进贡,这是中国需要的。

第二个是中国的国际义务,丝绸之路断与不断,对于中国没有太大的影响,但是对于丝绸之路周边的西域小国来说不得了,很多国家都是绿洲国家,打的粮食够不够自己吃还是两说,要想发展成什么强国,根本不可能,他们只有一个生存之道,就是收来往商旅的商税。丝绸之路一断,对他们来说是要命的事情。

比如说东汉早期,匈奴联合焉耆等国把丝绸之路给断了,当时各国的国王纷纷派使者到洛阳找汉光武帝,结果汉光武帝说了这样一句话,算了,我们现在刚建国,没有力量去管西域的事,你们东西南北自在了,愿怎么着怎么着吧!导致西域陷入了匈奴之手。

但是汉朝人没有忘记丝绸之路,没有忘记这些国家对自己的求援,最后,又过了若干年,一个人物横空出世——班超重新打通了丝绸之路的南北道。

唐朝也是一样,唐太宗一定要派侯君集率领远征军远渡戈壁,行军路线达到七千余里,一定要把这条路打通,就是在尽义务,保持天朝上国的领导地位,保证其他国家的生存。

丝绸之路的开辟者大家都知道是张骞,但是,坦白地说,在张骞之前,我们就已经有了这条商贸之路,张骞只是官方的一个代表。比方在河南安阳殷墟,我们出土了很多玉器,对那些玉器的材料进行鉴定之后,我们发现这些玉器材料来自于新疆和田,也就是说,早在三千年前,就已经存在着河南到新疆的商贸路,这不是早期的丝绸之路吗?而且张骞本人也曾经在大夏国看见过四川地区生产的一些器物,可见在他之前,早有商贸之路。但是,他是官方的总代表,他使得这条路线最后明确化,所以人们把开凿之功归功于他。

张骞这个人意志顽强,是在汉武帝的命令下出使西域的,大家也知道,让他出使西域为什么?联合大月氏打匈奴。大月氏在哪儿呢?在今天的阿富汗巴基斯坦这一带,大月氏和匈奴以前有世仇,从河西走廊被匈奴人赶跑了。汉武帝想的是,我派一个使者去联合你,东西夹击匈奴。张骞出使的道路非常不平坦,他去的时候带了一百多人,结果到了河西走廊这个地方,就被人家匈奴的骑兵给俘虏了,而且匈奴人为了软化他、拉拢他,竟然把他留了长达十年。还让他在匈奴娶妻,娶了个匈奴女子为妻,还生了个孩子,意思就是这样有老婆有娃了,你该软化了吧?没想到张骞不忘初衷,意志非常顽强,最后趁着匈奴人对自己看守日渐松弛,竟然跑了,而且请大家注意,跑的时候还把老婆、娃都带走了,意思是一点儿亏也不吃。

跑了之后来到了大月氏,这个时候,距离他出发已经过去了十年。但非常可惜的一点,他来到大月氏之后,大月氏这个国家现在生活富足而安定,不想动刀兵,因此拒绝了汉朝的外交请求,张骞出使的政治目的宣告失败。

张骞万般无奈之下返回,刚开始为了避开匈奴控制区,走了塔里木盆地的南道。但是没想到,南道以前不在匈奴人手里,结果现在在匈奴人手里,老张点儿背,又被人给抓住了,不幸中的万幸是什么?这拨匈奴人不认识他,也不知道他是干什么的,可能是个普通商人吧!因此对他的看守比较放松,因此他待了一年多的时间又跑了,带着自己的妻子和随从堂邑父跑回了长安。

他这次出巡历时十三年,走的时候一百多人,回来的时候只剩下他

图三　现代油画《张骞出使西域》

和堂邑父,以及他在匈奴时的两个硕果。我很佩服汉朝人,真的是意志顽强,非常勇敢,除了张骞,还有苏武,一出使就矢志不渝,非常值得钦佩。

图三是现代油画《张骞出使西域》,风尘仆仆的样子,张骞充分体现出了中国人的一种精神,就是"勤劳勇敢的中国人民",中国人民真的是非常勤劳、勇敢,在张骞身上是一个集中体现。

图四是敦煌壁画《张骞出使图》,张骞自古以来被作为民族英雄加以称颂的,而且张骞真的影响了我们多少代的人,一直影响到了现在,相当了不起。

张骞的外交使命虽然失败,却使得中国人的世界观和日常生活发生了巨大的变化,中国开始睁眼看世界,开始有了对外交流的努力。

什么意思呢? 张骞之前,我们对西北沙漠以外的想象完全是漫无边际的猜想,用现在的网络用语就是"全靠开脑洞"。比如北魏郦道元,我们知道郦道元写过《水经注》,他曾经说"昔大禹记著《山海》,周而不备;《地理志》其所录,简而不周,《尚书》《本纪》与《职方》俱略,都赋所

图四　敦煌壁画《张骞出使图》

述,裁不宣意",意思是什么呢？他说,在我之前,所有的地理著作都有严重的缺陷,或者太过简略,或者错误太多。

说实话,中国地理学的发端之作,被认为其实就是郦道元的《水经注》,在此之前全靠想象,以及一些虚无缥缈的传说。法国学者沙畹曾经说"《穆天子传》与《山海经》一样,属于荒诞之书,毫无史料价值"。

我这里要辩白一下,这个观点我不同意,这两本书仍然有丰富的史料价值,只是看你怎么看待它。中国人有关西域的第一部著作就是《穆天子传》,描述了西周的周穆王如何来到西域,见到了西王母,跟西王母两个人互诉衷肠,还举行了瑶池之宴,瑶池被认为就是天山的天池,两个人还互相诗歌唱和,西王母说你不记得我了怎么办？周穆王说再过三年我还会来,结果国内爆发了叛乱,他让造父驾车,返回内地平叛,再也没来过西北,这是中国人关于西北地区的第一部著作。从里面描绘的风土人情和文字来看,我们发现,那是一个深居内地的,从来没来过西域人的想象之作,你如果拿那个研究西周的历史,千万别着了道,那是办不到的,只能代表着先秦人对西域的一种想象。

中国学者匡亚明也说,"这些(魏晋南北朝的)地理著作和先秦时代的地理著作很不相同,他们摆脱了先秦作者漫无边际的想象和假设的陋习",也就是说,先秦的地理学著作存在着漫无边际的想象和假设。而张骞开始,中国人终于开始睁眼看世界了,这是张骞给我们带来的巨大变化。

另外还有就是东汉班超的勇敢与坚韧。他是东汉时期的人,派他出去,就是为了打通丝绸之路。他在公元74年奉窦固之命率领三十六人出使西域南道诸国,他首先来到鄯善,鄯善原本是亲善的,国王非常高兴,汉朝的使者终于来了,简直好得不得了,结果突然之间,有一天对于班超的态度一落千丈,很冷落。班超真聪明,立刻意识到一个问题,因为这会儿在西域是两大国角逐,哪两大国呢？汉朝和匈奴。班超马上意识到,这一定有匈奴的使者来到了鄯善国,鄯善国国王怕得罪匈奴人。

班超下定决心,在鄯善国刺杀匈奴使者。这在世界外交史上也够瞠目结舌了,你在第三国的领土上,刺杀敌国的使节。你要知道,班超是胸怀大志之人,他青少年时期投笔从戎就是要建功立业,而且他很聪明,把鄯善国平常伺候他的人叫过来,问匈奴使者在哪儿。

请大家注意他问话的方式,如果他问"匈奴使者是不是来了?"那么侍者肯定说没有来。他假装不经意地问,"匈奴人住哪儿呢?"那个人说"住那边",说出来了。

好了,班超这天晚上宴请手下的三十多人,然后跟他们说,我们现在命在旦夕,如果鄯善国国王同意和匈奴结盟,就会把咱们作为礼物献给匈奴。所以咱们现在只有一个办法,不入虎穴,焉得虎子。大家一致决定跟着干,于是班超趁着后半夜风向有利,来到匈奴大营之外纵火焚烧,率领三十多个人手持刀、枪、弓箭冲进去,班超自己割杀三人,一百多个匈奴人被杀死,匈奴使节的脑袋也被砍下来。他提着匈奴使节的脑袋去见鄯善国国王。你去跟匈奴人说,不是我杀的,是汉朝使者杀的,谁信呢?鄯善国只有一条路,那跟着你们吧!

紧跟着,班超又来到了于阗,于阗国国王一看,我知道怎么做了,把匈奴的使者脑袋砍下来了。班超在这儿经营了数十年之久,一直到七十多岁去世之前,才返回了大汉。

汉朝在西域的统治机构,从西汉到东汉都是"西域都护府",兼有军政大权,是控制西域的主要机构。班超后来接连收复了于阗、疏勒等各个国家。接着到永平十八年(75)出现了一个大事,焉耆国在匈奴的支援下,进攻西域都护府,杀死了当时的西域都护正使陈睦和两千多名汉军。

汉章帝听说以后撤销西域都护府,召班超回国,班超骑着马准备回来,疏勒、于阗等国挽留,说你千万不敢回啊!我们因为你已经得罪了匈奴,现在你一回去,我们就是匈奴的刀下之鬼,你现在必须保护我们。班超看到这个情况,下定决心,我不能把人家撇下,于是跟皇帝阐明利害关系,说你只要允许我以正式的西域都护府留在西域,我有决心给你干出来一番事业,所以班超几乎是用一己之力,把整个西域平定了,这就是班超的过人之能力。古往今来,全中国有这样能力的,有几人?班超太厉害了,他借用西域各国的力量,用汉朝的实力做后盾,打击匈奴人。

这里还发生了一件事情,打败了大月氏的进攻。我前面说了,张骞出使西域的时候,他整天不答应我们的外交请求,后来又想跟中国通婚,班超把他的使节给扣了,不让他去洛阳,结果他发兵打西域。这时候,班超面临着巨大的考验,大月氏发兵七万,这是西域从来没有见过的大兵团。七万算什么?我们山西曾经发生过著名的长平之战,双方总兵力加起来超过百万,赵军被坑杀的就有四十万,七万算怎么回事?但新疆那种地理地貌决定了不可能走大兵团,几十万人大兵团你连水都不够喝。因此,有七万人很了不得了,各国都非常震惊,但是班超镇定自若,你来得越多越好,为什么呢?越多你粮草运输的压力就越大,因此班超不与你正面作战,而是派遣小股部队不断骚扰大月氏军队后方,打击他们的粮草运输,结果没有几天,大月氏军队就断粮了,最后不得不撤军,所以班超可以说有勇有谋。

在永元九年(97)还发生了一件大事,是一个没完成的事。班超派遣甘英出使罗马帝国,这个事按理说是一个影响巨大的事,如果顺利出使到罗马帝国,就意味着东西方两个大帝国,世界的两级连到了一起,建立了直接的关系。但可惜甘英不是班超,他没有这个勇气。他已经走到中东了,那些中东的人一肚子坏水,他骗甘英,你知道吗,这个海无比辽阔,你现在租我的船,要走三四个月甚至半年以上的时间才能到对岸。瞎说,那不就是个红海吗?有什么了不起的?只要后勤支援,游泳就过去了。但骗甘英,说这个海无比辽阔,而且说海中有妖怪,那个妖怪会唱歌,会勾引船上的水手。他说这个故事是有蓝本的,这是古希腊的传说,他用来吓唬甘英,结果甘英就被吓唬住了。如果是班超,他才不听你的。结果甘英被吓唬住了,竟然就打道回府了。

这里面有个问题,中东人为什么要骗我们?中东人在这方面是惯犯,西边骗罗马人,东边骗中国人。为什么要骗?很简单,你如果建立直接关系,他还怎么做中转贸易?这是商贸利益,所以他要骗,你不知道骗了多少,包括刚才普林尼写的中国的丝绸是"树上长着羊毛",我怀疑就是中东骗的。还有"玛瑙",说"玛瑙"就是"马的脑子",还说"龙涎香",说是龙滴下来的口水。你如果让中国人知道了那东西是怎么来的,还知道了产地,那还怎么贸易? 所以他是东西骗,甘英就被骗了。

到了永元十四年(102),班超病重,奏请还朝,他给皇帝的上书情真意切,他说,我不敢奢望到九泉,但愿深入玉门关,说得非常凄惨,我不指望我能活着走到九泉,但凡能活着走入玉门关,就算是回到祖国了,就算是回到家乡了。还好,最后他顺利地回到洛阳,在洛阳去世,享年71岁。这个人是值得中国人永远怀念的大英雄。

当然了,历史上,我们的儒家士大夫对班超和张骞颇多负面评价,比如《北史·西域传》史臣论曰:"自古开远夷、通绝域,必因宏改之主,皆起好事之臣。张骞凿空于前,班超投笔于后,或结之以重宝,或慑之以利剑,投躯万死之地,以要一旦之功,皆由主尚来远之名,臣殉轻生之节。是知上之所好,下必有甚者也。"儒家士大夫不止一次地抨击张骞和班超,这是儒家思想所决定的,因为儒家特别反感追求边功,不主张对外战争,这是一个。

还有一个,大家要知道,《北史》是唐朝人写的,唐朝人在这个问题上,态度更加鲜明,因为唐朝人始终强调汲取隋朝的教训,所以在他们的眼睛里,隋炀帝的所作所为什么都是错的,而隋炀帝就是一个热衷于开通西域道路之人。既然要骂隋炀帝的行为,捎带把张骞和班超就要一起骂,有这样思想的人在当时比比皆是,包括魏征、括狄仁杰也是这个态度,狄仁杰甚至向武则天建议放弃"安西四镇"。狄仁杰我是很佩服的,我在他的老家太原说他的坏话,今天晚上不知道会不会显灵什么的。狄仁杰很值得钦佩,但是这个主张荒唐,他是纯粹出于儒家的思想来说的,"安西四镇"敢放弃吗? 绝对不能放弃。但是狄仁杰不是一个人在战斗,有这种思想的人多去了。

安西都护府和北庭都护府是唐朝统治的核心机构,安西都护府统辖安西四镇,最大管辖范围曾一度包括天山南北,并至葱岭以西至达波斯,在武则天时代,由于安西都护府管辖范围过大,包括今天整个新疆,还要一直远到葱岭以西到波斯,版图有多大? 现在光一个新疆,就占了中国版图的1/6。

新疆人的地理观念跟我们都不一样,比如吃饭的时候,新疆的朋友跟我说,于老师,有个景点很不错,要不要去看看? 离这儿很近。我说,是吗? 有多远?"也就三百多公里"。我说我在西安,三百多公里,向东、向西全都出省了,向东三百公里到了山西了,向西三百公里到了甘肃了。新疆太辽阔了,这么辽阔的地盘,你就交给一个安西都护府来管理,他管理不来。因此武周时期,以天山为界限,重新划分了一个北庭都护府,安西都护府负责天山以南,北庭都护府负责天山以北。

安西都护府建设过程是这样的,唐贞观十四年(640)平定了高昌国,在其地设置了西州都护府;在交河城(今新疆吐鲁番)设置了安西都护府,用以针对西突厥;贞观二十二年(648)击败龟兹国之后,把安西都护府迁到了龟兹,龟兹就是今天的新疆库车。

我去新疆的时候,发现新疆现在也在弘扬传统文化,好多地名现在开始复古了,比如"吐鲁番",吐鲁番就是高昌,结果吐鲁番市区现在改名为"新疆吐鲁番市高昌区",把"高昌"地名复原了;库车县建立了一个机场叫"龟兹机场"。

图五是最早的安西都护府——交河城,这地方我也去看了,保存得相对来说比较完整。

到了唐高宗龙朔元年(661),在这儿设置了十六都护府州,下辖80个州,110个县,126个军府。武则天长安二年(702),北庭都护府在吉木萨尔建立了,然后以天山为界,北边归北庭,南边归安西。

但是到安史之乱爆发后,问题出来了。唐朝把西北地区的边防军全部调入内地,结果西北地区边防空虚,吐蕃乘虚而入,唐德宗贞元六年(790),安西都护府陷落了,北庭被

图五　最早的安西都护府——交河城

图六　北庭都护府城墙遗址

吐蕃占据，安西都护府在此后不久，也就陷落了，我们把整个新疆丢弃了。

图六就是北庭都护府的遗址，在新疆吉木萨尔，这是城墙遗址。

图七是安西都护府和北庭都护府的管理范围，整个天山都在管理范围内，中间隔着的就是天山，一直到今天的阿富汗、巴基斯坦的一部分都是我们的，相当大，比今天的新疆还要大得多。它很重要，清朝人顾祖禹写的《读史方舆纪要》里面有句话说得好："欲安中原，必保秦陇；欲保秦陇，必固河西；欲固河西，必斥西域。"放弃安西都护府如果真正实施，你会发现新疆一丢失，河西走廊就危险；河西走廊一危险，长安就危险了。

所以后来，当安西都护府和北庭都护府丢失之后，唐朝人吃了苦果，白居易说"平时安西万里疆，今日边防在凤翔"，当年鼎盛时期，安西都护府万里疆域，现在好了，边防线到了凤翔。凤翔在哪里？陕西宝鸡，距离长安只有不到200公里的路了。所以说长安城曾经有一度丢在吐蕃手里，被吐蕃短时间攻占。从这点上就能看得出，不敢丢失西域，西域一丢河西走廊不保，河西走廊不保，长安不保，所以西域是非常重要的。

下面谈一下丝绸之路对中国人的影响。刚才说了，地理观念的影响是第一位的，中国人开始睁眼

图七　安西都护府和北庭都护府的管理范围

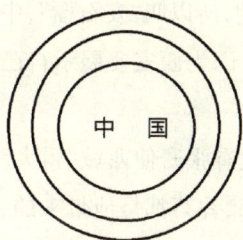

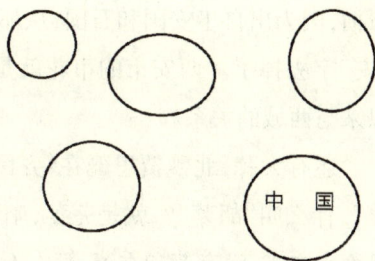

图八 《尚书·禹贡》里的中国地理观 图九 丝路开辟以后的中国地理观

看世界了。从此以后,中国人终于明白了,原来我们不是天下之中,原来我们叫"中国",真的以为我们是天下的中心,丝绸之路开通了,才知道我们不是天下之中。

我画了张图来比喻一下,图八是《尚书·禹贡》里的中国地理观,中国在中心,这是先秦时期天下的观念;图九是到了丝路开辟以后中国的地理观,我们在北边,西边还有好多国家,都是我们不知道的,中国人终于明白了这一点。这两张图一对比,你就会发现中国人的地理观念随着丝绸之路的开辟,发生了巨大的变化,而且我们的疆域由于有了丝绸之路的开通,汉武帝决心要把疆域向西拓展,秦朝时期的疆域,最西直到甘肃临洮,汉武帝则远远扩充到了今天的新疆,因此西汉的疆域比秦始皇时期大得多,这和地理观念的进步密切相关。

现在就要谈餐桌了,中国人特别会吃,要说什么是当仁不让的世界第一,我相信,吃肯定是世界第一,走遍全世界,就中国饭最好吃,不是因为我是中国人所以这么说,外国人也是这么认为的。我去韩国开会,韩国教授说,我特别爱吃中国菜,我在家天天做中国菜。他的观念中,什么叫中国菜?他理解为在锅里倒些油,放点儿菜,哗啦哗啦炒,这就是中国菜。他说中国吃得太丰富了,如果每天换一样东西,恐怕一年吃不完。后来我一想,我说你太客气了,在我们中国,每个县给你献上十样东西,我保证你一辈子不重样。

中国的饮食很丰富,我想强调的是,丝绸之路让我们的餐桌更丰富,很多东西如果没有张骞出使西域,没有丝绸之路传来的东西,我们的味要淡好多。比如说安石榴,本出自于安石国。什么东西呢?就是石榴,因为出自于安国和石国,从那儿传入的,所以叫"安石榴",中国把"安"字去掉了。西安市的市花就是石榴花,因为西安要展示自己自古以来与西域的关系。

还有大蒜,北魏贾思勰在《齐民要术》载有张骞使西域"得大蒜、胡荽",什么叫"胡荽"? 就是芫荽,咱们的大蒜、香菜都是他带来的,山西是面食之省,没有蒜和香菜,简直不可忍。

还有黄瓜,张骞从西域带回来的是种子,在中国种植成功之后,它的原名叫"胡瓜",因为是胡人的东西。结果后来到了十六国时期,我们知道,在山西和河北境内有个后赵,国主石勒是胡人,因此特别反感"胡"字,因此下令国内胡瓜改名叫"黄瓜",我高度怀疑石勒是个色弱。为什么不叫"绿瓜"呢? 非要叫"黄瓜",我是百思不得其解。

还有胡麻,胡麻是什么东西呢? 就是今天的亚麻,它可以榨油,也可以纺织,而胡麻这个东西,据说也是来自于张骞,张骞从外面带来的东西都叫"胡"。李时珍《本草纲目》当中也说,"张骞始自大宛国得油麻种来,故名胡麻,以别中国大麻也",他带来的这个麻,应该就是亚麻。

另外还有胡桃。什么叫胡桃呢? 就是核桃。《日华子本草》中说"此本本出羌胡,汉张骞使西域还,使得其种植之秦中,后渐生东土,故名曰陈仓胡桃,薄皮";李时珍则说"羌桃、胡桃就是核桃"。

另外,葡萄也是从西域传入的,刚开始传入的时候,汉代就有了。但是没有广泛种植,北魏时期甚至出现过这样的情况,谁家里得了葡萄,就送给亲戚朋友,亲戚朋友仍然舍不得吃,就拿去送给别的亲戚朋友。多像现在人的所作所为? 过年的时候,别人给我们家送的酒,我往往不敢喝,留下来送给亲戚朋友,保不齐什么时候送着送着就回到自己手里边,极有可能,转相馈赠。

葡萄很珍贵,唐朝也是这样,有一个大使叫陈叔达,有一次在国宴上上来一盘葡萄,他不吃,唐高祖就问,你为什么不吃? 陈叔达回答说因为母亲患病,口干,我想把这个葡萄拿回去送给我母亲。很孝顺,唐高祖听了以后哭着说,"卿有母可遗乎!"唐高祖的母亲早早就去世了,高祖说,你现在还有个老母亲可以奉养,我现在没有老母亲可以奉养了,因此给他赏赐了很多财物。

葡萄什么时候遍及中国呢?跟高昌国有关系,也就是吐鲁番,吐鲁番自古以来以葡萄著称,唐贞观年间破了吐鲁番,得到了马乳葡萄,今天我们叫"马奶葡萄"。

去新疆旅游一定要八月份,因为八月份是葡萄成熟的季节,太好吃了。山西的葡萄我觉得就不错,后来去了新疆才知道,还得是吐鲁番,那是葡萄之乡,没办法。贞观年间马奶葡萄引入中国,在中国开始广泛种植,这带来了另外一个产品,就是葡萄酒。还记得唐人的诗是怎么说的吗?"葡萄美酒夜光杯,欲饮琵琶马上催",所以说,葡萄酒在当时已经相当普遍了。

图十　唐代保相花纹胡饼

唐天宝二年(743),干葡萄一升,上等直钱十七文,中等直钱十六文,下等直钱十五文。干葡萄是什么?就是葡萄干。我在吐鲁番见到了魏晋南北朝时期的葡萄干,薄得就像纸一样,就是葡萄干。

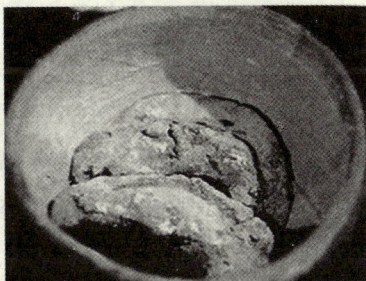

图十一　唐代饺子

吐鲁番老出这些东西,这是真家伙。1972年新疆阿斯塔纳出土的唐代宝相花纹胡饼(图十),好多人看了这张照片,第一反应,是不是月饼?不是的,唐代没有月饼,这是胡饼。

另外请大家看这个,新疆吐鲁番出土的唐代饺子,图十一是墓葬里面陪葬的一个碗,碗里放了两个饺子,看见没有,薄皮大馅。至于什么馅,没人敢尝。新疆吐鲁番老出

图十二　唐代胡饼

189

这些东西。

这也是一个胡饼（图十二），我当时把这个照片给新疆的朋友看，新疆的朋友说，什么胡饼，这不就是馕吗？跟馕真的很像，上面还有很多果仁。

考古上有句话，"干千年，湿万年，不干不湿就半年"，什么意思？文物保存在地下，要么极端地湿，有利于文物的保存，比如长沙马王堆；要么极端地干，比方新疆吐鲁番，一年降水八毫米，能不干燥吗？在这点上我蛮佩服我自己，吐鲁番一年降水八毫米，我这回八月份去，一天下了二十八毫米，几年的量都给下了。我问吐鲁番的人，常下这样的雨吗？他说多少年没下了。我来到吐鲁番了，第二天就下了场大雨，二十八毫米。来吐鲁番的人多了，谁能碰上下雨？就我碰上了，雨还不小。

吐鲁番极端干燥，因此出这些东西。刚才说了，"干千年，湿万年，不干不湿就半年"，什么叫不干不湿？我们陕西省和山西省就属于不干不湿，因此，咱们这儿的文物埋在地下的，有一个特点，我们都是文物大省，但我们经常出的文物是什么？金银器、铜器、铁器、碑刻、瓷器，到哪儿去出土那些有机物？极少。尤其那些文书，咱们保留不下来。

另外丝绸之路上来往的各色人种也多，外国人以三种人为主：使臣、商人、僧侣；另外还有海上丝绸之路，以福建泉州、广东广州、山东莱州等地都是重要的口。因此，来到中国的外国人可以过陆路，也可以通过海路，中国甚至还专门给他们设置官职，由他们本族的首领来担任官职，管理本地的外国人，而且还尊重他们的宗教信仰。

图十三　唐代牵骆驼胡佣

外国人在中国干什么的都有，有当官的，有很多有名的大诗人。举个例子，白居易是胡人，他应该就是来自于龟兹这一带，元稹更不用说了，鲜卑人，李唐自己也有一半鲜卑血统。所以胡人在中国比比皆是，有当官的，有商人，也有从事服务行业的，也有身份非常卑贱的，像李白就曾经写"胡姬貌如花，当炉笑春风。笑春风，舞罗衣，君今不醉欲安归"，李白的口味很洋，人家

图十四　唐代胡俑

图十五　昆仑奴

最喜欢去的酒店是有胡人女孩子当服务员的酒店，口味洋极了。

这是陕西历史博物馆藏的"唐代牵骆驼胡俑"（图十三），一个丝绸之路上的商人牵着主要的交通工具骆驼，他戴着一个尖顶帽，哪一族人呢？粟特人，中亚，哈萨克斯坦、塔吉克斯坦这一带。

图十四也是个胡人，陕西历史博物馆藏的，这个胡人高鼻深目，络腮胡子，而且很明显喝高了，赤膊上阵，光着膀子，而且确实有点儿露的资本，肌肉还是可以。

图十五这个有意思，当时唐朝有很多黑人，被称为"昆仑奴"，是两个地方的人，一部分是非洲黑人，还有一部分是东南亚的人。中国古代不讲用语精确，古人为什么把这两种人都叫作"昆仑奴"呢？因为他们有个共同的特点：长得都很黑。可怜这帮东南亚人，原本是黄种人，但是对不起，谁叫你长得黑不溜秋的，因此也叫"昆仑奴"。这个形象，头上小卷发，贴着头皮，鼻子又宽又扁，嘴唇厚厚的，身上黝黑黝黑的，再看这个姿势，RAP，这是黑人最长的姿势。很多黑人昆仑奴在中国从事的就是歌舞表演。

另外一个，唐朝歌舞艺术的兴盛，也跟外来文化密切相关。当时中国很多音乐来自

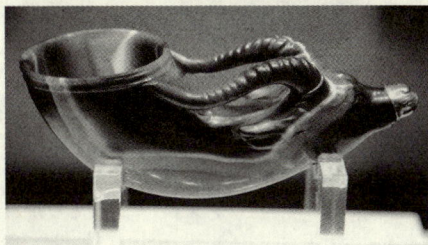
图十六　唐代兽首玛瑙杯

图十七　舞马衔杯纹银壶

图十八　鎏金银壶

于外国，另外很多器物也是这样。

比如图十六又是一个国宝级文物，西安何家村出土唐代兽首玛瑙杯，是陕西历史博物馆镇馆之宝，以器形优美而著称，线条特别漂亮。这是用玛瑙雕的牛头，上面还有黄金做的嘴儿，这是一个酒器，来源于古希腊的"来通"，流动的意思。一个古希腊的器皿在唐朝的教堂当中发现了，这就是中西文化交流的体现。这不是中国传统的造型，来自于古希腊。我们知道，希腊是崇拜公牛的，所以这是一个牛首的形象。

图十七是何家村出土的舞马衔杯纹银壶，外形模仿的是游牧民族盛水用的皮囊，这也是中亚的工艺，不是我们传统的器形，这仍然是丝绸之路上传来的。

图十八是北朝时期的宁夏固原北周一个墓葬出土的鎏金银壶，请大家注意看，这是什么内容？竟然是古希腊《荷马史诗》当中三美神诱惑帕里斯。大家知道，三美神要求帕里斯判断一下三个谁长得最美，典型不是中国产的，应是欧洲或者近东过来的东西。

图十九　拜占庭金币

图十九是1975年河北赞皇县出土的拜占庭金币。请大家注意看，这个金币中国人也用，因为它是金币。这个金币有点儿蹊跷之处，上面有两个小眼，怎么来的？自古以来，在货币上做手脚的不法分子一直都有，他把金币得到手之后，每个钻两个小孔，面值还是那个面值，叫"穿穴钱"，是不法之徒干的；下面两个金币也有蹊跷之处，一个不圆，一个比较小，这小子

更狠，黄金不是软吗，他拿剪子把钱的周边一圈全部铰了，就留了中间一部分。所以自古以来，搞手脚的不法之徒就没有断绝过。

另外一个是音乐。我刚才说了，唐朝很多音

图二十　洛阳白马寺

乐都是外来的，比如龟兹国、高昌国、疏勒国、安国、康国、天竺国（印度），还有高丽的音乐。比如唐朝最著名的《霓裳羽衣曲》，它的原型就是天竺的婆罗门乐。

另外一个是宗教。佛教不用说了，它传入中国的时候，就是顺着丝绸之路过来的。唐朝贞观年间，景教（基督教）传入了中国，祆教、摩尼教也进入了中国，伊斯兰教也是通过海上和陆路两条丝绸之路来到了中国。

图二十就是中国第一座佛教寺庙——洛阳白马寺，在这里翻译了中国第一部佛经《四十二章经》，很多人一说这个想到了韦小宝，中国最早的佛经就叫《四十二章经》，因为分作四十二章，所以叫"四十二章经"。

图二十一是记载基督教传入中国的大秦景教流行中国碑，"大秦景教"就是基督教，这个碑是在陕西出土的，现在藏于陕西西安碑林，是碑林的镇馆之宝。

图二十二就是唐代的对外交通网，我们可以看到，唐朝是中国对外交往的一个顶峰，前无古人，后无来者，除了元朝可以相提并

图二十一　大秦景教流行中国碑

论,唐朝的交往应该说是最普遍、走得最远的。我们可以看到,以长安为中心,向东、向北、向西、向南都有发达的道路交通网。唐朝的文化让人魂牵梦绕的就是它的兼容并蓄

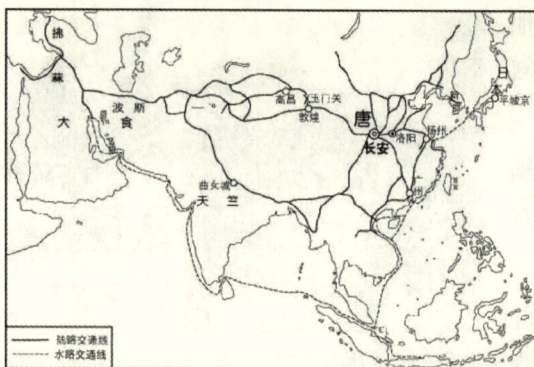

图二十二　唐代对外交通网

以及拿来主义,这是一种文化自信,有自信就不怕外来的事物,有自信,什么东西都能为我所用。而这些外来的东西怎么来的? 就是通过陆路和海上两条丝绸之路来到中国的。

　　我们总结一下,支撑整个丝绸之路畅通的是中国的国力和历代英雄们的坚韧努力,在这里能够看到我们古人爱国主义精神与责任感。因此,丝绸之路不仅丰富了我们的生活,也给我们留下了丰厚的精神遗产。

　　谢谢大家!

二〇一五年十二月二十七日

中国人的皇帝梦

——解读中国帝王

张宏杰

张宏杰,历史学者、作家。东北财经大学经济学学士,复旦大学历史学博士,清华大学博士后。著有《坐天下》《千年悖论》《大明王朝的七张面孔》《曾国藩的正面与侧面》《给曾国藩算算账》《中国国民性演变历程》《饥饿的盛世》等。曾在央视百家讲坛主讲《成败论乾隆》。

祝文源讲坛

越办越好！

孙家正

2015. 10. 18.

一个落后的，不合理的制度设计，会让生活在这个制度当中的所有人，不光是被统治者，也包括统治者自身都活得不幸福，不光是被统治者被剥削、损害，统治者自身也会被损害。中国人的皇帝梦和皇帝情结，反映了我们内心深处对权力的渴望，只要我们仍然是"权力决定一切"的社会结构，皇帝梦就不可终止，要打消皇帝梦，还是要推动社会进步，让社会更加公平、公正、合理。

各位太原的读者朋友们，大家上午好！非常高兴来到文化底蕴非常深厚的山西跟大家进行交流。

今天之所以讲这个题目，是因为很早以前，孙中山先生讲过一句话，他说中国人，每个人都做着皇帝梦，四万万人都想当皇帝。他说中国历史上向来没为自由、民主、平等这些理念起过战争，几千年来历史上的战争，都是大家要争皇帝。

孙中山先生这个话乍一听有点儿突兀，细想起来，有点儿道理。我们远了不说，新中国历史上，就曾经出现过很多跟皇帝梦有关的案子，我简单举两个。

1950年的时候，有一个叫李慹五的人，是会道门"九宫道"的坛主。我们知道1950年新中国刚刚成立，天下初定，社会秩序还没有完全安定下来，李慹五一看，感觉自己有机会，新旧政权正在交替，自己的机会来了，于是在北京召开所有的道徒大会，宣布自己要当皇帝，起了个国号叫"大顺"，准备改元，为"佛化元年"，在当年五月五日，就是自己生日那天正式登基称帝。可惜没等到这一天，就被公安机关破获了，这是20世纪50年代打击会道门运动当中，数千起案子当中的一件，在会道门案件当中，想当皇帝的人有很多，这个仅仅是其中一起。

除了50年代，甚至在改革开放之后，还是有很多中国人做着皇帝梦。像1981年湖北罗田县包家山的一个农村，有一个盲人叫丁兴来，是个算卦先生，平常给人算命，据说算得挺准，很多人挺信他。在1981年的时候,突然他也想称帝,于是就在这个小村子里宣布要当皇帝,他的一百多个信徒在地上给他三跪九叩,三呼万岁。他当场封了一个正宫娘娘,封了一个东宫娘娘,还有一个西宫娘娘。西宫娘娘是他们村子里文化水平最高的,高中生,人长得非常漂亮。当场还封了好几十个官,每个信徒都给封了官。他这个皇帝当了多长时间呢?当了整整十年,就是从1981年,一直当到1991年。因为这个地方交通比较闭塞,过了十年当地乡政府才发现有人当皇帝,公安局才过去把他剿灭了。

这个事在新中国皇帝案当中,实际上还并不算很离奇,有比他们闹得更邪乎、更离谱的,比如1982年在四川巴中发生的另一起皇帝案,主角是六十多岁的一个老农民叫张清安,他自学了一点儿中医,会医术,平时就是走街串巷给大家看病。1982年的时候,他不知道哪根劲搭错了,也想当皇帝,于是就发展自己的信徒,说你们要信我,将来我称帝之后我给你们封官,你们要不信我,明年七月份天降大灾,你们都活不了。于是二百多个人跟着他起事,于是他在巴中县川剧团大楼正式称帝,自己就任正皇帝。还有一个副皇帝,他有一个好朋友,平时是搞装修的,叫廖桂堂,他封为副皇帝,然后宣布建立一个国家叫"中原皇清国",政治构想也比较完备,考虑到了将来台湾如何治理。因为经过我党多年教育,他们知道台湾是中国不可分割的一部分,要考虑台湾怎么办。

那么台湾怎么治理呢?他们准备了一道谕旨,准备封蒋介石为威国王,代理他们治理台湾。我们要注意,这是1982年,蒋介石是1975年去世的,他们在四川,平时不读书、不看报,不了解蒋介石已经死了,所以给他发一道谕旨。

那么这个谕旨怎么送达蒋介石呢?他们起草了一份《皇清圣诣(旨)职字第五号》的文件,用信封包好,送到邮局准备寄到台湾。还没寄到台湾,公安局发现了他们的阴谋,把他们剿灭了。

以上我们讲的这些,案件的主角都是自己想当皇帝,想过把皇帝瘾,所以想要起事。那么在新中国历史上,有一则皇帝案是有明确政治目标的,有鲜明政治主张的,发生在1984年,同样是在四川。

1984年，有一个叫曾应龙的农民，率领一千多个老乡攻击县城，宣布要成立一个"大有国"，要当皇帝。他们攻击县城以后，首先占领了县人民医院，把所有的大夫和护士都俘虏了，把所有的计生用品都搜出来烧了。因为他们建立大有国，唯一的政治需求就是反对计划生育政策，可能都因为超生被处理过，所以他们要建立一个没有计划生育的国家，后来被人民解放军迅速平定，人民政府念其无知，给曾应龙判了个无期徒刑。

仅仅新中国成立后的几十年间，这类普通老百姓想要当皇帝的案件加起来，就有好几千件。由此我们可以想象，在漫长的中国历史上，在帝制时代，想当皇帝的人得有多少。我们学历史的时候，关注的都是大的农民起义，实际上在每个朝代，无论是皇帝昏庸的时代还是清明的时代，都有无数人想做皇帝，然后都有无数的小小的皇帝案爆发。

讲到这儿涉及一个问题，为什么这么多人提着脑袋要去做皇帝呢？我们知道，当皇帝宣布要起事，风险是很大的，不光要搭上自己的性命，还要搭上整个家族的性命。这个不难理解，每个中国人心里都清楚，因为做皇帝就意味着他所有的人生目标都得到实现了，因为做皇帝对一个中国人来说太爽了，权力、金钱、尊严、美女、享受，要什么有什么。我们过去在北京城修建了一个9999间半宫殿的紫禁城用来给皇帝住。我们从全国挑选了上万名的漂亮少女送到北京做宫女，做后妃，给皇帝服务，我们在全国阉割了几千名男人做太监，去服侍皇帝一家人。在过去中国境内，有几十处工场，他们的任务就是专门给皇帝一家生产专用的茶杯、马桶、衣料。

我想在座有很多红迷，大家知道，《红楼梦》当中大观园的主人，他的实际身份是什么呢？不过是皇家衣料场的一个包工头，皇帝的一个包衣奴才。一个奴才的生活都那么奢侈，我们可以想象皇帝的生活，那会奢侈到什么程度。

我在《坐天下》这本书当中说过，过去并不是皇帝为国家存在，而是国家为皇帝存在，传统中国所有的政治设计，都是为了保证皇帝这一家一姓利益的最大化，保证这一家一姓永远传递下去而设计的。打个比方，整个中国就是一桌宴席，皇帝是唯一的食客，百官是负责给皇帝上菜的服务员，老百姓就是桌上的饭菜，所以想当皇帝，是几乎所有中国男人的梦想。

除了皇帝梦，中国历史上还有一个梦跟皇帝梦是配套的，叫"将相梦"。为什么还有将相梦呢？因为你搞一场起事，搞成功了，也顶多出来一个皇帝，最多出来一个副皇帝。所以能当皇帝的只有一个，但是能当将相的有很多人。一开始跟着这个人干，将来建国之后，他们就会成为元勋和功臣，也是享不尽的荣华富贵，所以在中国历史上，有很多相似的历史情节发生在不同的农民起义当中，那就是有一个会相面的人看到身边有一个朋友生有异相，长得很特殊，他通过命理推算这个人能当皇帝，于是拼命劝他当皇帝，这种事发生过很多次。

比如清代乾隆年间发生过一次王伦起义，这个王伦本来没想当皇帝，就想太太平平过一生，但是他有一个朋友会看相，而且说看得很准，他就对王伦说"予阅人多矣，莫有如君者"，我这么多年给人看相，看了好几万人，但是没看见一个长得你这么富贵的。我给你出谋划策，咱俩一起干，不出十年，我在你的姓氏上面加一个白字。那么王字加一个白字，就是皇帝的皇字。王伦一开始也不信，后来被人说来说去，王伦就行动了，搞了一场起义，结果没几个月被灭了，所以这是猪一样的队友。

另外一个更有名的例子就是太平天国起义，洪秀全刚起义的时候，身边最坚定的追随者是谁呢？是冯云山，冯云山为什么坚定地追随洪秀全呢？因为冯云山也会看相，他说洪秀全"多异相，有王者风"，洪秀全这个人相貌特别不一般，将来一定能成大事，所以一开始就死心塌地跟着他干。

这种事情在新中国成立之后也曾经发生。1991年的时候，河南嵩县有一个大龄青年叫李成福，这个人平时不务正业，所以一直到三十多岁还没娶上老婆。后来好不容易在34岁的时候，有人给他介绍了一个寡妇，带个孩子，条件不太好，但是李成福本身条件也这样，所以也就同意了，两个人开始谈恋爱。结果谈着谈着，这个寡妇相中了李成福的弟弟，后来就嫁给了李成福的弟弟。李成福非常悲愤，于是离家出走，发誓一定要混出个样来,否则再也不回来了,所以就离家出走,跑到一个叫"老曼场"的山里开始奋斗。

他怎么奋斗呢?他感觉他有一个特殊的资本,因为他会看手相,而且他自己的手相长得非常特殊。用术语说,一只手的手纹叫"命子旗",另一只手的手纹叫"武砂帽",具体怎么长的我也不知道,没有研究。据他说,长这样手纹的人,将来肯定要坐天下,于是他在老曼场四处游说,说我将来能当皇帝,谁跟着我干?游说来游说去,游说了一批骨干成员。据案卷记载,他的骨干有当地高峰村生产队长谭振军,高峰村会计谭某,村医张某,另一个村的民兵营长万玉忠。这些农村干部看了他的手相,都坚信他将来能成大事,能做皇帝,自己如果拥立他的话,将来是享不尽的荣华富贵,于是宣誓跟着他干。他们筹建了一支"万李起义军",组织了一个党叫"安民党",在1990年正月宣布"万顺天国"正式成立。

我们看新中国发生的皇帝案,有一个很引人注目的特点是什么?一旦有一个人想当皇帝,跟着他起事的人很多,群众基础很广。1950年有一个山东人叫石东林,宣称自己是紫薇星下凡,要"出师定国",有三万多人跟着他干。

1983年,有人成立了一个"农合佛国",就是农村信用社的农合,不知道是不是农合的员工。光封的宰相国师就达199名,很多妙龄少女争相投靠他做妃子。

1986年,山东潍坊一个农村妇女,小学文化的晁玉华建立了一个"大圣天朝",自称女皇,她从信徒当中挑了500个帅气的青年男子做她的后宫。后宫成员当中有党员,有厂长,有警察,还有县团级干部,正营级干部。所以想做将相梦,想通过做将相梦改变自己命运的大有人在。

从这些案件当中,我们能够得出一个推论,以前我们读历史书的时候,特别是读历史教科书的时候,我们解读农民起义,可能更关注农民起义领导人的宏伟理想,他们替天行道的这部分,却有意无意地忽略了他们起事、起义背后对荣华富贵、对物质利益的向往。所以历朝历代大部分农民起义,从领袖到普通的追随者,他们背后最大的推动力,可能都是追求物质利益,追求荣华富贵。

比如中国历史上规模最大的一次农民起义,就是太平天国起义,在起义之前,洪秀全是怎么动员信徒跟着他起义呢?他写了一本书叫《天理道情书》,在里面说得非常直白,说你看看你们当初在家之时,或农或工,或从事商贾,谋生非常艰难,将来你们要是跟着我起义,咱们成事的时候,我保证你们每个人出门有一大堆侍从跟着你,有人给你牵马,有人给你打扇,走到哪儿前呼后拥,非常排场。他就是通过这种手段,鼓励他的信徒跟着革命。

很多人都做着将相梦,所以历史上农民起义还有一个独特的现象,有很多农民起义在起义开始的时候是发行原始股的。因为起义要花钱,要买军器,要买各种物资,没有钱,起义领袖就向他的信徒发行原始股,现在你捐多少钱,我将来封你大的官。非常典型的是在清代乾隆初年有一次起义,起义开始之前,起义领袖跟信徒签合同,你给我捐几十个大钱,保证你将来能当县令,你交几两银子,保证你将来封王爷。这个消息传出去,在当地县城里就轰动了,大家纷纷入伙。因为门槛太低了,小孩把自己的压岁钱拿出来买一个县令当,妇女把自己的脂粉钱拿出来给孩子买一个知府。搞到最后整个县城全当官了,走在街上,两个人谁也不给谁让路,这个是知府,那个是知州,两个人就打起来了,引发了政府的关注,后来就被镇压了,所以农民起义这个事背后反映出来的物质欲望是我们读历史的时候应该更加注意的。

以上我们讲的是中国历史上很多人在做皇帝梦、在做将相梦,这种现象说明什么问题呢?我想,起码说明了两个问题。

第一个问题,我们普通中国人整体素质、文化素质、科学素质不够高,比较容易上当受骗。刚才我讲了,中原皇清国的正皇帝张清安动员信徒的方法非常简单,跟着干,将来就当官,加官晋爵,要是不跟着我干,明年七月份天降大灾,很多人都活不了,很多人居然开始跟着他干。所以在旧社会,人们文化素质比较低,文盲比例很高,新中国我们的识字率已经达到81%了。特别是改革开放之后,人的文化素养更是大幅度提高,在这种情况下还发生如此多的皇帝案,证明我们对整个民族的素质不能估计过高。

实际上，我们中国人从小受的是什么教育呢？不是什么孔孟之道的熏陶，也不是什么马列主义的系统教育，我们每个中国人从小最感兴趣的读物是什么？《水浒传》《三国演义》《三侠五义》这些民间俗文学，这些俗文学都鼓励我们通过阴谋手段、通过计谋获得一个更好的生存位置。所以我们中国人在世界当中，是最喜欢赌博的，我们到世界各地的大赌场当中都会发现，少不了中国人的身影。

有一个学者曾经写过一本书叫《晚清乡土意识》，他说，构成我们这个民族主体的是农民，他们千百年来形成了落后的思维方式，所以我们这个民族主体是低度文化、浅层思维的社会群体。这种判断可能过于以偏概全，但是实际上，联想到历史上和现实发生的事情，感觉这种说法也不无道理。

比如在晚清，中国历史上发生过一个很有名的事件叫"义和团运动"，义和团运动是怎么萌芽的，因为什么事激发的呢？主要是因为当时好多外国人跑到中国来传教，这些传教士同时又搞一些慈善事业，收养很多中国的孤儿。因为明清时代中国的弃婴特别多，传教士就收养了。当时的普通中国人就不太理解，说这帮洋人为什么跑到中国来做慈善呢？我们中国人都不管我们的小孩，洋人来管，一定有什么特殊的动机。同时传教士又喜欢用治病的方式发展信徒，我们知道西药往往比中药快，所以他们认为西药如此灵验，可能是用人体器官来做的。所以他们就说这些洋鬼子收养中国小孩是为了剜他们的眼睛来做药，于是很多人开始烧教堂、杀洋人，很多地方还跑到教堂里去搜，看有没有小孩的眼睛。果然搜到一瓶圆球状的白色东西，说这就是小孩的东西，后来一鉴定，这是外国人吃的洋葱头。

在义和团运动当中，我们知道，各地义和团的大师都号称自己神仙附体，什么神仙呢？中国历史上所有出现过的神仙那会儿都下凡了，包括什么二郎神、孙悟空。然后说他们刀枪不入，居然那么多老百姓就相信，就跟着他们去打仗。

在一百年前是这样，到今天，前两天我在网上看见一个帖子，因为现在很多洋人,西方人跑到中国来收养小孩,因为我们各地的孤儿院当中也有弃婴,生来有残疾的小孩往往被父母遗弃了,所以洋人到中国来收养小孩,大部分是女孩或者有残疾的小孩。很多人不理解,对他们有什么好处呢?没什么好处。所以他们就分析,这些洋人把中国小孩带回去有两个目的,一个把女孩带回去做他们的信徒,另外一个,用他们来做药,所以和一百多年前的思维是高度同构的。

另外一个现象,社会上骗子特别多,不知道大家有没有注意,前两天广东破获了一个案子叫"华藏宗门案",这个骗子叫吴泽衡,初中文化,宣称自己是佛转世,骗了很多女人。

另外一个更有名的就是王林大师,就靠变蛇这种魔术骗人。但是我们注意,他骗的都不是普通老百姓,起码是地市的官员,更多的是演艺界的明星,是我们今天所谓上流社会的人,所谓的精英。通过王林我们可以看出,我们这个社会所谓的中间人物,所谓的精英,整体素质比较低。所以我们说,中国历史上的皇帝案、将相案,反映出的民族整体素质不可乐观。

那么皇帝案反映出的第二个问题是什么?我们每一个中国人心里都对权力崇拜。我们看这些皇帝案,新中国成立前叫"起义",新中国成立后叫"起事"的这些人,很多人不是为生活所迫,不是怀着对地主阶级的仇恨而起义的,他们是为了追求权力。中国社会跟世界很多国家和社会是不一样的,中国社会是一个权力支配一切的社会,我们可能认为世界上所有的国家都是这样的,实际上并不是这样。

我记得上中学的时候读历史课本,西方世界历史,讲西方的资本主义是怎么发展起来的呢?因为中世纪后期,很多国王贵族要打仗,打仗没钱,就向新兴的资产阶级商人借钱,钱借多了还不上,就制定了一系列有利于资本主义发展的政策,那么资本主义经济就这样发展起来了。读了这一段之后,当时我特别不理解,我想,皇帝、国王怎么会被商人控制?你缺钱,直接把商人的钱没收了不就完了吗?后来才知道,我这是典型的中国人的思维方式,世界上大部分国家和地区的人不是这样想的。因为在很多地方,人有一种契约精神,你借了钱就得还,不能无辜违反契约。但是中国的权力不是这样，从有历史记载开始，中国的权力起源就是依靠赤裸裸的暴力，谁的拳头硬，谁的军队厉害，谁最后就当上了皇帝，所以完全靠暴力起家的中国皇帝，头脑中没有任何的契约意识。

有一个很有名的故事，就是朱元璋当了皇帝之后想修南京城墙。南京城的规划特别大，朱元璋感觉修起来很困难，没钱，这个时候有一个大商人叫沈万三说，"我捐款，皇上您别着急，我给你出钱修南京城墙。"朱元璋听了以后，他的反应不是高兴而是很愤怒，凭什么我当皇帝没有钱，你有钱呢？宣布没收，把沈万三所有的钱都没收了，把这个人给流放了。当然，今天的历史学家研究，说这个故事被夸大了，但是这个故事很传神地反映了中国古代权力和商人之间的关系。

实际上，从战国时期开始，中国的权力所有者就敏感地意识到民间商人有可能威胁到他们的权力。所以形成一个规则，所有的好处都要从权力这个渠道出来，不允许通过别的方式获得利益。因此历代都对商人阶层有一种歧视性设计。

西汉的时候有一条规定，商人不能穿丝绸衣服，出门不能坐车，到哪儿也得走着去；为了侮辱商人，让他们一个脚穿白鞋，一个脚穿黑鞋，就是要让社会上的人看不起他。明代朱元璋规定，普通人穿的衣服衣料分四种：绢、布、绸、纱，从布料到绸缎都可以穿，但是商人阶层只能穿绢、穿布，不能穿绸、穿纱。普通农民的孩子可以考科举、考举人、考进士，但是商人的孩子不能考，这就是防止商人用经济力量来影响政治权力。

所以在中国古代社会，要想升官，想发财，只有攀附权力，想过好生活，只有和权力结合才有可能。所以权力可以让一个人一夜暴富，也可以让一个人一夜赤贫。

汉文帝的时候，有一个皇帝的侍从叫邓通，有一次汉文帝生病了，身上长了一种疮，很不好，老流脓，这个邓通就跑过去给汉文帝吸脓，吸了很多天，汉文帝好了，很高兴，也很感动。于是下令，你可以去铸钱，给你铸货币的权力。于是邓通就跑到南方挖铜矿，来铸钱，一夜暴富，成为西汉王朝最富有的人。但是过了几年，汉文帝死了，汉景帝上来了，汉景帝很讨厌邓通这种靠溜须拍马上去的人，于是宣布没收邓通的财产，邓通流落街头，贫困而死，一下子就穷了。

马克思学术理论有一个最基本的规则叫"经济基础决定上层建筑"，但是这个规则到中国社会是不好用的，中国社会马克思称之为"行政权力支配的社会"，在中国支配社会的不是经济力量，而是政治力量。所以包括到今天，中国的首富，排在富豪榜前面的富商，对政府都是非常尊重的，都是研究怎么样和政府搞好关系。所以在中国古代，有一个很独特的现象，就是中国古人的商品经济意识不发达。人们有了钱之后，对这个钱如何去投资，如何去流通没有研究，但是中国人对权力投资、权力投机、政治投机是非常有研究的。这个从战国时候就开始了，吕不韦是权力投机的典型代表，他研究了当时的政治形势，秦王有几个儿子，其中有一个叫异人，这个异人当时看起来不太得势。但是吕不韦通过沙盘推演，认为异人将来最有可能继承王位，于是投重金给异人娶到老婆，给他大量的钱财，让他树立自己的形象。结果这个异人果然当了秦王，然后异人又生了一个儿子叫嬴政，就是后来的秦始皇，吕不韦一下子家僮万人、封侯拜相。吕不韦说，种一倍的地，利不过十倍，即使是贩卖最值钱的珠宝，获利不过百倍，投资政治，获利无数，他自己是最典型的代表。

所以在中国古代，要想发财，必须得跟权力结合，必须得官商勾结，这是历朝历代不能逃脱的规律。所以权力在中国社会上是支配一切的。

那么谁最有权力？皇帝，所以大家都做皇帝梦。实际上这个皇帝梦，我们可以更广泛地来看，不见得非要当皇帝才有皇帝梦。中国古代社会除了一个皇帝之外，还有很多土皇帝，各省的巡抚就是当地的土皇帝，县令也是土皇帝，所有的权力都把在他一个人手里，没有权力制衡机制，如果他性格比较霸气，一切都是他说了算。因此，皇帝梦不只是做最高统治者，大大小小的土皇帝，也是皇帝构成的一种。

讲到这儿出现了一个问题，那么多人不顾生死去做皇帝，做皇帝到底幸不幸福,到底好不好? 乍一想肯定幸福,但是我们深入地想,很多事情可能并非如此。为什么这么说呢? 我们可以拿几个数字来说明。

第一个数字,在中国古代,各个社会阶层当中,平均寿命最短的就是皇帝。中国历史上皇帝有六百多个,其中生卒年可考的有二百多个,平均年龄是39.2岁。中国古代所有人的平均寿命,抛去婴儿死亡率,我们知道,过去医疗不发达,很多小孩生下来就死了,我们把这种情况排除的话,中国古人的平均寿命是57岁。这也就是说,皇帝这个阶层,比普通老百姓要少活18年,所以这个阶层起码它的寿命并不长,这是第一个数字。

第二个数字,皇帝这个阶层非正常死亡率很高,就是皇帝为什么都那么短命呢? 两方面原因:一方面,皇帝整体健康素质很差,身体往往都很差,被酒色掏空了身子;另外一个非正常死亡率高,中国历史上帝王一共是611人,其中非正常死亡的是272人,这么算的话,非正常死亡率达到44%。我们今天很多青年读者喜欢读各种穿越小说、玄幻小说,我们读穿越小说,里面主角最喜欢的做的事是穿越回去当皇帝,或者当王爷。我看过一本书叫《回到明朝当王爷》,这也反映出青年一代对权力的向往。但是你要知道,回到王爷的话,你有44%的概率是死于非命,被你的老婆杀死了,被你的爸爸、叔叔,或者儿子杀死了,非正常死亡率很高。

第三个数字,皇帝这个阶层精神疾病的发病率很高。我们看二十四史帝王本纪,大概有四分之一的皇帝有精神病,或者有严重的心理异常。这种例子在史书当中很常见,大家买一套二十四史,随手一翻,到处都是。

南北朝时期的宋,第六位皇帝前废帝刘子叶非常残暴,他非常讨厌一个叫刘义恭的功臣,于是就把这个刘义恭抓过来,砍掉四肢,剖开肚子,把眼睛挖出来,用蜂蜜腌起来,做成一个咸菜叫"鬼目粽"。然后他又创办了一个皇家妓院,让自己的姐妹、姑姑阿姨到那儿去做妓女,让大臣去做嫖客。他的这些女性亲戚谁要是不同意,当场杀掉。然后他又很痛恨他的一个叔叔叫刘玉,把刘玉抓来,把衣服扒掉,扔到猪圈里,做了一个木头槽子,把剩饭剩菜倒到木头槽里让他拱着吃,给他封了一个封号叫"猪王"。我们传统史册记载这种帝王的行为,往往说他是"荒淫""残暴""暴虐",但我们用今天的心理学常识分析,这不是暴虐,这是精神病,是一个典型的精神分裂症状,正常人绝对干不出这种事来。

除了这种精神病之外,还有各种心理异常,典型的心理异常就是刚才我们讲的那个猪王刘玉,他经过长时间的折磨之后居然没死,等上一任皇帝死了之后,他居然也当了皇帝,但可能因为自己在当皇帝之前受到的精神折磨太多了,所以得到了一种心理异常,叫食欲异常,暴饮暴食,一遇到什么压力和难办的事情就暴饮暴食,吃那种大块的腌猪肉,一次吃二大块。

北齐文宣帝高阳,他的这个病我们今天分析应该叫"病理性激情",他怀疑自己的妃子跟大臣私通,于是拿刀亲自砍下妃子的头,把这个头揣在怀里,叫所有的大臣一起吃饭喝酒,吃到一半,把这个头拿出来让大家欣赏。吃着吃着突然又后悔了,让人把这个妃子的腿骨挖出来,做成一把琵琶,自己一边弹一边哭,然后又把这个妃子用最隆重的礼仪下葬。这种行为我们用今天的精神病学分析,应该是病理性激情。

除了这种严重的心理异常,心理不健康的皇帝非常多,比如明代特别多,万历皇帝以什么出名? 二十年不上朝。明代天启皇帝一辈子就喜欢干木匠,别的什么奏折都交给魏忠贤去处理,这类皇帝也非常多。

讲到这儿,我们触及最后一个问题,为什么当皇帝这么不幸福呢? 为什么最后又短命,然后又活得这么不开心,又这么多非正常死亡? 要我说,就是权力过于巨大,这是造成皇帝们活得不幸的最大原因。表面上看,所有的资源都掌握在他们手里,实际上,他们恰恰被这种巨大的权力所囚禁。

第一点,因为他们手里的权力太大了,好处太多了,所以活得非常紧张,因为天底下无数的男人都想推翻他们。中国老百姓有一句话叫"皇帝轮流做,明年到我家",并不是世界历史上所有国家都像中国人这样喜欢改朝换代,日本有天皇的那一天到现在换过几任? 就一个姓,从来没换过。英国从一千多年前威廉一世做国王以来到今天的英国女王,仍然是威廉一世的后代,只不过他不一定光传给儿子,有可能还传给女儿,但他的血脉是一个根上传下来的。古代朝鲜也换过王朝,但只不过三四次而已。只有中国,我们从孔子时代就教育大家要忠诚,要忠于王朝,但是我们改朝换代特别多,每隔一百多年就换一回,把前任所有的皇帝、后妃、皇子都杀光。所以改朝换代在中国是最厉害的。

当上皇帝之后,要考虑这种情况,活得就非常紧张,因为随时有人要推翻你。当皇帝非常紧张的典型就是朱元璋,他当了皇帝之后写了一本书叫《皇明祖训》,是写给后世子孙看的,教导他的后世子孙如何当皇帝,其中最重要的一条,是让他们永远提高警惕,说你白天大臣上朝的时候,要注意观察每一个大臣的眼睛,看他们是否神色有异;每天都要在紫禁城四门放几匹好马,这个马二十四小时要备着暗箭,二十四小时待命,宫里一旦有什么风吹草动,你可以赶紧跑。所以权力过于巨大,好处太多,第一个后果是皇帝当得非常紧张。

第二个后果是皇帝当得非常累。所有的权力抓在自己手里,特别是从朱元璋开始,废除了宰相制,他担心权力被人拿去,所以皇帝的工作量特别大。实际上,从秦始皇的时候就是这样,他在自己的办公室里放了一个秤,因为那个时候没发明纸,文件写在竹简或者木简上,每天批阅的竹简达到120斤他才上床睡觉。

到了雍正的时候,每天都要批阅奏折,那时候大臣给皇帝写奏折,皇帝批阅,批复处理意见,用朱笔写在奏折上,发回给大臣,这叫"朱批"。雍正皇帝写朱批最多的时候,一天写了一万多字。试想,我们今天用钢笔写一万多字也是非常困难的,他用毛笔写,而且是边思考边写,工作量非常大。

康熙皇帝曾经写过一篇文章,分析为什么历代皇帝都短寿,康熙说,"文人书生经常讥讽我们,说我们短命是因为酒色,其实我们是被累死的。你们读书、考进士、做大臣的,年老了可以退休,或者有病可以回家。但是做皇帝的不行,我一旦做了皇帝,不论我是健康还是疾病,不论是壮年还是老年都得干下去,一直要干到自己死的那天,所以当皇帝的也不容易。"康熙说的也是实话,所以这是皇帝生活的第二个特点,非常累。

除了这两点之外，皇帝生活还有一个特点大家没有注意到，就是非常刻板。做皇帝不是你想怎么做就怎么做，可能历朝历代就是那么几个开国皇帝活得比较任性，或者特别荒淫出格的皇帝比较任性。大部分皇帝活在重重的祖制和规矩当中，因为开国皇帝都会给自己的后代制定很多规矩，防止他们乱来，所以皇帝的枷锁是很多的，这一点在清朝表现得特别明显。清朝皇帝的座右铭是什么？敬天法祖，勤政爱民，所以清代中后期的皇帝，他们的生活，每一年还没开始，这一年的计划已经做好了，日程表都已经按照祖先的规矩排好了，包括每一天的生活规律都已经制定好了。

清朝皇帝工作的特点，每天的上朝时间都非常早。清代皇帝早晨四五点钟就起床了，不论是夏天还是冬天。起床之后梳洗、早饭，然后读一卷祖先的《实录》，看看祖先如何处理问题，七点开始早饭，皇帝不是自己想吃什么就吃什么，这个食谱是提前一个月就定好的，每道菜配料都有规定，不许任意增减。虽然皇帝吃饭的时候，跟前摆了十几道菜，但是皇帝通常只能吃自己跟前的几道菜，而且每道菜最多只能吃三口，不能多吃。这是为什么呢？为了防止周围的人掌握你的饮食规律，给你下毒。然后上午开始上朝，召见大臣，讨论政务。清代大臣几乎每天都要接见军机处大臣，讨论各种问题，下午也要批阅奏折，因为奏折很多。工作了一天，到了晚上，这个也是很多想要穿越回去的人想要享受的一刻。但是翻牌子也不是很轻松愉快，你翻完哪个后妃的牌子，自己先上炕等着，然后太监跑到妃子的宫中，让这个妃子脱光衣服，用大被把她裹起来（防止她携带暗器），扛到皇帝的寝宫，扔到炕上。妃子只能从皇帝的脚底下钻进去，然后开始办事，办事也有时长规定，一般二三十分钟，太监卡着点，到点儿了，太监就喊"皇上节劳"，皇上您老人家别累着了，皇上一听就下来了，太监进来把妃子裹好扛走。一年365天，皇帝几乎每天都是这样度过。

所以要我说，中国古代的皇帝，特别是清代的皇帝，简直就是囚徒，还是无期徒刑，所以皇帝生活的第三个特点是枯燥、刻板。

第四个特点，皇帝很少能从工作当中得到快乐和成就感。你如果把自己的兴趣做成工作，这是非常幸福的事，但是古代的皇帝很少有人能够得到这种幸福，除了开国皇帝之外。开国皇帝是自己提着脑袋争权力，他们往往精力充沛，能够很好地掌握权力，后世皇帝往往不是这样。一个王朝中后期的皇帝，他们从小在温柔乡中长大，他们对民间生活，对整个中国不了解，他们也没有任何政治经验。与此同时，他们往往性格都比较软弱，特别是抗挫折能力特别差，因为从小做一个小皇子，一生下来，想要什么马上有人递过来，这个造成他性格成长、发育当中一个非常坏的结果，就是他们没有抗挫折能力，这也是一个健康人格非常重要的构成部分。好比我们今天非常注重小孩的家庭教育，我们知道对这个小孩不能过于娇惯，孩子要买一个比较贵的玩具，我们不能马上就买，我们要告诉他，这个玩具很贵，我们可能要几个月的工资，或者几个星期的工资才能给你买，所以你要表现得比较好，考到第几，或者做了家务，让他有一个忍耐挫折的过程，这样他比较有耐心做事情。他要什么我们马上递给他什么，这样的孩子长大了心理往往不健康。

　　中国古代的皇子几乎个个心理不健康，都非常脆弱。像清代光绪皇帝就是典型的代表。他们性格不健全，又没有能力，但是又不得不勉强完成自己治理国家的任务。

　　我们看中国古代皇帝身上最容易出现的现象是"沉迷酒色"，或者成天喝酒，或者成天躺在后宫不出来。为什么？酒和色当然是两个比较好玩的事情，但是你不至于把一辈子都耗在这个事情上。他们主要是用酒和色来进行逃避，逃避自己的工作，逃避自己的任务，因为他们在工作当中得不到快乐。他们对待工作就好像今天的学生对待作业一样，他们不是自己主动想学习，也没有快乐，只是迫于家长的压力，老师的压力，不得不完成。所以古代的皇帝和今天应试教育的学生一样，都生活在一个追求逃避的状态当中，往往性格和心理都不是特别健康。所以中国古代皇帝，他们生活在沉重的权力和森严的规矩当中，祖先的期望、工作的需要，让他们在工作当中只能获得无能感、自卑感，而得不到任何成就感，这是他们心理不健康的一个重要原因。

讲到这儿，我总结一下今天想要传达的主要理念，一个落后的、不合理的制度设计，会让生活在这个制度当中的所有人，不光是被统治者，也包括统治者自身都活得不幸福，不光是被统治者被剥削、损害，统治者自身也会被损害。我们中国人的皇帝梦和皇帝情结，反映了我们内心深处对权力的渴望，只要我们仍然是"权力决定一切"的社会结构，皇帝梦就不可终止，要打消皇帝梦，还是要推动社会进步，让社会更加公平、公正、合理。

　　以上就是今天讲座的主要内容，谢谢大家！

二〇一五年十月十八日

名伶的"票选"与"四大名旦"的定格

——一次永载京剧史册的成功"造星"

张之薇

张之薇,女,1975年2月生于山西。1998年毕业于上海戏剧学院戏文系,获文学学士学位。2002年毕业于中国艺术研究院,获文学硕士学位(戏曲史论方向),师从章诒和先生。2011年,毕业于中国艺术研究院,获文学博士学位(戏剧批评方向),师从马也先生。现任职于中国艺术研究院戏曲研究所,助理研究员。在国家核心期刊和报纸发表戏剧批评以及戏曲学术论文数十篇。

文源讲坛

文化的源泉

善及的桥梁

张瀚
2005.7.06

在京剧的历史长河中,"四大名旦"的确是最为闪亮的风景,他们名声响亮,成就突出,艺术生涯很久长,流派传承深远,历史影响巨大,最重要的是他们的前辈和后继者无法企及他们的声望。那么,四大名旦究竟是在什么背景下出炉的?是怎样的一次成功造星运作使他们定格为具有代表性的梨园群像呢?他们唯一的合作又是怎么促成的?他们又是怎样录制了一段已经成为绝唱的《四五花洞》呢?

大家好,首先感谢山西省图书馆"文源讲坛"给我这次机会,让我回到故乡太原,跟大家面对面地交谈京剧这个话题。

我今天讲座的题目是《名伶的'票选'与'四大名旦'的定格——一次永载京剧史册的成功'造星'》,能有今天这个讲座,缘起于几年前山西教育出版社准备出一套关于古籍类的文化丛书。

京剧这门艺术形成于农耕时代,今天我们感觉它非常遥远,如果我们把它抛弃的话会非常可惜。作为中国人我们应该以拥有这门艺术而感到骄傲。

京剧作为中国传统文化的艺术精粹,2010年被联合国教科文组织列入"人类口头与非物质文化遗产名录"之一,当时在中国已经有了昆曲,昆曲在之前已经列入了非物质文化遗产代表作名录。

京剧是从什么时候开始出现的呢?通俗的说法是从"徽班进京"算起,到现在已经225年了,而这其实只是一个孕育期,京剧真正的形成是在道光二十五年,也就是1845年。

京剧的叫法很多,我们今天知道它叫"京剧",是国粹,而其实在京剧草创期叫"黄腔",当时有一本叫《都门纪略》的书,是专门写北京城的娱乐手册,里面有"时尚黄腔喊似雷"的话,我们可以推测到京剧当时是一种流行艺术,类似于现在的流行歌曲;"喊似雷",从这三个字我们可以推测到它在草创的时候声音是非常高亢、激越的,甚至有一些粗野的唱法,跟现在我们听到的京剧是不同的。而京剧最通行的叫法是"皮黄戏"，这个名称叫的时间最长。为什么叫"皮黄戏"？因为它是由徽剧中的"二黄"和秦腔中的"西皮"这两种声腔合奏形成的，是一种声腔的合奏体，复合体。

"京剧"这个词最开始并非从北京叫起来的，而是从上海叫起来的。大约在光绪二年（1876）正月初七，上海《申报》刊载了一篇《图绘伶伦》，为了与上海本土的南派皮黄相区别，首次将京朝派皮黄称作"京剧"，所以，鼎鼎大名的"京剧"这个词，是属于海派人创造的，很多人并不知道这个事实。

京剧可以讲的事情确实非常多，我今天想跟大家聊聊"四大名旦"的问题。刚刚开讲前有一个朋友跟我沟通，说他对京剧并不是很熟悉，但"四大名旦"还是听说过的，这是大家共有的现象。很多人对京剧具体的东西，诸如表演、故事、唱段都不是非常了解，但是对"四大名旦"都听说过。当然，其中最有名的就是梅兰芳，相信每一个中国人都听过，不知道其他三个人大家了解不？

"四大名旦"中名气最大的就是梅兰芳，他是根正苗红，出身于梨园世家，祖父梅巧玲是著名京剧戏画《同光十三绝》之一，因为他非常胖，非常丰腴，被戏称为"胖巧玲"。

这个京剧戏画非常著名，这十三个人（图一）在当时都是排得上号的京剧名伶，梅巧玲在画中的扮相是《雁门关》中饰演萧太后。不知道其他十二位名伶大家了解不了解，最边上的老旦是郝兰田；老旦下面是老生张胜奎；旁边是梅巧玲，花旦；梅巧玲旁边是刘赶三，丑角，他们都是男性。刘赶三旁边是余紫云，是梅巧玲的学生，景和堂的，梅巧玲是景和堂堂主，余紫云是梅巧玲的徒弟，是旦角，青衣；余紫云下面这个是程长庚，号称大老板，京剧最初形成的时候是最重要的一位伶人；程长庚再过来是谭鑫培，这位很有名，伶界大王；谭鑫培旁边是时小福，也是青衣；时小福旁边小花脸这个是杨鸣玉，昆丑（刘赶三是京丑，杨鸣玉是昆丑）；杨鸣玉旁边是卢胜奎，又叫"卢台子"，打本子的能力特别强，演老生能力也一流；卢胜奎旁边是昆旦朱莲芬；朱莲芬旁边这位是小生徐小香，也是小生的头把交椅；后来民国三大贤之一徐小香旁边这位站着

图一 《同光十三绝》，左起：郝兰田、张胜奎、梅巧玲、刘赶三、余紫云、程长庚、谭鑫培、时小福、杨鸣玉、卢胜奎、朱莲芬、徐小香、杨月楼

的是杨月楼，武生头把交椅，杨小楼的父亲。

四大名旦除了梅兰芳之外，还有尚小云。尚小云出生于1900年，去世应该是在"文革"后期。尚小云是"三藩"之一平南王尚可喜的后代。尚可喜是山西洪洞县人，后来移民到辽东，他曾经协助康熙平定"三藩"之乱，后来被封为平南王。尚小云是家道中落之后开始学戏的。

"四大名旦"还有荀慧生，是穷孩子出身，6岁被卖到当地戏班里，后来经过苦练，成长为京剧名伶。

程砚秋，1904年出生，四大名旦中年龄最小，是满洲正黄旗人，也是家道中落后走上了学戏的道路。他从开始学习到1932年都叫"艳秋"，1932年以后改为"砚秋"。

图二这四张照片是风华正茂时候的四大名旦，全部是美男子，非常漂亮。

在京剧的历史长河中，"四大名旦"的确是最为闪亮的风景，从他们的知名度和受欢迎程度上来说，他们都当得起"明星"这个词，他们当时的

图二 四大名旦

地位就和现在娱乐圈的明星位置差不多。如果说谭鑫培是艺术家,那么当时的"四大名旦"就可以说是流行的,被大众追捧的明星,妇孺皆知,粉丝是非常多的。他们名声响亮,艺术成就突出,艺术生涯很长久,流派传承深远,影响巨大,最重要的是他们的前辈和后继者无法企及他们的声望。

那么,四大名旦究竟是在什么背景下出炉的?是怎样的一次成功造星运作,使他们定格为具有代表性的梨园群像呢?他们唯一的合作又是怎么促成的?他们又是怎样录制了一段已经成为绝唱的《四五花洞》呢?这就是我今天讲座的主要内容。

一、旦角再兴,观赏取向变异催生四大名旦问世

大家都喜欢听掌故,我就先从一个掌故说起。在民国五年年末,也就是1916年年初,是个冬天,某一天晚上,在北平第一舞台座无虚席。"第一舞台"在北京当时是新开设的新式剧院,是由著名武生杨小楼、旦角名伶姚佩兰与一位商人殿阆仙合伙开办的。它是欧式风格设计,椭圆形舞台,跟我们现在的剧院已经非常接近了,完全没有旧式茶园的茶桌、条凳,还有遮挡视线的台柱子。

以前的戏台是直角形,三面环观众,第一舞台是欧式的椭圆形舞台,有台唇的,座椅分三层,二层是包厢,一层、三层是散座,总共可以容纳2500人,而且都是用电灯的。以前的茶园没有电灯,白天演戏,到晚上六点就结束了,第一舞台高档,干净,有厕所。以前的茶园没厕所,大家看戏想上厕所,就在戏园子旁边解决,所以味道非常不好。这个高档戏院在当时天天都有名角戏码。这天晚上演的是杨小楼和梅兰芳合演的大轴戏《长坂坡》。大轴戏就是最后一个戏,大轴戏前面叫压轴戏。

图三是杨小楼和梅兰芳合演的《截江夺斗》。和长坂坡的扮相有区别。

《长坂坡》的故事梗概是刘备兵败,曹操大军追至,赵云乱军中救出刘备失散的甘夫人,又冲入敌阵救糜夫人,结果糜夫人被射伤了,赵云想用战马驮着她脱险,但是被糜夫人拒绝,仅托付赵云带走阿斗,自己

投井而死,赵云怀揣阿斗反复冲杀突出重围。这出戏是一出武生为主角、旦角为配角的戏码,这个戏的亮点是赵云最后一百单八枪的做工。老戏迷们都知道,最后赵云的一百单八枪是这个戏的精髓。

图三　杨小楼和梅兰芳合演《截江夺斗》

这天扮演赵云的就是杨小楼,杨小楼不能小看,武生行泰斗级的人物,大红大紫的角儿,清朝的时候是内廷供奉,慈禧太后最喜欢的伶人除了谭鑫培就是杨小楼,赐六品俸,四品顶戴。关于杨小楼还有一段绯闻,老佛爷要把自己手上的扳指赏赐给杨小楼,让杨小楼亲自摘下,这件事被作为绯闻在宫内宫外传得沸沸扬扬,因为这事,杨小楼还曾经暂别舞台一段时间。

梅兰芳当时仅仅是一个二十出头的菊坛新秀,但是这天晚上观众的反应却让杨小楼大感意外。梅兰芳,天生丽质,非常年轻,条件非常好。杨小楼也是唱念做打一流,当天戏码进入高潮,饰演糜夫人的梅兰芳把阿斗放在地上,杨小楼过去接起阿斗,此时糜夫人跳上井石要起范儿了,杨小楼立马趋前,"抓岥",跪倒,干净利落,两个角配合得天衣无缝。梅兰芳"跳井"演罢就下场了,杨小楼打算喘口气要他的一百单八枪了,这时候他发现园子里有一阵骚动,有些客人提前要退场。

小楼用余光一扫,暗自思索,这些都是外行人吗?难道不知道《长坂坡》的精髓在一百单八枪吗?后来他一琢磨,今儿第一舞台来了这么多观众,原来是看梅兰芳的呀!想着,他心里泛起一丝不快,演得也不卖力了,草草收场。

这个掌故流传非常广。先不谈真假,但是它预示了一个信息,戏界的风尚要转变了,看客的审美情趣又要拐弯,生行要让位了。

为什么叫"旦角再兴"呢?因为在乾隆、嘉庆两朝,花旦曾经兴盛多年,戏班头牌都是由花旦担纲的。到了道光朝1845年以后,生行才开始占据戏班的头牌。这个"生行"主要指的是老生,生行唱起来雄浑大气,豪迈纵横,一直主导了五十多年。到了20世纪初,才又有其他旦行与它争锋。京剧历史上的前后"三鼎甲"都是老生行,那时候,旦行都是作为生行的配角出现的。

京剧在孕育的阶段,当时的观众重色不重艺,看的就是花旦的漂亮。1845年之后京剧真正形成,这个时候懂戏的观众已经培养起来了,生行的崛起跟看戏人"重艺不重色"有关系。还有一个原因就是乾隆后女客被禁,这也是一个很重要的原因,女性不让进戏园看戏了。

大家别以为不让女性看戏是一件小事,它直接影响到了戏码的变化。

图四是老生前"三鼎甲":程长庚、余三胜、张二奎,年龄最大的是余三胜,其次是程长庚,再次是张二奎。张二奎因为早逝,艺术生涯最短。程长庚艺术生涯最长,当了四十多年梨园的"精忠庙"庙首,"精忠庙"类似于今天的工会组织,"庙首"其实就是工会主席,掌管着梨园的大事小事。

图五老生后"三鼎甲":谭鑫培、孙菊仙、汪桂芬。我国的第一部电影名字叫《定军山》,拍的就是由谭鑫培的拿手戏,这是中国电影历史的起点。

女客不能进戏园子其实是大清朝之后的事。乾隆朝时,有个叫郎葆辰的御用文人,因为螃蟹画得好,外号"郎螃蟹"。有一天,突然心血来潮上了一道奏折,认为男女混同看戏有伤风化,结果真被乾隆爷批准了。没了女客,戏码自然要更投男性之好,男性和女性对于看戏的取向肯定是不一样的,就和我们现在看小说一样,男人喜欢看《三国演义》《水浒传》,女人喜

图四　老生前"三鼎甲"(左起:程长庚、余三胜、张二奎)

欢看《红楼梦》，至少我是这样的。所以说，当时的戏码投男性所好，生行为主的历史戏、武打戏多了起来，

图五　老生后"三鼎早"（左起：谭鑫培、孙菊仙、汪桂芬）

还有那些带荤味的所谓粉戏，就是有黄色情节的戏。从这儿可以看出，从古到今，观众永远都是上帝。

　　到了20世纪初，也就是光绪末年，戏园子女客又开禁了。这是因为大清朝在1900年之后，八国联军走了，巨额赔款来了，国库当时囊中羞涩，就开始变着法儿征税，让戏园子的伶人们演义务戏，变相征收国民税。原来看戏进戏园子，观众是买茶，不收票钱。有了义务戏是卖票，不收茶钱。卖票自然是看客越多赚得越多，税收就越多，这就解放了女性。

　　也正是由于这个原因，观众群体变化了，对戏码的要求也变化了，对美的诉求自然就会发生位移，原来当配角的旦行逐渐向主角转移，旦角有了咸鱼翻身的大好机会。

　　女性看客，通常并不是很喜欢那些以三国、水浒等为题材的"男人戏""英雄戏"，相反对于才子佳人戏往往情有独钟，而对于像女客这样的看戏新手来说，显然老戏的吸引力也不如新戏大，戏台上的感官愉悦和故事永远比唱腔、身段重要。这就直接影响了戏台上的戏码和表演方式，这样必然也会影响到男性看客，从而潜移默化地影响社会的观赏取向。

　　梅兰芳是1894年生人，所以20世纪前十年的时候，正好风华正茂。像梅兰芳这样的人，在男人眼中是阴柔女子，在女人眼中却是俊俏的男人，像这样的角能够俘获非常多的观众，不仅女性喜欢，而且看惯老生戏的男客也是眼前一亮。所以梅兰芳可谓生逢其时，在那样的时代风气下，梅兰芳最终从谭鑫培手中接过了"伶界大王"的桂冠，也就不

奇怪了。

关于旦角再兴，可以介绍的内容很多，我在这儿只说两点。

一个是新编戏码迅速增多，因为女性喜欢看新编戏，对老戏没有什么兴趣。而且"红楼戏"一下子多了起来，如《黛玉葬花》《晴雯撕扇》《俊袭人》《红楼二尤》《晴雯》《平儿》《香菱》等，《黛玉葬花》《晴雯撕扇》《俊袭人》都是由梅兰芳首演的，《红楼二尤》《晴雯》《平儿》《香菱》是荀慧生首演的。这些戏纷纷出炉，都是以旦行为主角的，当时还搞了一出《群芳集艳》的红楼戏码，二十七人出场，只有贾宝玉一人是小生行，贾母是老生行，其余都是花旦行。不过，这出戏在民国名角挑班制的时代，可操作性并不大，因为名角挑班制都是由一个名角担纲的。在民国时代，这一个名角肯定是旦行，没有那么多的花旦在一个舞台上同时出现，所以《群芳集艳》这个戏的可操作性不大，演没演过不知道，但是有这个记载。这也充分说明入民国以后，旦角为主的戏码已经成为当时绝对的"流行乐"。

有几张图是当时红楼戏的剧照，图六的三张图是梅兰芳，图七的三张图是荀慧生。

女客看戏不仅影响了伶人行当和戏码，还使很多老戏演法也不由得发生变化，比如京剧有一个老戏叫《探亲家》，这本是一出丑角为主、旦角为辅的喜剧戏，说的是乡下妈妈骑着毛驴进城看闺女，却发现闺女在婆家挨打受气，就和城里亲家母对骂了一通。这出戏又叫《探亲相

图六　梅兰芳剧照

图七　荀慧生剧照

骂》,咸丰、同治时期,是由名丑刘赶三担纲的,刘赶三也是非常著名的角,他演乡下妈妈可是一绝。

刘赶三"绝"在哪里呢?他骑着真驴上台,这个真驴是他长年训练的,跟他配合非常默契,这驴还有个非常好听的名字叫"墨玉",为什么叫墨玉呢?全身漆黑,四蹄雪白。它跟刘赶三常年配合默契,妙趣横生,据说刘赶三去世之后,墨玉几天不吃不喝,也随主人走了。

刘赶三演戏棒,连慈禧都非常喜欢,于是恩准他骑驴进宫,这个在当时是非常稀罕的。

图八刘赶三和他的墨玉。

图九是《探亲家》的一张戏画,刘赶三饰演乡下妈妈。

刘赶三曾经做过"精忠庙"首,与程长庚是同时代的人,在《同光十三绝》中也有座次。为什么叫"刘赶三"呢?因为他一天要赶三场戏,大家戏称他"刘赶三",但他听了这个名字,一点儿不烦,而且还挺

图八　刘赶三和他的墨玉

图九　《探亲家》戏画

223

喜欢,所以大家都叫他刘赶三。

他有个特点,特爱以伶人的插科打诨讽刺圣上以及权贵。曾经同治、光绪、李鸿章都被他讽刺过。

有一个典故,据说光绪帝与慈禧太后看戏时,光绪帝总是站在慈禧太后身后。有一次刘赶三演皇帝,就在台上即兴发挥,别看我是假皇帝,还能有个座,真皇帝天天站着,连个座都没有。

他还讽刺过同治,因为得梅毒死了;据说还讽刺过甲午战争之后被贬的李鸿章,算是一个非常有骨气的名伶。

《探亲家》这个戏到了民国时候,演法发生了变化,男旦扮演闺女的戏份大大增加,乡下丑妈妈的戏大大减少。这与没有刘赶三这样的名丑角来支撑有关,但是跟当时的流行风尚也有很大的关系。

顺应旦角再兴的潮流,女伶也登上了民国的戏曲舞台。清朝的时候没有女伶,但是在清朝之前很普遍。史料记载中,唐宋时的教坊司、元代戏班中的女伶很普遍,这个有佐证,山西洪洞广胜寺水神庙元代壁画《大行散乐忠都秀在此作场》的忠都秀就是女伶。

女伶和男伶平分秋色是在明代,女伶的存在方式更多样化。但明末清初私人家班中的女伶似乎更有神秘性,如清初戏剧家李渔家班中的山西临汾姑娘乔姬与兰州姑娘王姬,明代的时候,家班是唱昆曲的,这两个姑娘被他调教得非常有江南风格,非常婉约。李渔调教自己手下的演员非常有一套,《闲情偶寄》里对他怎么样调教演员有非常详细的记载,大家有兴趣可以看一下。

《红楼梦》中梨香院"红楼十二官"其实也都是女伶,但京剧没有女伶,因为清朝入关之后,从顺治开始,到康熙,再到雍正,都将女伶一步步禁止了。不仅禁止了女伶,还禁止了家班。明末每一个大户人家都有家班,都禁止了,包括四品以上官员下戏院全部禁止了,下妓院也都禁止了,据说是吸取明代灭亡的教训。

图十是话剧《风月无边》,林兆华导演的,濮存昕饰演李渔,徐帆饰演乔姬。

女伶是什么时候才在北京城里出现呢?整个清代都被禁了以后,

图十 《风月无边》剧照

从1912年开始舞台上才渐渐有了女伶。但在1912年之前,天津和上海码头已经出现了女伶,只是因为北京是帝都,还比较保守,依然沿袭了禁止女伶的旧例。有这么一个人叫俞振庭,他向警厅递呈解除女伶入京的禁令,就被警厅给准了,于是天津梆子花旦名角金玉兰、女武生盖月樵入京首先亮相,打响了女伶登台京城的第一炮。不久,外地女伶中的另几位佼佼者也应邀到文明茶园演出,这样京城女伶就开禁了。当时打的广告是"绮年玉貌,色艺双绝",而且入民国后,男女看客可以同聚一堂看戏了。首先女客入戏园子之后有一段时间是分开看的;后来男女看客可以共聚一堂了,也是一个挺新鲜的事。

正是诸如此类的变易以及时代潮流的不断推进,催生了"四大名旦"的问世。

二、伶界大比——四大名旦问世之前的票选

"大比"是一个科举词汇,我国科举制度起源于隋朝,但真正走向完备,是在明清时候。当时举人每三年会试京师,谓之"大比",中举者就是进士,再殿试一次重新排名,排出一甲、二甲、三甲。一甲前三名叫作状元、榜眼、探花,俗称"三鼎甲"。

受科举"大比"的启发,从光绪末年开始,那些忙完科举正事的文人,就会为梨园伶人也排排座位,定定名次,来个伶界"大比",皇家科举揭的是"金榜",伶界大比就来个"菊榜",但"状元""榜眼""探花"什么的一个都不能少。

记载最早的一次菊榜是在光绪三十年(1904),也是大清朝最后一次科举。菊榜开榜,状元是旦角,14岁的王蕙芳"夺魁",榜眼由13岁的青衣朱幼芬取得。

10岁的梅兰芳此时在云和堂学戏,初露头角,位列第七(也有说法称位列第三)。

图十一是梅兰芳在云和堂学戏的十二个小伙伴,堂子类似于现在明星成名以后开的明星学校,堂主是非常有名的名伶,设立了各种教戏的规则。这个堂子是京剧形成发展非常重要的传承渠道,科班产生的人才不如堂子产生的人才多。梅兰芳出生于梨园世家,他的父亲已经去世,当时他的伯父把他送到云和堂里去学戏,就说明了这一点。云和堂是朱小芬开设的。

图十一　梅兰芳与学戏的小伙伴

王蕙芳就是刚刚的第一名,条件蛮好的,在电影《梅兰芳》里面有这个人物。他后来忙于应酬,事业发展就越来越差了。

1904年科举被废以后,各地举人就不再汇聚京师,菊榜暂时寥落,但没过多久,类似的活动就被发展势头正猛的报业重新造势,煽惑了起来。

在北京有一家日本人办的报纸叫《顺天时报》,其实它是一个有间谍性质的报纸,在光绪三十三年,也就是1907年10月31日,《顺天时报》第五版上登出了一篇广告文章,文章中申明"唯是长安景色,首在菊部",长安的美景,其实梨园不能忽略。"兹纠合同志,准于十月十五日揭登特别菊榜于《顺天时报》。十月者，良月也；十五日者，日月向往而圆满之佳辰也，故于是月是日发布之"，还表示"惟用投票选举法"，之前的菊榜是文人们忙完了科举，在酒桌上聊天聊出来的，这个"菊榜"第一次决定用票选，也算是一次民主排名的伶界大比。

果不其然，四天后，《顺天时报》又登出了《菊榜选举四大紧急报告》，详细公布了选举规则、分类，他把选举的伶人分成了四类：容貌美丽者属色科，歌曲优胜者属艺科，工于应酬或通晓文墨者属才科，富于爱情，不专注重金钱者，属情科。并且还公示：十三日下午三点，在醉琼林新大楼第一座内当众公开选票。第二天，《顺天时报》第五版整版登出《丁未菊榜投票选举四科题名录菊部大侦探公开》之结果：

姚佩兰以122票当选色科，姚佩兰也是云和堂出身，刚刚云和堂12个小伙伴的照片，其中就有姚佩兰；艺科是罗小宝，以84票夺魁；才科是朱幼芬，以103票夺魁，朱幼芬也是云和堂的，他们和梅兰芳都是同学，在一个堂子学习；情科是刘宝云，以103票当选。

这次大比可以说是开启了中国近代演艺圈海选的先声，此后，以报纸为平台的名伶票选，成了非常流行的大众娱乐，后来的票选几乎过段时间就有一次，应接不暇，种类也非常不一样。

1915年，《国华报》以童伶为对象进行票选，在这次票选中尚小云（15岁）、荀慧生（15岁）崭露头角，他们两个是童星出道。同年同月《顺天时报》再次拉开了"菊选"的帷幕，他们顺应当时的潮流，把女伶也纳入进去，分为男伶、女伶、童伶、花旦、青衣、老生、武生四行分开选出前三名。当时的收票数非常庞大，有12389张。

票选结果，男伶花旦王蕙芳夺冠，所以王蕙芳当时的条件真的非常好，甚至比梅兰芳条件都好。梅兰芳这个时候还没有成为完全的大腕。男伶青衣朱幼芬第一，梅兰芳位列青衣第二。虽然梅兰芳刚开始只是崭露头角，但可以看到他的后劲是非常足的。

谭鑫培和杨小楼荣登老生行和武生行的第一名，童伶荀慧生以一千多票脱颖而出，居花旦榜首；女伶刘喜奎（花旦）、杜云红（青衣）、余紫云（武生）、李桂芬（老生）分别第一。

因为有了报界这个平台，票选基本上在民国的时候应接不暇。1916年春，《顺天时报》再次举办票选，当时选男伶31人，戏码15出，梅兰芳的新戏，刚排出来的《黛玉葬花》和《嫦娥奔月》进入了观众的视野，还有他常演的老戏《汾河湾》。

女伶是43人，从数字上也可以看出，女伶大有"后来居上"之势，名角双兰英的《文昭关》，小四喜的《断桥》《双吊孝》，金玉兰的《十八扯》，鲜灵芝的《打花鼓》，金凤奎的《铡美案》，张小仙的《小放牛》等，都是当时最受欢迎的戏码。从中也可看出，当时女伶人才辈出，丝毫不弱于男伶，甚至大有裙钗力压须眉之势。

正是这一系列的菊榜票选，催生出了"四大名旦"的问世。但是大家千万别以为四大名旦是票选出来的，确实有很多这样的说法，但历史真相不是这样的。如果我们仔细研究史料，揭开岁月的面纱，会发现历史的真相远比传说还要精彩。

接下来我就讲讲四大名旦是如何出炉的。

首先谈谈《顺天时报》一个著名剧评人叫辻听花（图十二），他是日本人，却长居中国，是名副其实的"中国通"，有点儿像今天说相声的大山，说的中国话比中国人还好。辻听花有个最大的爱好就是听京剧，而且与各路名伶都交好。

图十二　辻听花

1927年6月19日，在《顺天时报》上刊登出一则《本报举行之新剧夺魁——请看名日本报之发表》的消息，民国时候的报纸比现在还商业化，悬念送出，目的就是让大家都买报纸。编稿者是"新剧夺魁"活动的策划，该报著名剧评人辻听花。

第二天，辻听花发表《征集五大名伶新剧夺魁投票》的广告，大家看到了，不是四大名旦，是"五大名伶"，列出梅兰芳、尚小云、荀慧生、程砚秋、徐碧云五位男旦，让观众决定究竟谁是真正的"魁首"，并将投票剧目、规则和期限都详示了。

当时的候选剧目都是新编戏，说明当时的新编戏是非常受观众喜欢的，梅兰芳的是《洛神》《太真外传》《廉锦枫》《西施》《上元夫人》；尚小云是《林四娘》《五龙祚》《摩登伽女》《秦良玉》《谢小娥》；徐碧云是《骊珠梦》《褒姒》《二乔》《绿珠》《薛琼英》；荀慧生是《元宵谜》《丹青引》《红梨记》《绣襦记》《香罗带》；程砚秋是《花舫缘》《红拂传》《聂隐娘》《青霜剑》《碧玉簪》，而且那天的消息还声名了投票截止日期。

之后《顺天时报》就将这次票选的结果阶段性公布，阶段性公布也是为了报纸的销量。

第一轮公布结果：第一名是尚小云，326票，当选剧目是《摩登伽女》；第二名是程砚秋，113票，当选剧目是《红拂传》；第三名是徐碧云，101票，当选剧目是《绿珠》；第四名是荀慧生，《丹青引》，62票；梅兰芳垫底，当选剧目是《太真外传》，52票。

过了几天，二轮公布结果又出来了，尚小云地位非常厉害，第一名还是他；徐碧云凭《绿珠》获第二，上升了一个座次；程砚秋下降了一个座次；梅兰芳上升了一个座次；荀慧生降为末席。

接着7月17日、19日、20日收尾之前，《顺天时报》更是紧锣密鼓，结果变化不断推出，有点儿像今天的打榜歌曲，非常牵动人心，把票选活动一次次推向高潮，《顺天时报》也赚了个盆满钵满。

7月23号最后结果终于公布出来了，这五位名旦是：尚小云以6628张选票夺魁，密切跟进，最后的结果，尚小云以《摩登伽女》夺魁，远远高于其他四位名伶；程砚秋以4785票位列第二，当选剧目《红拂传》；梅兰芳以1774票位例第三名，当选剧目《太真外传》；徐碧云以1709票位列第

图十三　五位名伶戏装照

229

四,当选剧目《绿珠》;荀慧生以1254票当选末位,当选剧目《丹青引》。

图十三照片是当时五位名伶的戏装照,当时这五位名伶都非常有名。

尚小云的《摩登伽女》以6628票雄居榜首,而且超出了第二名《红拂传》将近2000票,这是什么戏呢？说来有意思,这个戏太大胆出位了,它是京剧,但是故事取材于印度佛教,非常有异域情调,它讲的是古代印度国中有一位名叫摩登伽的仙女与一位名叫阿难男子的爱恋,这个爱情有很多曲折、坎坷,受尽磨难,最后经菩萨指点,看破红尘,斩断情丝,登上了仙界。

这个戏在当时非常轰动,因为无论是形式还是改革,今天的人绝对是都不敢的,太大胆太出位了。

《摩登伽女》这个扮相完全不是京剧传统女性的扮相,高跟鞋、卷发、雨衣,甚至还有艳丽的旗袍,完全打破了京剧传统旦角的扮相,所以尚小云扮演的摩登伽女一出场就让别人惊叹、惊艳,可见当时的观众对戏曲创新的接受度比现在的观众要强。

在唱腔上,《摩登伽女》也是与众不同,在传统的唱腔中夹杂着很多西洋歌曲的旋律,剧中演唱的南梆子、西皮慢板等唱腔,经过改革,新声迭奏,美不胜收。更出奇制胜的是,尚小云特地邀请钢琴家上台弹起了钢琴,还请著名琴师杨宝忠西装革履,在台上拉起了小提琴。他自己则请英国舞蹈家教授他西洋舞蹈,在台上跳起了苏格兰舞,这在当时的京戏舞台上非常罕见,别开生面。即使在今天,也是抢人眼球的。

今天在京剧的圈子里,有一股非常强的保守势力,认为京剧动不得,我们可以看看当时的尚小云。

这次《顺天时报》的票选基本奠定了民国男旦的格局,但是并没有产生出四大名旦,最多是一次五大名旦最佳剧目的评选,如果把这次票选说成是四大名旦问世的票选,可能有点儿牵强。所以很多书中说的1927年这次票选产生的四大名旦,绝对是以讹传讹的说法。如果真是"四大名旦",也不是梅、尚、程、荀,而是尚、程、梅、徐,与荀慧生无关。

三、攒局"造星"——四大名旦最后定格的成功运作

被后人认可的"四大名旦"最终是怎么产生的呢？又是如何定格为我国京剧界最有代表性的群像呢？

《顺天时报》发生在1927年6月到7月的票选，准确地反映了戏曲观众的民意，尚小云、程砚秋风头最健，梅兰芳紧随其后，徐碧云嗓音圆润兼擅武功，大有往上走的势头，而荀慧生在北京的粉丝其实是最少的。

荀慧生在上海的名气，其实比在北京更响，他周围有智囊团，被称为"白党"，因为他的艺名是"白牡丹"。为他"捧角儿"的"白党"成员都来头不小，有大画家吴昌硕，有报人，有袁世凯的儿子，这帮人都是戏迷，也都是文人，当时民国每一个名旦周围都有一批文人出谋划策。

图十四是白党一些人的照片，吴昌硕也是荀慧生的义父。荀慧生后来绘画能力非常强，跟他这个义父有关系。

（一）造势

刘豁公是《戏剧月刊》主编，他们有一次在饭桌上，白党们对荀慧生

图十四　白党人　上图左起：刘害谷公、吴昌硕、周瘦鹃
　　　　　　　　　　下图左起：舒右父、袁克文、严独鹤

231

图十五　苏少卿与杨小楼合影

票选垫底的结果不满意,他们特别想把"白牡丹"捧上与梅兰芳、尚小云、程砚秋同等的位置。当时荀慧生在北京的名声确实不如徐碧云和前面的三位,但是徐碧云在当时有一些戏外名声受损的情况,他有一些绯闻,使事业受到了影响。

刘豁公借助《戏剧月刊》这个平台组织了一个约稿,就是谈四大名旦,组织了大量的稿子,最著名的稿子叫《现代四大名旦之比较》,是著名剧评家苏少卿写的。

图十五是苏少卿跟杨小楼的合影。

他的文章奠定了"四大名旦"的声望,把荀慧生第一步推上了跟梅、尚、程同等的位置。这篇文章中品评了四个人的表演,结论是:唱工首推程砚秋,其次梅兰芳;扮相首推梅兰芳,其次荀慧生;做工首推梅兰芳,其次荀慧生;白口首推梅兰芳,其次荀慧生;武工首推荀慧生,其次尚小云;新剧之多首推梅兰芳,其次荀慧生;成名之早首推梅兰芳,其次尚小云;辅佐之盛首推梅兰芳,其次荀慧生;嗓音首推梅兰芳,其次尚小云。显然,这篇文章对荀慧生溢美不少,有着为之提升宣传的鲜明倾向,这篇文章首先使"四大名旦"在上海叫响了。

(二)排新戏

第二步是排新戏,民国的时候新戏非常重要,没有新戏很难立足,这一点梅兰芳是最早领悟到的。他在1913年从上海回来以后,受上海话剧界和上海戏曲圈的影响,认识到了排新戏的重要性,回到北京之后,开始跟周围的人商量,让他们给他写新戏。当时梅兰芳排出的新戏,也确实让他的粉丝增长了很多。他排新戏的第一阶段是时装新戏,后来又排古装新戏,《天花散花》《嫦娥奔月》《黛玉葬花》,正是这一部部新戏,使梅兰芳步步晋级,在北京的影响力几乎无人可比;而尚小云的新戏《摩登伽女》在当时的京城刮起了尚旋风;程砚秋在智囊团的操刀下也拿出了绝活《红拂传》等新戏。

荀慧生在声誉上显然无法与三位抗衡,如果他没有新戏,白党的人觉得也难以服众,就打算排新戏,这时候陈墨香出现了,他是一直给荀慧生创作新戏的剧作家,他把《玉堂春》拿出来为荀慧生打造声势。

《玉堂春》是老戏,但过去往往演《庙会》的不顾及《会审》,演《起解》的不管《监会》,能唱的不做,能做的不唱,内容凌乱,表演芜杂。而陈墨香为荀慧生打造的《玉堂春》剧情连贯完整,节奏流畅,唱工、做工齐上阵,充分发挥了荀慧生花旦、青衣两门抱的表演特色,一个袅袅婷婷的苏三令观众眼前一亮,所以荀慧生也借此大火了一把,知名度提升了不少。

(三)傍角合作

梅兰芳在京城肯定是角,尚小云也是,程砚秋虽然年轻,但是名声都比荀慧生要响。荀慧生怎么样才能够再往前迈一步呢? 白党的人认为傍角是一个很好的方法。

荀家后人不知道能不能接受这个事实,就是说荀慧生是傍了北平城响当当的梅、尚、程才进入四大名旦的。

白党们清楚,要想把"四大名旦"的叫法坐实,没有炒作是不行的。怎么炒作呢? 白党们想出一个办法,让荀慧生与梅、尚、程合出唱片。

他们几个人都是腕,把他们攒在一起的话其实还是有些难度的,就像现在腕跟腕都不同台,怎么样把三个人跟荀慧生攒在一起呢? 白党中有一个梅花馆主郑子褒,由他来运作此事。他是《半月戏剧》《金刚画报》《十日谈》等报刊主笔,同时又是长城唱片公司经理,在报界、伶界都是有头有脸的主儿,所以由他来斡旋此事。最初洽谈的时候,梅、尚、程都挺给面子,答应得非常爽快。

几位答应合作,白党自然要想选什么样的剧目了,最终选了《四五花洞》,讲的是五花洞妖精变作潘金莲,真假难辨,以致知县审问不清,又有妖精变作知县捣乱,连包公都束手无策,最后请来张天师才降服了妖精。"四五花洞"就是有四个真假潘金莲,还有"六五花洞",还有"八五

图十六 《六五花洞》剧照

花洞"，取决于有几个演员来演。

图十六是《六五花洞》的照片，曾经是这四个名伶和王幼卿、筱翠花一起在堂会上演的。

那个时候出名了都会灌制唱片，对名伶和唱片公司来说，是一个双赢的事，但是四位合作在实际操作的时候，遇到了很多难题。

第一个难题是四个人的排名座次，怎么样来排这四个人，谁在前面谁在后面呢？白党肯定不愿意让他们的白牡丹列末席，梅花馆主绞尽脑汁，想出了一个圆盘，将四位大名平均分配，各转90度，转来转去看不出谁前谁后、谁高谁低，这个问题总算解决了，也算他们煞费苦心。

第二个问题是唱词怎么处理。原来的唱片跟我们现在的唱片不一样，直径是15英寸，每面只能录3分15秒，容纳两句。《四五花洞》要唱四句，台上是真假潘金莲合唱，但是在唱片里，合唱不合适，因为听众判断不出来是谁在唱。白党们决定灌两面，每人各唱一句，这样的安排也算圆满了。

但是又有一个问题，谁唱第一句？谁唱第二、第三、第四句？第一句肯定是梅兰芳，因为梅兰芳的名声是最响的，谁唱第四句呢？谁也不愿意。这个问题在录制现场爆发了，录制现场一张照片都没留下来，都打起来了。

他们录制的地点是北平天安门南池子的欧美同学会，当天约定六点半大家到录音室会合，荀慧生第一个到，提出要唱上句（就是第一句和第三句），第一句他肯定不好意思，那就是他想唱第三句。程砚秋第二个到，他是年龄最小的，1932年的时候，过不了多少天要到欧洲考察，饭局特别多，他说七点半之前必须完事，因为他有饭局，七点半完不了，他就要走人。结果到七点半,梅兰芳和尚小云还没来,他就要走,梅花馆主就特别紧张,拉着他道歉,结果道歉的时候梅兰芳到了,梅兰芳是程砚秋的师傅,所以程砚秋只能坐那儿等。但是尚小云九点才来,进来就说要唱第二句。

梅花馆主想的是梅兰芳第一句,程砚秋第二句,因为程砚秋虽然小,但是在当时唱工非常独特,也非常有号召力。尚小云因为成名早,在京城也有号召力。他当时心里的顺序是梅、程、尚、荀。但是荀慧生要唱第三句,尚小云说要唱第二句,这跟他的想法不一致,怎么办?

这四位名伶都是腕,每一个名伶都带一堆人来,互不相让,谁也不想让自己的角跌份,忙活了半天,梅花馆主想着难道要流产?还好程砚秋因为小让步了,他说我年龄小,我唱最后一句吧!最后梅花馆主也算捞到了救命稻草,千恩万谢,打躬作揖。1932年那个冬天,四个大腕如果僵持不下,我们今天也听不到《四五花洞》。

这时候又出现了一个问题,就是用谁的场面。"场面"就是伴奏。每一个名伶都有自己的琴师,现在也是这样的,因为琴师跟角儿有非常完美的默契配合,才能让他的演唱达到最好的状态。四个角儿,该用谁的琴师呢?这又是一个问题。讨论来讨论去,最终用了梅兰芳的琴师徐兰沅和二胡王少卿,他们两个对程、尚、荀的唱法都有所研究,所以最后还是决定用梅兰芳的琴师来做这次绝唱的场面。

折腾了大半晚,录音总算开始了。这就是历史上里程碑的时刻,四位依次而立,同声念白。

图十七是《四五花洞》的唱片封面,当时做的就是"四大名旦"四个字,其实就是把"四大名旦"这个称号坐实了。

《四五花洞》这次唱片的录制,真正坐实了"四大名旦"的称号。"四大名旦"现在也是我们京剧中最具代表性的四位名伶。前辈表

图十七 《四五花洞》唱片封面

演大师王瑶卿曾经有过这样的"一字评"：梅兰芳的"样"，程砚秋的"唱"，尚小云的"棒"，荀慧生的"浪"。荀慧生演的妓女非常多的，"浪"字说明了他的表演特色，这个一字评非常准确。

正是有了这一张长城唱片，让我们对四大名旦的声音有了一个凝固。当时的广告语看来有些夸张，叫"空前绝后千古不朽之佳作"，今天看来它绝对当得起这样的溢美，因为在此其中，不仅凝固了"四大名旦"的声音，更凝固了民国舞台旦角的风华绝代。现在八十多年过去了，多数的国人已经淡忘了四大名旦背后的运作过程，而留给我们的是他们艺术的不朽辉煌。

今天我的讲座就到此结束，谢谢大家！

今天讲的"四大名旦"是非常少的内容，这个讲稿中还涉及了"十三绝"的问题，还涉及了三鼎甲的问题，还有四小名旦，很多东西没有办法展开，大家有兴趣，可以看看我的《京剧传奇》，希望大家能够在这本书中，发现京剧的乐趣，最重要的认识到京剧不仅仅是古董，还是一门具有鲜活生命力的传统艺术，这就是我今天做讲座的目的，谢谢大家！

二〇一五年七月二十六日

第四辑 家园·情怀

和平崛起

——21世纪中国的强国之路

邵永灵

邵永灵,第二炮兵指挥学院教授,博士研究生导师,中国人民解放军外宣专家,全国多家卫视、电台军事评论员,著有《战争的句号》《海洋战国策》《美国女兵》《导弹与现代战争》《军事风云录》等。

天下虽大，好战必亡

天下虽安，忘战必危

邱永秦

2015. 9. 5

大国崛起的经验,或者说大国能够成功的秘诀,天时地利人和。正确的人在正确的时间和正确的地点,做了正确的事。也就是说,一切刚刚好,时间、地方都对,事情做得也对,一切都非常符合历史发展的趋势。而天时、地利、人和,最终又是通过战场的较量,以血与火的形式,将一国推向大国宝座的,无一例外不是打仗。现在已经步入21世纪,人类的发展不是简单的重复,就像我们觉得孩子要比自己强一样,总希望有发展,有进步。如果21世纪一个国家的崛起和历史上那种血流成河的坎坷经历是一样的,还要走一战、二战那样你死我活的道路,从我们本能出发,觉得它是不应该的。

各位太原市民朋友,大家上午好! 这是我人生第一次来到山西,特别感谢山西省图书馆给我这个机会,弥补了我的空白。全国绝大部分地方我都去过,但是山西一直没有机会来,所以对山西也有几分神秘的色彩。因为山西产煤,可能更多的是从媒体当中了解山西,给我感觉就是一个产煤的地方,但是昨天来了以后,发现山西是一个非常美丽的城市。我是学历史的,山西在中华文明史当中的地位我非常清楚,今天早上跑步,我也把中心城区转了一部分,印象非常好。百闻不如一见,所以我们听说的很多东西充满了偏见。能够到山西省图书馆做这个讲座,对我来说不是一般意义上的讲座,因为我来到了一个从来没有来的地方,这是一个特别大的收获。

9·3阅兵大家都看到了,第二炮兵的导弹、核武器肯定是最威风、最让我们感觉骄傲的。所有这些场面加起来,大家会有一种强烈的民族自豪感,觉得中国已经很强大了,确实这个强大在我们这一代人已经实现了。习近平总书记在讲话当中强调,中国要走和平发展之路,有人统计,他的讲话当中说了十八次"和平"。"和平发展"实际上在一定意义上,就是和平崛起。我们过去说"和平崛起",后来觉得"崛起"这个词容易引起歧义,所以公开场合要说"和平发展",意思是一样的。

和平发展其实就是中国在21世纪的强国之路。回顾历史,可能我们又有一些不太一样的感觉,觉得历史上大国的崛起,都是通过战争来完成的,如苏联、美国、英国、荷兰。大家感觉一个国家要想强大,最后总是要通过战争,才能脱颖而出。所以中国在21世纪强调自己和平发展、和平崛起,也会引起一些人的怀疑,中国是不是在唱高调? 和平发展是不是一个幌子? 你阅兵说是和平发展,但有人看到的是炫耀武力,想通过战争的方式解决领土主权争议。所以外界还是充满了很多疑惑,包括我们自己的一些人也觉得中国就得打仗,就得跟美国打,跟日本打。

　　现在已经是21世纪,人类的发展不是简单的重复,就像我们觉得孩子要比自己强一样,总希望有发展、有进步。所以抛开其他的不谈,21世纪如果一个国家一崛起和历史上那种血流成河的坎坷经历是一样的,还要走一战、二战那样你死我活的道路,从我们本能出发,觉得它是不应该的。21世纪是新的世纪,既然有那么多不同,那么我们强国之路是不是也应该有本质的区别? 这就是我今天想和大家一起探讨的问题。

　　在讲课之前,我先说一个事。在去年(2014年)10月7号,国际货币基金组织发布了2014年《世界经济展望》,报告显示,2014年美国的GDP是17.416万亿美元,中国的GDP将达到17.632万亿美元。这不是一个简单的数字,它实际上是一种计算标准,购买力评价。1美元在美国能买什么,在中国能买什么。在中国能买得多一些,特别是服务行业,中国的劳动力便宜,所以同样的1美元,在中国更经花一点。比如我现在有1万美元,一个美国人也有1万美元,按照购买力得出的结论,我可能就有15000美元,美国人可能就是10000美元,所以绝对数字一样,但购买力我就多。各地的购买力是不一样的,在太原挣3000块钱,可能就好比在北京挣8000块钱,这是中国和美国相对的GDP。这样一算,中国即将超过美国,成为世界第一大经济体,这是1872年美国成为世界头号经济体至今,第一次在购买力水平衡量的GDP上落后于另一个国家。也就在这个时候,世界银行也做了类似的统计,也认为到2014年

10月10号,中国的GDP按购买力评价计算,已超过美国。这个消息国际上有一定反响,但是老百姓比较淡定,我们没有什么太大的感觉。

不管怎么样,中国现在GDP的绝对额已经是世界第二,从这个意义上来说,中国的崛起已经是现在时,不是将来时。

为什么大家又觉得GDP所谓世界第一不是那么让人振奋?大家好像觉得被忽悠了,那就说明我们还有很多差距,这样一个数字好像反映在我们生活水平、居住环境、幸福指数上并没有同步的提高,因为中国已经崛起了,但它还没有到大家比较满意的程度,所以它是"现在完成进行时",一方面已经完成了,一方面还在进行当中。

这样的话就出现了一系列问题,中国的崛起是一个现在完成进行时,那么我们要把"现在完成进行时"最终变成一个绝对意义上的"完成时",那么中国崛起的条件是什么?我们为什么说要和平崛起?能和平崛起吗?你走了99里路,还差那么1里路到100里路,叫"行百里路半九十",往往最后的那点路是最难的,中国已经完成大半,或者已经完成90%,还差最后一点,能不能以和平的方式实现?

大家对中国的崛起感觉得不是那么明显,我们还不是十分满意,那么我们应该是一种什么样的崛起?

围绕这样的问题,我准备讲四个方面的内容:第一,我们要进行一个简单的历史回顾,之所以对中国的和平崛起有质疑,原因是很多国家依据历史的经验,觉得历史上其他国家都是通过打仗强大的,中国能例外吗?所以我们要对大国崛起的历史做一个回顾;第二,大国崛起的历史的的确确是充满了血腥,充满了刀光剑影,那么中国为什么要走和平崛起之路?为什么要跟别人不一样?第三点,中国要走和平崛起之路,肯定是需要条件的,这个不是中国一厢情愿,不是一个主观的愿望,内在和外在条件是什么?最后一点,我们希望一个什么样的和平崛起?今天的崛起完成的那个部分当然是不能让我们满意的,我们有社会主义核心价值观,在一定意义上,它就是一个愿景的描绘,我们对和平崛起,还有更高的要求。中国最后在世界上,应该达到一个什么状态,大家还有话说。

一、大国崛起之历史回顾

其实我们现在所说的"国家"，和中国历史上的国家不是一回事，历史上的王朝不是今天意义上的国家。今天意义上的国家，我们把它叫作"民族国家"，过去都是封建王朝，那个"国家"跟老百姓没什么关系，那个家不是你的家、我的家，而是皇帝的家。我们现在的国家，它是人民的国家，不是某一个人的，而过去的"国家"是某一个人的，是某一个家族的。

"民族国家"就是人民的国家，民族的国家，它诞生于15世纪之后的欧洲，这样一种政治组织形式，后来逐渐扩展到全世界，美洲、亚洲、非洲，中国辛亥革命之后，我们慢慢成为一个民族国家，不是某一个人的了。在20世纪下半叶，很多民族国家独立，成为一个世界性的现象。"民族国家"首先是在欧洲诞生的，所以我们现代意义上的大国、强国，首先出现在欧洲。

到第二次世界大战结束，在国际体系当中，真正具备大国资格的只有九个国家。那你得在某一方面有自己的独特之处，有自己的重要作用，而且不能是昙花一现，有的国家可能强大了几十年，最后却销声匿迹了，大国得有相对的稳定性。无论这个世界怎么变，大国好像还是那几个，比如德国，虽然失败了两次，现在还是一个大国；比如英国，虽然大英帝国衰落了，但现在还是一个大国。大国地位，具有一定的稳定性，不会到了谷底之后一蹶不振。我们认为真正具备大国资格的只有九个，按照出现的先后顺序为：荷兰、法国、英国、俄国、普鲁士（德国）、德国、日本、美国、苏联，苏联又是沙皇俄国的继承国家，所以它们如果抛开社会制度，也算是一个国家。这些国家当中，可能只有荷兰不太受到大家的关注了，但在17世纪的时候，的的确确非常强大。这个国家面积太小了，人口太少，所以后来的发展没有再出现曾经的辉煌。但是其他的这些国家，在国际上仍然具有重要的角色，虽然有胜有败，但现在还是主要的角色。所以说，大国在崛起之后，大国身份往往是相对稳定的，大国俱乐部虽然在扩充，但是这个扩充又非常缓慢。

大国崛起的经验,或者说大国能够成功的秘诀,我们用中国人的老话来说,天时地利人和。概括地说,由正确的人在正确的时间和正确的地点,做了正确的事。也就是说,一切刚刚好,时间、地方都对,事情做得也对,一切都非常符合历史发展的趋势。

所谓的"天时",实际上就是一个机遇,就是正确的时间。机遇都是转瞬即逝,或者时过境迁的,比较短暂,而且有时候还不那么容易被看出来,所以目光敏锐的人,嗅觉灵敏的人看到了,抓住机遇,它就起来了。但是如果这事人人都知道了,那就不叫机遇了。那么每个大国在崛起的过程当中,几乎都抓住了某种机遇,比如说15世纪之后是个大航海时代,那个时候你发展贸易,发展海军,进行殖民地扩张,国家就能完成原始资本积累。所以一个国家强大和一个人做生意一样,都强调第一桶金,原始资本积累肯定是要靠对外的,对内人民就受不了了。那么对外,15世纪之后开始新航路的开辟,新世界的发现,开始出现了跨州贸易,那个时候很赚钱,你把东方的香料卖到欧洲,那都是百分之几百的利润。所以那个时候,如果你抓住了大航海的机遇发展贸易,进行殖民地开拓,就能完成国家的原始资本积累。像荷兰、英国就是靠这样一种方式发展起来的。

到了工业革命时代则不一样了,你要发展工业,比如德国在19世纪60年代之后,第二次工业革命,电器、化学这样一些部门发展起来了,德国在这个工业革命当中,占据了重要位置,所以德国的工业很快脱颖而出,马上世界领先了。还有就是19世纪,很多东方国家,比如中国和日本,被西方国家叩开大门,这样就面临一个十字路口,你是闭关锁国关起门来过落后的日子,还是放下身段主动向外国人学习,其实中国和日本都有改革的机遇,但是日本成功了,日本改革彻底,中国反而是步步后退。所以一个国家机遇很重要,中国能有今天,在于我们20世纪70年代末的改革开放,东欧国家错过了这个机会,导致了另外一个结局。

现在是一个全球化时代,这就是一个机会,中国加入了,才有今天的发展,这是天时。所谓地利,就是有利的地理位置和地缘环境。哈佛的保罗·肯尼迪在论述近代早期影响一国国运或者说国际竞争能力的因素时,特别强调了两点:财政与地缘政治。财政就是一个国家筹钱的能力,因为那时候经常打仗,打着打着没钱了,要筹钱。英国那时候有办法,源源不断,所以能把战争打下去。法国虽然很富有,但是汲取资源的能力不行,所以最后就没钱了。另外就是地缘政治,指一个国家所处的位置,周边的环境,这不仅仅是一个纯粹的地理、自然环境,包括你与周边国家的关系。保罗·肯尼迪非常推崇"侧翼大国",就是边上的国家,像美国、日本、英国、德国,都是边上的国家。俄国虽然算是个大陆国家,但也是个边上的国家,周围都是特别落后的部落。这样一些边上的国家进可攻,退可守,不想玩了就可以回家。

比如第一次世界大战和第二次世界大战,我们在历史教科书上会学到,美国坐山观虎斗,到了一定的时候,它就出来了,先让别的国家厮杀。他为什么能坐山观虎斗?英国、法国能不能?肯定不行,这就叫树欲静而风不止。你不打也得被人家捎上,但是如果人家离得比较远,确实可以看着你们打,到不行的时候让你们和谈,所以美国之所以能"坐山观虎斗"是由它的地缘环境决定的。

包括日本,对德国宣战,但德国的精力在欧洲,它就把德国的殖民地都给抢下来了,德国没法儿守。所以像这样一些边上的国家,进可攻退可守,既可以避免不必要的卷入,又可以相对简单化。英国历来就是陆军很弱,海军很强,掏钱在欧洲大陆找一个国家帮它打仗,比如它掏钱给普鲁士,让你跟法国打,它的军队在海外抢法国的殖民地,它的战略选择就比较简单。像德国,它就很纠结,第一次世界大战之前,它的陆军很强大,但要跟英国斗,海军也得很强,那么这就有资源分配问题,陆军非常重要,海军也非常重要,但是资源有限,又想吃得好,又想穿得好,怎么办?所以地理位置,地缘环境对于一个国家来说,也是非常重要的。

所谓的"人和",就是要有英明的领导人,或者统治精英群体,有正确的人做正确的事。纵观各个崛起的大国,在国家的关键时刻无一不涌现出一个或若干杰出人物,由他们引领国家走向正确方向。如英国的资产阶级新贵族,沙皇俄国的彼得大帝,法国的亨利四世和路易十四,德国的俾斯麦等等。咱们有人去过俄罗斯旅游,彼得堡本来是一片沼泽地,在涅瓦河的河口,当年沙皇俄国的首都是在莫斯科,但是莫斯科离欧洲太远了,几千公里,彼得大帝要把他的国家变成一个面向西方的国家,那就一定要离西方近。他就把首都搬到了涅瓦河畔的一个小渔村,就是后来的彼得堡,这都是靠人、靠钱堆起来的。所以一个领导人的坚强意志,看起来很残酷,很没有人性,但是对于国家的发展来讲确实是事半功倍,四两拨千斤;在法国17世纪崛起的过程当中,亨利四世和路易十四也发挥了他们的作用;德国的统一全靠俾斯麦。所以英明的领导人或者统治精英群体非常重要。

以上种种天时、地利、人和,最终又是通过战场的较量,以血与火的形式,将一国推向大国宝座的,无一例外不是打仗。大国的崛起与战争之间,建立了某种似乎是不解的渊源与必然联系。比如苏联,在二战之前,其实西方国家是瞧不起它的,因为沙皇俄国本身比较弱,苏联在诞生之后,又经过三年内战,这个国家其实已经濒临崩溃了,二三十年代苏联发展很快,依靠这种非常残酷的工业化、农业集体化,但是西方对他的实力还是不相信。

我们学历史的都知道,二战之前,西方和苏联谈要建立集体安全体制,大家如何对付希特勒,后来就没谈拢,很重要的原因就是西方根本不认为苏联有实力。那个时候的苏联是被排斥在主流之外的,但是二战把苏联一下子打出来了。所以二战后期三巨头,实际上就是两巨头,罗斯福和斯大林,二战之后,势力的划分就是美国和苏联。如果没有这场战争,苏联不可能成为两极世界当中的一极,不可能有和资本主义相对的社会主义。战争证实了它的实力,在战争当中,确立了它的控制地位,确立了它的势力范围。

二、中国为什么要走和平崛起之路

历史上的大国崛起都是通过战争,美国一战之前再强大,没有一战,外界也认识不到美国有多狠;苏联没有二战,也没有那么强大。轮到中国了,为什么要走和平崛起之路?习近平主席为什么要三番五次强调和平？中国未来到底怎么走？你是和平发展，还是要付出武力？你的大国崛起，到底是想走哪一条路？其实不止中国关心，外界更关心。人们通过纪念第一次世界大战，很容易想到今天会不会发生类似的战争，通过反思一百年前的德国，就本能地想在现实当中找一个影子。所以去年在纪念一战的过程当中，很多媒体就把一百多年前的德国和今天的中国做了一个不恰当的对比。

他们认为这两个国家中间隔了一百年，但是有太多的相似之处，包括今天很多的外部环境。比如说，他们认为，一百年前，新兴大国德国为了争夺阳光下的地盘，向守成大国英国发起了挑战。英国殖民地遍布世界，德国却没有，德国人觉得不公平，要改变这种状态；一百年之后，成为世界经济老二的中国，也在诸多领域与守成大国美国存在矛盾。中国人不也是憋了一肚气吗？

一百年前，整个德国充满了民族主义情绪，从皇帝到老百姓，从军人到知识精英，人人都是一个民族主义者，人人都觉得德国现在强大了，就得怎么怎么样，就得要改变这种状态。那么一百年之后，咱们现在不说是民族主义，我们说的是爱国主义，爱国主义也是中国媒体的主流话语，简直成了一个道德绑架。不仅很多人是发自内心的爱国，还有的人以爱国的大棒子要求你。

一百年之前，当时德国人造军舰，叫"无畏舰"，过去军舰炮的口径是不一样的，有大有小，后来造了一个无畏号军舰，二百多毫米，把主炮的口径都统一了，所以它的威力更大。这个最后成了一个标准，德国人就把过去造的军舰马上改成无畏舰，无畏舰就像下饺子一样进入北海。一百年后，中国的海军舰艇编队也像下饺子一样频频出入西太平洋。2009年到现在只有六年，我们阅兵时的老面孔只有两个，其他都是新面孔。

一百年前，错综复杂的巴尔干半岛最终引爆大国战争；一百年后，中日东海钓鱼岛之争有可能成为新的火药桶。关于钓鱼岛，中国和日本不用说了，美国和日本是捆在一起的，中、美、日是世界第一、第二、第三大经济体，这三个国家打仗了，算不算世界大战？得有35%、36%的经济体卷入到战争当中，可以说也是一场世界大战了，而且这三个国家的军费开支占到世界一大半，所以影响力是世界级的。

通过对历史和现在的对比，美国芝加哥大学的约翰·米尔斯海默说，坦率地讲，中国不可能和平崛起。他是一个很悲观的现实主义者，认为我们走不出历史的循环，走不出那个历史的怪圈。

但是我们认为，中国在21世纪可以走和平崛起之路，和平崛起这条路对于一个大国的崛起来说是通的。为什么21世纪可以走和平崛起之路？首要的原因就是核武器诞生了。这个里面有一个问题，我们说到打仗，打仗往往大家都觉得自己能赢，其实过去战争的结果是不确定的，第一次世界大战的时候，战争一爆发，所有的国家都特别开心，他们也差不多一百年没有打仗了，都觉得自己能赢，都觉得现在爆发战争对自己有利，谁也没有想到最后是那样一个结局，所以战争的结果是不确定的，你觉得强的一方不一定赢，弱的一方不一定输。比如沙皇俄国肯定赢，那多厉害？但是日本赢了。德国觉得自己行，但是输了。英国也觉得自己行，但最后是靠美国才战胜。所以战争充满了极大的不确定性，为什么战争的结果很难预料？因为它绝对不是一个物质、力量的简单对比，不是一个数学问题，你有一百架飞机，我也有一百架，差不多了，坦克我有一万辆，你有两万辆，你比我有力量，没有这么简单的计算。

克劳塞维茨提出，战争有三个特点：第一，战争体现了本能的暴力，这种暴力是趋向于无限升级的，一定要打出一个结果，这个部分往往体现出人的激情。我们看凶杀案，就那么点儿鸡毛蒜皮的事情就死人了，但为什么一句话就能变成一个凶杀案呢？因为我们互动了，最后升级，所以原始的暴力是趋向于无限升级的，这时候人是没有理性的，人完成的是感性、激情的东西；战争是谁发动的？不是你我发动的，是我们的统治阶级，最高的领导人发动的。发动战争是要有目的的，不是为了打架、好玩，所以国家意志又对战争形成了一个控制。因此，战争有非理性的一面，也有理性的一面，会在关键时刻刹车，这是第二点。政治对战争的控制，表现为理性。战争充满了太多的迷雾，充满了太多的不确定性，如敌人怎么想的，敌人怎么排兵布阵的，明天、后天天气怎么样，战争有太多的东西你不知道,这个时候就考验战争指挥者,统帅的判断力。

我一直认为打仗靠天才,千万不要相信打仗打多了,水平就高了。就像画家、音乐家、作曲家,他们往往都是很年轻就成名,真正到了中老年之后就不行了,莫扎特几岁就会作曲,三十多岁就死了,人生的巅峰就是十几二十岁,他需要积累吗?不需要,他有天才。我们就是学一辈子,也画不出一幅像样的画。很多军事统帅二十出头,拿破仑巅峰的时候,打仗最厉害的时候,就是二三十岁,他有那样一种判断力。所以真正打仗打得好的人,不需要年龄大,年龄大反而不行。所以凡是需要天才的领域,一定都是非常年轻的,像做数学研究,如果40岁还没整出点儿名堂,那就完了,因为这是靠天才的。

战争除了激情,除了理性,还有一部分是天才,不确定的那个部分是由天才负责的。那么有这种天才的人物,他就可以把那种不确定性充分利用起来,所以说,物质力量的对比,绝对不是说能够确定战争的胜负。你的军队是不怕死的军队,还是怕死的军队,这当然不一样。

过去的战争是不确定的,但是核武器出现之后,战争的结果一下子变得确定了,再也没有悬念了,至少对于两个拥有核武器的国家来说,他们可以准确地预知一般的战争。如果升级为核战争,后果就是毁灭,即使不是相互的毁灭,也是一个毁灭了,另外一个也差不多了。如果两个打起来,一个死,一个重伤,两个国家就毁了,它们能打仗吗?所以核武器太重要了,美国打了那么多国家,它打过一个有核国家吗?所以我们说,核武器对于大国间的战争,它是一个最有利的制约,因为它让战争的悬念没有了,这是第一点。

第二点,除非自卫,战争已为今日国际法所禁止。一战之前,战争是合法的,谈不拢就可以打一架,很多国家男人之间的决斗,你一把枪,我一把枪,这是合法的。后来到了19世纪以后,慢慢就不合法了。一战之前,两个国家打仗,公开宣战是合法的,一战之后,禁止进行自卫以外的战争。其实国家和个人在道理上是一样的,当然大家可能说,法律禁止战争,其实也挡不住战争,这也是事实,但它对战争的发生还是有很大的制约,大家不会那么随随便便地去打仗了,至少得让联合国授权一下。中国现在不能高兴了就去打谁,这是违法的,所以不能排除中国打仗的可能性,但不到万不得已,是不能打的。

第三点,战后开放的国际贸易体系、相对稳定的国际货币金融制度,为一国和平崛起提供了条件。原来大家都搞小团体,我的殖民地不让别人插手,都是我的后院。第二次世界大战之后,国际贸易体系已经越来越开放了,《关贸总协定》,世界贸易组织等等,所以一个国家似乎没有必要再次通过战争给自己找势力范围,通过战争的方式确保自己的能源供应,现在花钱都能买得到了,没有问题,做生意,大家可以自由自在地去做,所以现在大的国际环境跟第二次世界大战之前有了本质的区别。

也有人说,现在这个时代是经济全球化,但是他们认为,其实在一战的时候也有全球化,至少欧洲国家有。德国和英国之间的贸易联系也很紧密,互为第一大贸易对象,所以不能说今天的全球化就是对战争的制约,当年全球化不是也打仗了吗?但是我觉得全球化的内涵是不一样的,一百年前的全球化,更多体现的是货物的贸易方面,而现在信息化时代的全球化,它最核心的一点就是今天的全球化对于开放的经济体来说,已经具有不可逆和无法退出的性质,各国经济的融合程度前所未有,不仅仅是你买我的东西,我买你的东西,而是一个生产过程在全世界的分配和组合,是金融领域这种高度的相互依赖。现在有哪个国家幻想自己可以建立一个自给自足的经济体系?但是一百年前,大家就是这么幻想的。

现在我们不用说别的,就说经济制裁,现在制裁什么?都是金融制裁,这个特别有杀伤力,如果现在我们被拉到黑名单,银行不给你贷款,你不能刷信用卡,不能做各种支付,那我们怎么活?对一个国家进行金融制裁,那是相当难受的,谁跟他来往,我就一块儿制裁你。当时美国制裁伊朗,法国一个银行跟伊朗还有关系,还给它提供融资,最后就制裁这个银行,将近100亿美元,法国也交了。不交也可以,你不交就被踢出局了。现在一个产品的生产是一个全世界的合作,各个国家在分工的链条当中占据某一个位置,所以你想退出,你是退出不了的。过去我们抵制日货,现在日货都不知道是哪个国家的货了,所以"日货"是一百年前的东西,那个时候是真正的日货,今天的日货搞不好就是中国生产的,只是叫一个日本名而已,这就说明了问题的复杂性。现在哪个国家不想跟大家玩了,那就是死路一条,你还想跟大家玩,还想通过不太规矩的方式来发展,就是死路一条。所以现在这样一个时代,有核武器给大家提供一个警示,这是不一样的,国际法已经给各个国家划了一条横线,这样一个开放的贸易体系和国际货币金融制度,让和平崛起有了一个非常有利的条件。在这样一个全球化的时代,你要想退出太难,要是不想退出,还得按规则办事。所以和平崛起在我们这个时代是完全可能的,甚至说在一定程度上,只有走和平崛起之路,才能最终实现崛起,而且我觉得在这方面,也有一些成功的例子,日本和德国在二战之后的崛起就是通过贸易发展经济。过去它们打仗被打败了,和平的方式很快地成为世界第二、第三经济大国。

三、中国和平崛起之内外在条件

和平崛起是我们走得通,而且也必须要走的路,但是并不等于说和平崛起这条路就一定是成功的。中国要想实现和平崛起,还需要一些内在和外在条件。

从内在条件来说,就在于我们本身,在于我们的心态和表现。快速地强大,对于一个国家来说,往往更难以驾驭,更容易让人失去方向和应有的理性,好比突然间暴富,和那些有历史传承的,财富有比较长积累的家族是不一样的。为什么我们说"暴发户",有"暴发户"这个词吗?中文有,英文有,全世界都有,乍富之后,一定有一样的表现,比较狂妄,比较轻浮,比较目中无人。一个国家快速强大,也容易出现这个问题,和一个人暴富是一模一样的。所以对于新兴强国来说,如何不再引起整个国际体系的动荡、不引起其他国家强烈反弹的前提下实现崛起,是对它耐心、审慎和智慧的考验,你不能把这个局搞砸了,新兴强国需要更低调,需要更谦虚,需要更谨慎。如果说你表现出一定的轻狂,可能会引起其他国家的反弹。第一次世界大战之前的德国,就表现出了这样一种非常不成熟的民族性质。

第二点,对于守成大国来说,他怎么样做也很重要,守成大国应当对新兴强国的合理要求和政党利益予以必要的理解和让步,它强大了,你就不能再以老办法对待他,肯定要给他一定的空间和权力,以包容的胸怀让新兴强国和平融入国际体系。一个国家的强大确实会改变国际之间的力量对比,但未必意味着其他国家的绝对衰落,因为这种强大也会带来机遇。中国不强大,能给美国钱吗?这不是美国借中国的光吗?如果对新兴强国一味地围堵和遏制,只会适得其反,将其推向对立面,所以守成大国的胸怀也很重要。现在有很多学者说,美国应该把西太平洋的领导权让步给中国一部分,当然了,现在美国未必愿意,但我觉得一定会有这么一天。所以我觉得守成大国,也要对新兴强国有一个正确的态度。如果你就是想封杀、围堵他,那就是硬碰硬。因此,和平崛起内在和外在条件非常重要,新兴大国和守成大国要积极交流。

第三个条件是时代特征,一个更加开放公正的世界经济秩序,一个更加民主合理的国际政治格局,即一个更加和谐的世界更适合新兴强国的发展,能够为其提供和平崛起的路径。大家要共同建设一个民主的国际政治格局,这当然也很重要,所以我们过去说"建设和谐世界"也是这个意思,能够给大家的发展提供更好的空间,让我们不通过战争,通过和平的方式也依然能够达到国家强盛、民族复兴的目标,也能够实现我们的中国梦。

四、中国和平崛起的内涵

大家觉得现在中国虽然已经崛起,但总是有很多不尽人意的地方。那么我们对和平崛起到底有怎样的期待?

关于这个问题,北大的王辑思教授对中国有这样一个定位,很好地说明了当下中国的现状和中国未来的发展方向,说明了现在中国在强大之余,还有很多让我们觉得很尴尬、很无奈的地方。他说:今天的中国是一个独特的大国,我们是国力最雄厚的发展中国家,却在许多方面与发达国家相距甚远;我们正在迅速传遍全球,却还没有在亚洲获得主导地位;我们拥有独特的政治体制和意识形态,却还不具备足以影响外部世界的价值体系;我们是现存国际政治经济秩序的受益者,却又受到西方的制约,需要努力推动国际秩序的改革。都是矛盾的,有全球性影响,但是在亚洲说了不算;强调中国特色的意识形态,但是这些东西还影响不了外部世界;你是这个国际经济秩序的受益者,但是你又受到很多的制约,又觉得很不舒服,要改革,这就是中国当下的状态。

如果说前面那个部分也是我们崛起的表现,那我认为,它是中国大国崛起的1.0版本。这个1.0版本体现了一种富强的崛起,反正就是有钱了,有钱任性。后面对立的那一面,应该是我们未来的目标,我们的目标应该达到发达国家的水平,我们的目标应该在亚洲起码说了算,我们应该让自己的意识形态、社会制度走出国门,不要老把"中国特色"挂在嘴上,我们要用自己的东西化别人,我们不吃别人的东西,你的东西怎么能被别人吃呢? 所以这是我们大国崛起的2.0版本,应该是我们的文明崛起。

中国创造了独特的儒家文明,这个文明不是什么中国特色,因为我们的文明辐射周边,早已经不是中国人自己的东西了,朝鲜、日本、东南亚,都受到了中华文化的影响,日本和韩国比中国在某些地方还像中国。日本的和服不就是我们汉代的宽袍大袖而来的吗? 所以我们曾经是一个有文明输出的国家,世界几大文明,中华文明是其中之一。中国的崛起如果还是一个有钱任性的状态,那就谈不上超越。中国梦是中华民族复兴之梦,这个复兴肯定不是单纯有钱的状态,更重要的是文明,是具有对世界的影响力和塑造能力,引领方向的能力。所以我觉得中国崛起下一步应该是一个文明的崛起,这样的话才能让我们真正觉得满意,真正觉得中国的崛起不是财大气粗,而是世界的标杆,就像美国人今天说"我们是灯塔之国",中国的方向也应该是那样。如果只满足于在中国特色之下过自己的日子不能算是真正意义上的大国崛起。

我今天就讲这么多,谢谢大家!

二〇一五年九月五日

走近梦想

——中国梦的传统文化解读

朱颖原

朱颖原,女,博士,太原理工大学教授、硕士生导师,山西省高等学校思想政治理论课教学指导委员会委员、山西省宣传文化系统第三批"四个一批"人才。主要从事哲学、中国传统文化的教学与研究。出版论著《社会主义核心价值观多维研究》等近百万字,诠释着对人生的参悟;发表学术论文数十余篇。

文脉相传

源远 流长

讲经 读史

坛久 醇香

——中国梦，我们共同的梦

朱祖原

乙未夏日

实现中国梦必须弘扬中国精神。什么是中国精神？中国传统的文化博大精深，源远流长，为我们这个民族奠定了不断前行的精神动力。我们谈到中国的时候，不仅仅是指那块版图，不仅仅是指960万平方公里的土地，更重要的是56个民族的统一大家庭。在历史长河的过程当中，我们的民族不断融合，不断互相学习，共同生活、生息繁衍，在960万平方公里土地上生生不息，形成了一种力量，我们赋予它一个哲学化的词叫"中国精神"。

尊敬的各位来宾、亲爱的朋友们，上午好！非常感谢"文源讲坛"给我们这样一个交流的机会和平台，热烈欢迎各位的到来。

今天想和大家分享的问题是关于"中国梦"。对于这个问题，我们先做一个背景上的解读。2012年11月29日，在官方文件中第一次正式提出了关于"中国梦"的概念，时至今日，两年七个月过去了。一个政策、一个科学理念，大体经历几个阶段，第一是酝酿讨论阶段，第二是凝练提出阶段，第三是宣传宣讲阶段，最后是落实践行阶段，即得到民众的认可和认同之后的落实落地。应该说，"中国梦"从提出到今天两年多的时间，我们正处于第三个到第四个阶段，也就是从宣传、宣讲到民众认同的阶段。

我提出这些问题，大家思考：你是怎样知道"中国梦"的？你从哪里知道"中国梦"的？你从哪里感受到了"中国梦"？有这样的一些现象，估计大家关注到了，比如，你在大街上可能会发现，2013年以后，原来那些大型的商业广告悄然变成了公益广告；第二个现象，中央台以及地方台是不是常常播着有关"中国梦"的公益广告？其中有一个公益广告的形象，一个穿着红色棉衣的小姑娘，它有一个美好的名字叫"中国梦娃"。这些变化就在我们身边，我们在这样一个大的平台和背景中，从理性的角度，经过这两年多的沉淀、积淀、反思、思考，包括学术界对这个问题的研究，我们对它做一点学理的分析。

我分享的副标题叫"中国梦"的传统文化解读。朱熹有一首诗大家耳熟能详,"半亩方塘一鉴开,天光云影共徘徊。问渠哪得清如许,为有源头活水来。"水之所以可以清澈见底,因为它有着汩汩的源头活水,否则的话,它就会变成一潭死水。"中国梦"是鲜活的、生动的、有生命力的,是因为它不仅是当代中国人的理想和诉求,而且有着深厚的文化积淀和历史渊源。

我想和大家一起探讨,从传统文化的角度去解读中国梦,诠释中国梦,目的是为了汲取文化的精髓,汲取文化的精华,并且赋予它新的时代内涵,以寻求民族不断前进的思想动力。中国梦是历史的,是现实的,当然更是未来的。因此,让我们走近梦想,聆听梦想的呼唤,追寻梦想的脚步。

今天的讲座,我们从三个方面来解读中国梦。

一、中国梦之科学内涵

中国梦到底是什么。在谈到这个问题的时候,有一个问题请大家思考。我相信大家都做过梦,"梦"是什么? 当然,对于梦的解释很多了,除了弗洛伊德的梦的解析,中国也有"周公解梦"。那么梦是好还是坏呢? 我们常说"好梦成真""所有的梦想都开花""我们的未来不是梦",但还有相反的话,叫"黄粱一梦""白日做梦"。梦有好有坏,每个人的梦也是不一样的,有时候,梦是五彩斑斓的,有时候,梦则是阴霾密布的,所以我们从"梦"入手,来看看中国梦是什么。

大家知道,美国人提出来"美国梦"。美国黑人领袖马丁·路德·金有一个非常著名的演讲《I have a dream》,即《我有一个梦》,以此提出美国梦;奥巴马总统在2008年竞选胜出时做过一个演讲,题目叫作《To American dream forever》,即《为了一个永恒的美国梦》,"美国梦"概念由来已久。希望通过我们的探讨,能够知道中国梦和美国梦有着怎样的不同。带着这样的问题,我们来解读中国梦的内涵,从理性上来回答中国梦究竟是什么。

我搜集整理了从2012年11月到今天,两年零七个月以来,官方关

于中国梦的阐述,最重要的是三方面:

第一,中国梦即实现中华民族的伟大复兴。党的十八大召开之后,中央政治局常委在参观《复兴之路》大型展览时,习近平总书记指出:"每个人都有理想和追求,都有自己的梦想,现在大家都在讨论中国梦,我以为,实现中华民族的伟大复兴,就是中华民族近代以来最伟大的梦想。这个梦想,积聚了几代中国人的夙愿,体现了中华民族和中国人民的整体利益,是每一个中华儿女的共同期盼。"

这段话,我凝练出来两个关键词,第一个关键词"整体",第二个关键词是"共同"。为什么提炼出这两个词呢?我们用美国梦来做一个比较。美国梦的内容非常广泛,从广义上来讲,每个人生而平等,都有追求幸福的权利,都有自由的信念,每个人都可以在社会当中自由地发展;它的狭义主要是说通过个人的努力,获得在社会当中的认可和价值。如果提炼它的精髓,它把视角更多地放在了对个体的关注上。中国梦,包括源远流长的中国传统文化,则更多强调的是整体的力量、全体的力量。所以我们提炼的第一个关键词是"整体"。

第二,中国梦归根到底是人民的梦。我们提炼的第二个关键词是"共同",中国梦归根到底是人民的梦,必须紧紧依靠人民来实现,必须不断为人民造福。它的关键词是"人民",它不是单个的人,不是少数的人,而是全社会,包括在座各位的每一个人都与之相关的梦。

习近平总书记在十八届中央政治局常委与中外记者见面的讲话中,把"中国梦"进一步具体化,"我们的人民热爱生活,期盼有更好的教育、更稳定的工作、更满意的收入、更可靠的社会保障、更高水平的医疗卫生服务、更舒适的居住条件、更优美的环境。"下面的话就更加温情,"期盼孩子们能够成长得更好、工作得更好、生活得更好,人民对于美好生活的向往,就是我们的奋斗目标。"朋友们,这是不是我们共同的夙愿?我们所有现实的追求,不就是为了实现这些更好生活吗?这些话是很接地气。当我们了解中国梦,走近中国梦,就会发现,其实中国梦距离我们一点儿都不遥远,就在我们身边。随着中国梦的实现,我们就会得到更多的"更好",这不仅仅是顶层设计,也不仅仅是党中央、国务院的事情,而是与我们每个人息息相关。因而,中国梦结结实实地、归根到底地、实实在在地是人民的梦,是属于包括在座每一位在内的、普普通通老百姓的梦。

第三,中国梦的奋斗目标。实现中华民族的伟大复兴,就是中华民族近代以来最伟大的梦想。"复兴"是什么意思?如果从来就没有兴过,能叫"复兴"吗?中国历史曾经创造过令世人敬仰的成就,曾经拥有着让世界瞩目的辉煌,所以叫复兴。我们曾经有过的兴盛、兴旺,今天希望重振往日的雄风。

中国梦的奋斗目标,就是两个百年:"到中国共产党成立一百年时全面建成小康社会";"到新中国成立一百年时建成富强、民主、文明、和谐的社会主义现代化国家。"今天刚刚过了党的纪念日,2021年,屈指算来,已经离我们渐行渐近,六年的时间弹指一挥,很快就会过去,全面建成小康社会。如果大家稍微有一点关注就会发现,在十八大以前,我们官方的提法是"全面建设小康社会",在党的十八大文件中,第一次把奋斗目标改成了"全面建成小康社会",一字之差,意义极其深远。"全面建成小康社会",不是初级的小康,而是全面的。第二个百年是中华人民共和国成立一百年,到2049年,就是21世纪中叶的时候,实现富强、民主、文明、和谐的社会主义现代化国家的目标。

两个百年把我们的目标进一步细化、进一步分解,让它变得更加接地气,更加与我们生活相关,实现中华民族的伟大复兴,就是中华民族近代以来最伟大的梦想。

我们近代以来,大体上经历了这样三个阶段,习近平总书记在参观复兴之路的时候,也用了三句诗,中华民族的昨天,可以说是"雄关漫道真如铁";中华民族的今天正可谓"人间正道是沧桑";中华民族的明天,可以说是"长风破浪会有时"。

第一首诗出自毛泽东写于1935年2月的《忆秦娥·娄山关》。1935年是什么时间节点呢?我们稍微追溯一下就知道,中国革命正到了一个如火如荼、雄光漫道的节骨眼上,我们国家内忧外患,日本帝国主义的铁蹄已踏进东三省。在这样的背景中,毛泽东写下《忆秦娥·娄山关》:"西风烈,长空雁叫霜晨月。霜晨月,马蹄声碎,喇叭声咽;雄关漫道真如铁,而今迈步从头越。从头越,苍山如海,残阳如血。"但凡有近代史、现代史常识的朋友就知道,我们的昨天不忍回顾,因为它是一条血路,正因为杀出一条血路,才有了我们的今天。

第二句诗出自毛泽东写于1949年4月的《人民解放军攻占南京》。1948年9月到1949年1月,经过了辽沈、淮海、平津三大战役,我方力量有了迅猛的增加,解放了长江以北大片土地。这个时候,有人提出另外的声音,从此以后,是不是实行分江而治? 这个时候,党中央义正词严,毫不犹豫地提出来"将革命进行到底",4月23日解放南京。毛泽东写了《人民解放军占领南京》:"钟山风雨起苍黄,百万雄师过大江。虎踞龙盘今胜昔,天翻地覆慨而慷。宜将剩勇追穷寇,不可沽名学霸王。天若有情天亦老,人间正道是沧桑。"西楚霸王曾称霸一时,但最后垓下一战,四面楚歌,乌江自刎。所以毛泽东告诫,千万不要为了成全自己的名声,最后成了西楚霸王,我们一定要将革命进行到底,因为"天若有情天亦老,人间正道是沧桑",我们一定会迎来人间正道。

面对我们的未来的,习近平总书记描绘了美好的情景,"长风破浪会有时,直挂云帆济沧海",这句诗出自浪漫主义诗人最卓越代表李白的《行路难》:"金樽清酒斗十千,玉盘珍馐直万钱。停杯投箸不能食,拔剑四顾心茫然。欲渡黄河冰塞川,将登太行雪满山。闲来垂钓坐溪上,忽复乘舟梦日边。行路难,行路难,多歧路,今安在? 长风破浪会有时,直挂云帆济沧海!"

国家富强,民族振兴,人民幸福,建设美丽中国。我们的未来一定是面向大海,长风远行;我们的奋斗目标非常量化,我们的未来充满了浪漫主义的魅力和现实主义的力量。

二、"中国梦"之实现路径

解读了什么是中国梦,朋友们一定有疑问,中国梦用什么方式来实现呢? 实现中国梦,有若干个"必须":必须走中国道路,必须弘扬中国精神,必须凝聚中国力量,必须齐心协力,共圆中国梦。中国梦不是对外扩张,不是称霸,而是和平、发展、共赢。最后,中国梦通过什么来实现?实干才能美梦成真。

首先,必须要坚持走中国道路。什么是中国道路?有一个准确的描述就是"中国特色的社会主义道路",这也是和美国梦相区别的地方。我们的民主不是少数人的民主,我们的自由不是少数有钱人的自由,而是全体人民的自由、全体中国人的自由。这条道路承载着几代中国人,几代中国共产党人的理想和探索,也寄托着无数仁人志士的共同意愿和期盼,凝聚着千千万万个革命先烈的奋斗和牺牲。

今年是个特殊的年份,抗战胜利70周年,世界反法西斯胜利70周年。70年前的那场战争,中国人民赢得了鸦片战争以来的第一次反对外敌入侵的历史性胜利,所以它的历史意义是十分深远的。鸦片战争以来,近代的中国不能令人满意,甚至是令人痛心疾首,每每想起来,可能会潸然泪下。恰恰是70年前的这场战争的胜利,鼓舞了中国人的志气和勇气,更重要的是开创了中华民族的新未来。但是,有斗争就会有牺牲,就会有流血,我们的民族付出了惨重的代价,所以这个胜利是用我们先辈的血肉之躯换来的。中国特色社会主义道路是近代以来中国社会发展的必然选择,我们小时候唱"社会主义好","东方红,太阳升,中国出了个毛泽东",相信在座像我这个年龄往上的,对这些歌的旋律非常熟悉。我们党带领全国人民踏着这样的旋律,走向了民族独立和民族解放,这条路用四个字来说就是"来之不易",因而弥足珍贵。中国特色社会主义道路是必由之路,没有别的路可走,只有社会主义才能救中国。难道我们不能走别的道路吗?你翻开历史看一看,我们不是没有探索过,比如说,农民斗争是不是可以让人民得解放呢?义和团运动、太平天国运动都是农民运动,但都是以失败告终。有人说,资本主义是不是可以拯救中国呢?也做过探索,先是改良的方式——戊戌变法,后来用革命的方式——辛亥革命,但是后来结果怎样?无一例外地以失败而告终。因此,共产党的领导,社会主义道路,是历史的选择,是人民的选择,是人民为中华历史交出的一份答卷。所以实现中国梦,必须要坚持走中国道路。

其次,实现中国梦必须弘扬中国精神。什么是中国精神?中国传统的文化博大精深,源远流长,为我们这个民族奠定了不断前行的精神动力。我们谈到中国的时候,不仅仅是指那块版图,不仅仅是指960万平方公里的土地,更重要的是五十六个民族是一家。在历史长河的过程中,我们民族不断融合,不断互相学习,共同生活、生息繁衍,在960万平方公里土地上生生不息,形成了一种力量,我们赋予它一个哲学化的词叫"中国精神"。"先天下之忧而忧,后天下之乐而乐",这是一种政治情怀,是一种政治抱负;"位卑未敢忘忧国,事定犹须待阖棺","苟利国家生死以,岂因祸福避趋之",这是一种报国情怀;"富贵不能淫,贫贱不能移,威武不能屈",这是一种浩然正气;"人生自古谁无死,留取丹心照汗青","鞠躬尽瘁,死而后已",这是一种献身精神。这些是习近平总书记在2013年3月1日纪念中央党校建党80周年庆祝大会时引用到的诗,我们稍作一点儿解释。

"先天下之忧而忧,后天下之乐而乐",这是范仲淹的诗。他在哪一篇文章里提出来的?在范仲淹《岳阳楼记》中,包含了一个文人的忧虑。"居庙堂之高则忧其民,处江湖之远则忧其君。是进亦忧,退亦忧。然则何时而乐耶?其必曰先天下之忧而忧,后天下之乐而乐。"为官的时候,担忧老百姓是不是过得好呢?当老百姓的时候,又想着是不是君主能尽如人意呢?这个文人很纠结,甚至于很痛苦。怎么能够快乐呢?快乐来自于哪里呢?"先天下之忧而忧,后天下之乐而乐。"这是中国的文人,中国有一个特殊的阶层叫"士阶层",你把它理解成知识分子也是可以的,但还是不够完全,除了文士,还有武士,还有侠士,还有隐士,中国人的"士"是一个了不起的群体。

第二句诗出自于陆游的《病起书怀》。从诗名就可以看出来,诗人生了一场病。诗人被罢官了,罢官以后,他蛰居在成都西南角的一个村子叫"浣花村",卧病不起二十多天,好转之后颇有感慨,写了《病起书怀》:"病骨支离纱帽宽,孤臣万里客江干。位卑未敢忘忧国,事定犹须待阖棺。天地神灵扶庙社,京华父老望和銮。出师一表通今古,夜半挑灯更细看。"第一句话是"病骨支离纱帽宽,孤臣万里客江干",生病久了，发现帽子都变得很宽了，可能是瘦了。而且这个时候离开封已经很远了，在这种境遇下，诗人是怎样的情怀呢？"位卑未敢忘忧国"，虽然诗人的地位是这样低，但仍然不忘是一个中国人，仍然不忘中原大地还在铁蹄的践踏当中，所以"事定犹须待阖棺"，这也包括了诗人的挣扎。"天地神灵扶庙社，京华父老望和銮"，大家都希望能够尽快实现国土的统一。"出师一表通今古，夜半挑灯更细看"，希望有一天可以重返官场，可以重返沙场，去报效国家。宋朝在中国历史上是一个很不争气的时代，却造就了一批了不起的文人，在这些文人身上，都包含了这种铮铮铁骨，都包含了这种忧国情怀，成了我们脊梁当中的脊髓。

第三句诗来自于林则徐，诗的题目叫《赴戍登程口占示家人》，林则徐被流放到新疆伊犁。即便是在交通如此发达的今天，新疆对于在座的很多人来讲，仍然是一个遥远的地方，仍然是一片神秘的地方。而林则徐就被流放到了这个地方。途径西安，他想让朋友给家人捎一封信，但是没有纸笔，所以叫"口占示家人"："力微任重久神疲，再竭衰庸定不支。苟利国家生死以，岂因祸福避趋之。"如果是对国家有利的事情，难道能因为它对我个人有福还是有祸，我就做出选择吗？大家想，一个人在贬谪的途中，这是何等的情怀？

孟子讲"富贵不能淫，贫贱不能移，威武不能屈，此之谓大丈夫"。贫贱不移很多人能做到，威武不屈很多人也能做到，但是富贵不能淫很多人却不能做到。从2012年到今天，高官落马锒铛入狱的，哪一个不是栽在了"富贵而淫"上面？我们大家可能看过一些庭审，很多落马高官都悔恨交加，他说，其实我们也曾经是好官，也曾经坚信为人民服务。而且他们当中的很多人出身贫寒，经受了贫贱不移的考验，也经受了威武不屈的考验，但是他们没有过好富贵这一关，在富贵面前，没有做到"富贵不能淫"。所以为数不多的几个字，对于今天仍然有着启示性的意义，读来仍然令人振聋发聩。

最后一首诗出自文天祥《过零丁洋》："辛苦遭逢起一经，干戈寥落四周星。山河破碎风飘絮，身世浮沉雨打萍。惶恐滩头说惶恐，零丁洋里叹零丁。人生自古谁无死，留取丹心照汗青。"这首诗对很多人来讲，耳熟能详。文天祥曾经和元人进行过大规模的作战,不幸被俘虏,元军首领希望他劝降南宋的其他将领,但是被文天祥断然拒绝。他是被押运在船上,路过零丁洋这个地方,发出了如此感慨,感慨的最后说大不了一死,人生自古谁无死? 留取丹心照汗青。为了民族的利益,为了人民的利益,可以做到鞠躬尽瘁,死而后已。

这些可贵的精神,凝聚为中国精神,传递着中国文化的信息,成为脊梁当中的脊髓,像遗传密码一样,在我们的基因当中代代流传。所以实现中国梦,必须要弘扬中国精神。

第三,实现中国梦必须凝聚中国力量。宏大的理想靠一个人、两个人,一百个人,甚至一千个人显然是不够的,必须要凝聚中国力量。在唯物史观当中,有一条重要的理论,人民是历史的创造者。毛泽东说过,什么是真正的铜墙铁壁? 只有人民。什么是真正推动历史前进的力量? 人民。无论是近代以来的革命胜利,还是新中国建立以来取得的建设成就,无一例外,都是凝聚着人民的力量。有一个词特别好,叫"众志成城",每当我们遇到重大的天灾人祸时,就会默念在心里。

毛泽东有一首词《西江月·井冈山》,可以说是对众志成城的最好诠释:"山下旌旗在望,山头鼓角相闻。敌军围困万千重,我自岿然不动。早已森严壁垒,更加众志成城。黄洋界上炮声隆,报道敌军宵遁。"我们看看这首词写作背景。1927年9月9日秋收起义,分路进击长沙,遭严重挫折,前敌委员会决定到湘赣交界的山区谋求发展,29日队伍到达江西永新三湾村进行了著名的"三湾改编"之后,10月进入井冈山中心茨坪,开创井冈山革命根据地。1928年4月,毛泽东、朱德、陈毅举行了历史性的会面,改编部队为"中国工农红军第四军",史称"井冈山会师",井冈山革命根据地迅速发展和巩固。与此同时,吸引了当时国民党当局的注意力,开始对井冈山地区进行围剿。这首词的写作背景,就是著名的黄洋界保卫战。当时敌人的力量数倍于我们,毛泽东说"敌军围困万千重",这是真实的情况,但是"我自岿然不动",这就很奇怪了,敌军围困万千重,为什么会岿然不动呢? "早已森严壁垒,更加众志成城。""森严壁垒"指防御工事坚固,戒备严密。井冈山"山上要隘,都筑了工事。""天时地利人和"井冈山地区山高路险,一夫当关,万夫莫开,占尽了天时地利;还需要有人和,发动了当地军民修大量的工事,把井冈山盛产的竹子砍下来,一根一根削成竹签钉在路面上,所以敌人要上来非常难。战争十分惨烈,因为我方当时的军备力量非常差,武器装备非常差,给战士们发的子弹非常少,每个战士只能发三到五发,不到射程之内是不允许随便放枪的。面对强敌,为了制造声势,把百姓聚集起来,布置在周围山上,给他们发点儿鞭炮,放在铁筒里面。战争进入到最激烈的时候,把曾在南昌起义缴获的一门迫击炮搬上战场,但是非常遗憾,这门炮一共只有三发炮弹,更加遗憾的是,前两发炮弹打出去是哑炮,没有响。结果第三炮,一炮打出去,击中敌军指挥所。历史怎么就那么巧合呢?毛泽东的诗非常写实,叫"黄洋界上炮声隆",就响了一声。诗的最后一句十分传神,"报道敌军宵遁",敌人趁着茫茫夜色逃之夭夭。敌人都是胆小鬼吗?错,敌人恰恰是知己知彼。为什么?当时黄洋界保卫战的时候,主力部队不在山上,当时红军只有第二十八团有炮,而二十八团不在山上驻守,敌人得到的可靠消息是主力部队已经回师,所以趁着茫茫夜色,逃之夭夭。解释这首诗的目的是为了说明什么是"众志成城"。孟子说"天时不如地利,地利不如人和"。任何偶然的背后,一定包含着历史的必然。表面上看起来是一发炮弹起到了决定性的作用,其实,真正决定性的作用是众志成城,"众志成城"是这首诗的词眼,也恰恰是中国力量的最好诠释。所以共圆中国梦,必须要凝聚中国力量。

第四,共圆中华民族伟大复兴的中国梦。在《易经》系辞中有这样两句话:"二人同心,其利断金。同心之言,其臭如兰。"两个人同心的话,力量足以断掉锋利的东西。习近平总书记在2013年2月25日会见国民党荣誉主席连战时指出,"兄弟齐心,其利断金。实现中华民族伟大复兴,需要两岸同胞共同努力。我们真诚希望台湾同大陆一道发展,两岸同胞共同来圆'中国梦'。"在2014年6月6日习近平总书记在会见第七届世界华人华侨社联代表时讲道:"共同的根让我们情深意长,共同的魂让我们心心相印,共同的梦让我们同心同德。"在这些话当中,我们谈到的就是"共圆",它不仅包括大陆人民,还包括港澳台同胞,以及全世界范围的华人华侨华裔,这是属于中华民族的共同梦想,需要凝聚所有人的力量。

第五,中国梦是和平发展共赢的梦。中华民族是爱好和平的民族,消除战争、实现和平。但世界上总有些人不热爱和平,总要挑起事端,所以我们要拿起武器,大刀向敌人头上砍去。近代以来,中国人面临的最严峻考验就是追求和平,维护和平,这是在座每一个人最深厚的愿望。走和平发展的道路,既是传统文化的优秀传承,也是中国人民在经历苦难之后得出的结论,所以我们将高举和平、发展、合作、共赢的旗帜,矢志不渝地走和平发展的道路,矢志不渝地奉行互利共赢的开放型战略,致力于同世界各国的友好合作。在这样的过程中,我们强调的关键词是合作、共赢。

最后,实干才能美梦成真。怎么把实现中国梦落在实处?两个字足以说明问题,"实干",实干兴邦,空谈误国。怎么实干?每个人做好当下应该做的事情。中国梦,是一个承前启后,继往开来的伟大工程,在这个工程当中,只有凝聚每个人的力量,成为一股强大的中国力量,才能共圆中国梦,才能实现中国梦。

三、"中国梦"的传统文化底蕴

中国梦不仅是当代中国人的诉求,而且源远流长,更是历久弥新。在我们的祖宗、先哲的血脉中,就已经包含了对于中国梦的理解。我们从三个层面来讲,即从国家的层面,中国人历来希望我们是大国,相信每个人心中都有一个大国的梦想;从社会层面,我们说"大同理想",希望建立一个大同社会;从个人层面上,我们希望做一个君子。

第一,从国家层面来讲就是大国之梦。我们理解的大国观是什么?大国是历史,是中国人心中应有的存在方式;大国是文化,是为人类文明殿堂上奉献的华美乐章;大国是追求,是"路漫漫其修远兮,吾将上下而求索"的自信与执着。我们的国家何以历经数千年的风雨,仍然生生不息?中国人是感性的,也是理性的。理性告诉我们,前事不忘后事之师,以史为鉴可以知兴替,从历史中,看到我们所处的时间坐标,明白过去,了解现在,展望未来,更能够知道今天所面临的困难和艰辛,所以我们是理性的。同时,我们又是感性的,有一种"崇大"心理。在我们心目中,大的东西一般都认为是好的,地盘大是好的;海大到一定程度是令人敬仰的;甚至于一棵树如果历史够长、体量够大,我们可能会冠之以"神树"的身份。凡是大的东西,我们一般会觉得它是好的,这是不自觉的,但却是潜移默化的一种民族心理。我们把这种民族心理放在对于国家上的要求来讲,我们希望是一个大国,希望是一个统一的国家。纵观中国历史,凡是版图大、政治稳定、经济繁荣的时期,历史和民众一定给予高度的评价。但如果分裂、缺乏统一,历史评价一般不会太高。比如,宋朝其实挺了不起的,政治相对稳定、经济比较繁荣、文化十分发达,也颇有一些善政。但即便是在最兴盛的时期,都没有能够收复幽云十六州,实现国家统一。这个王朝令人想起来就扼腕痛惜,历史评价远在汉唐之下,究其原因,就是没有能实现统一。所以中国人历来有一种大国的情怀。

在每个人的心目当中,什么是大国呢?大国是历史,是文化,是追求。正是这样的情愫,让中国人在经历了近代百年的屈辱以后,奋发图强,经过了一百七十年的奋起直追,尤其是新中国成立以来,特别是改革开放三十多年来发生的沧桑剧变,使我们可以自信而从容地立足于世界舞台,去探索属于我们的道路,让世界听到了中国发出有力的声音。大国的精神内涵,我把它总结为有容乃大、有德乃大、有信乃大、有谦乃大。

首先是有容。宽容、包容、兼容,兼容并蓄,大国精神的精髓是包容性。我有一个问题问大家,大家一定知道世界有四大文明古国,有哪些呢?古埃及、古巴比伦、古印度和中国。四大文明古国有一个特殊的现象,三大文明古国相继陨落,有人说,印度不是现在还在吗?但实质上今天的印度,已经不是历史的印度,它是被西化以后的印度。中国和其他文明古国相比最大不同在于,古代的中国和今天的中国用一个词说,就是"一脉相承",从来没有中断过,我们可以拍着胸脯说,我们是中国人，我们是龙的传人，我们是华夏儿女。没有一个民族有这样的自豪。为什么？和埃及文明比较，中华文明为什么可以生生不息呢？因为它一定是开放的，一定是包容的，一定是兼容并蓄的。而古埃及从一开始，就是以它的封闭和神秘而著称。比如说，文字只掌握在祭祀者的阶层，文化只掌握在国家图书馆，普通人是没有机会接受教育的。我们的祖先比他们卓越在哪里呢？远在春秋战国的舞台上，就已经有为数不少的私人办学，其中一个老祖宗是孔子，他办得最好，所以他被称之为"至圣先师"，据说学生有三千人，贤者七十二人，这在当时来讲，特别了不起了。让我们的子孙可以接受教育，教育改变了我们的历史，改变了我们民族的命运，让我们从一开始就是开放的、鲜活的。古埃及文明为什么陨落了？封闭、神秘，一旦发生变故，这个文明就断裂了。公元前47年，恺撒大帝攻占了埃及，焚烧了亚历山大图书馆七十万图书；四百年以后，罗马教皇驱散了最后唯一能够解读古代文字的埃及祭祀阶层。从此，所有的古迹、古碑，面对黑黢黢的文字，没有人可以解读。秦始皇时期的焚书坑儒对文化的毁灭，但却同时做了一件了不起的事情，"车同轨，书同文"，统一了当时六国的文字，于是我们获得了奔走于华夏大地的通码，即便在今天，也是可以通读没有障碍的。"有容乃大"。中华民族的文明、文字，它是一个兼容并蓄的过程，我们也曾经有过多次的外敌入侵，当然也包括我们在这块大地上民族之间的融合。经过历史长河的兼容并蓄，五十六个民族五十六朵花，我们实现了一种文化的包容。我们的血脉是相通的，我们有着共同的文字，我们有着共同的语言，更为重要的是，我们有着共同的历史、共同的文化。因此，中国不仅是指版图，更重要的是文化认同。再比如说异域文化的传入，佛教文化，它不是中国本土的文化，所以才有玄奘取经的故事。但我们的佛和印度人的佛是不一样的，我们的佛文化打上了深刻的中国烙印。

其次是有德。大国的情怀还表现为有德，我们一说德，往往说个人需要德行，其实国家也需要有德行。国家当中，也有个别没德行的国家，不能令人满意，不能令人敬畏，有德行的人会受到大家的尊重，而没有德行的人会造成大家的贬斥，有德行的国家才能受世界的认可和尊重。

再次是有信。一个国家应该有信,一个人应该有信。言而有信,一诺千金,君子一言驷马难追。一个人要有信,一个国家更需要有信。这个"信"的背后还包括自信,我们现在讲"道路自信""制度自信""文化自信"。改革开放三十多年来,确实给人们带来了物质极大丰富、人民生活极大的改善,社会极速的发展。但同时不得不说,在一些领域,在一些人当中,诚信、信义荡然无存。近年,网络上探讨一些问题,比如,老人跌倒了要不要去扶,我说,要毫不犹豫地扶,一个有着五千年文明史的国家,一个以礼仪之邦立世的国家,现在居然讨论"老人跌倒了要不要扶"这个问题,是不是有些悲哀啊。即便13亿人当中有一个人讹人了,我们应该相信,更多的老人是善良的。结果现实是就因为那一个人,动摇了我们的信仰,这个损失太大了。所以我说毫不犹豫地冲上去扶起来,然后做出你所应该做出的事情。当然,你可以稍稍有一点智慧,假如老人是心脏不好,那还真不要扶,你可以先给他放平,假如你还有点儿心肺复苏的本领,那就更好了。如果真的有一天老人跌倒了都不扶,你告诉我,是这个老人的悲哀,还是全民族的悲哀?重塑信仰、重塑信念、重塑信心,在今天来讲,是一个非常有价值的命题。但是你说怪我们的孩子们吗?怪社会上的冷漠吗?好像又不能一味放在道德的法庭上去指责。因为改革开放以后,确实有一些失信的行为,而这些失信者又没有遭到惩罚,他失信的成本很低。因此我们每一个人以我们的微薄之力呼吁,尽管有着这样那样的信仰危机,但我们仍然坚信天下99.9%的人是可爱的、善良的,仍然是有信义的人民。所以仍然坚持去做善事,仍然坚持信守诺言,仍然坚持树立崇高的理想。人的一生也许追求不了伟大,但是不能不追求崇高。中央台有个节目《感动中国》,我每年会看,而且会看得涕泪横流。但是《感动中国》播出以后,就有一些刺耳的声音,比如有人说"纯属作秀"。我却说如果一个人能够35年去作秀,也是一个十分了不起的人了。凡是感动中国的人物,从他一开始从来没想着要感动谁,结果一不留神就感动了中国。所以这些年选出来的感动中国人物,他们的颁奖词里面一定有一个数字,"数十年""几十年""十数年如一日",都有这些词。也许我做不到,包括我们在座的做不到,没有关系,感动你自己,感动你的身边的人就好。从点滴小事做起,做一个有信仰的人。一个国家要重塑自信,这种自信从哪里来?从民众的信仰和信念当中来。

最后是有谦。我们还应该是谦虚的。《易经》是一部古老的典籍,是我们的文化宝藏,取之不尽,用之不竭。《易经》由六十四卦组成,每一卦都是吉凶转化,而作为六十四卦中的第十五卦谦卦,是唯一一卦六爻皆吉的卦,它从头到尾都是吉的。为什么是吉的呢?"谦"的解释是"亨",然后是"君子有终",一个人具备了君子的美德,他一定是可以善终的。一个人可以寿终正寝,这叫"善终"。拥有谦虚美德的人,一定会"君子有终",万事亨通。为什么谦卦是亨通的呢?它是艮下坤上,艮是山,坤是地,这是何等的踏实。"天道下济而光明,地道卑而上行",因此天道亏盈而益谦,地道变盈而流谦,具备了谦虚美德的人,"鬼神害盈而福谦",连鬼神会护佑那些具有谦虚美德的人,所以他可得善终。谦谦君子用涉大川,一个具有谦虚美德的人,一定可以渡过人世间一切沟沟坎坎,因为它是吉。到了六二爻的时候是"鸣谦",会表现为贞吉,这个人就会有祥瑞之兆;然后六三爻是劳谦,我们是很勤奋的人,所以君子有终。一个人把这种谦德表现出来,就无不利,做事情没有做不成的。如果他去打仗,一定可以取得胜利。所以我们说,谦谦君子用涉大川,既亨通,又吉祥。

什么是一个大国的风范?一个包容的人,一个有信仰、信誉的人,一个有德行的人,一个谦和的人,最后一定是和谐的,和谐的人际关系、和谐的国际关系,他们之间是有因果关联的。从大国精神的解读来讲,对于我们弘扬中国梦,宣传中国梦,树立大国风范有益处。

第二,从社会层面上看就是大同理想。从社会层面上,和我们生活相关的,我觉得有一个词用得就非常多了,叫"大同"。大同理想来自于《礼记》:"大道之行也,天下为公,选贤与能,讲信修睦。故人不独亲其亲,不独子其子,使老有所终,壮有所用,幼有所长,鳏寡孤独废疾者,皆有所养,男有分,女有归。货恶其弃于地也,不必藏于己;力恶其不出于身,不必为己。是故谋闭而不兴,盗窃乱贼而不作,故外户而不闭,是谓大同。"这段话特别集中地反映了先哲对未来社会的理想和理解。

首先,从社会理想看,就是"天下为公"。天下不是一个人的,不是为了满足谁的一己私利,用现在的话来讲就是"公信",更多是一种公共权力,媒体常常会有这些话,"提高各级政府的公信力",私信是你的个人信誉,政府办事情,是不是更得讲信誉?"言必行,行必果。"比如,城市道路建设发出公告,承诺11月30日修好某一条街道,就克服一切困难修好,到了明年拆迁的时候,大家就知道什么时候会有康庄大道,自然愿意配合拆迁。丧失公信力很容易,重塑公信力却很困难的,非常非常困难。你做了一百件事情是守信的,有一件事不守信就动摇了老百姓的信念。所以从国家层面来讲,天下不是哪一个人的天下,共产党的宗旨是全心全意为人民服务。

我们从执政理念来讲,从顶层设计来讲,从历史的角度,今天的中国是历史上最好的中国,六十多年没有战争,老百姓可以过上理想的生活。《桃花源记》里面的理想社会是什么?"春蚕收长丝,秋熟靡王税。"往来耕作、怡然自乐,那就是桃花源。我走访过很多地方的农村,访谈过很多农民,他们中的大多数人对自己的生活状况是比较满意的,他们说农业税早就不收了,种了地不收税,国家还给你钱,一年一亩地给100块钱的补助,种玉米还有90块钱的补助,到了农耕的时候,还有农机具的补助,虽然老人一个月只有60块钱的养老费,但也能解决柴米油盐的日常生活问题。所以扪心自问,摸着良心去说,你纵观历史,可以说今天的中国是历史上最好的时光。中国历史上的所谓治世加起来也不过一百多年时间,唐初贞观之治,后来有了开元盛世,贞观之治二十多年,加上开元盛世就是六七十年。今年我们是建国66周年,在66年当中,境内没有发生过战争,没有战祸,社会总体上向好,今天的中国是世界历史上、也是中国历史上面向未来的时代,是可以给后人浓墨重彩加以书写的时代。所以古人说,只要天下为公就可以大道之行。

其次,从社会管理看,就是"选贤与能,讲信修睦"。让贤能的人去管理社会,让这个社会呈现出民主、诚信、和睦。中考刚刚结束,高考也结束不久,人们对高考有很多诟病,像什么作文题之类,提出这样那样的新问题,但是失去高考会更可怕,因为它是选贤与能的重要途径。如果有一天不高考了,我跟我的学生说,孩子们,平民子弟恐怕就没有机会进入到社会上层,永无机会。恰恰是高考给了我们这样一扇大门,虽然有这样那样的问题,这些问题可以改革,可以不断地修正。今天的高考在网络化、信息化、公开化的背景下,是公正、公平、公开选拔人才非常有效的机制。它的可贵之处在于为社会中下层的人们提供了一个向上流社会,向上层社会流动的一扇大门,这扇大门对每个人是公平的,只要勤奋。考一个省级状元,不用发愁学费的问题,每年还给你两万多块钱的助学金。所以不要怨天尤人,命运在你的手里。过去我不太相信分数说明问题,今天我相信这一点。凭什么人家考680,你考280?山西的高考状元是686,但考一两百的人也多得是,为什么人家学得好,你没有用到该用到的心,没有尽到你的力。尽管大家在指责高考,问题说了一大堆,但是我仍然把这个结论给大家,当代的高考,其一可以放在阳光下暴晒,经得起时间的考验;其二分数绝对说明问题;其三能力昭示未来。

最后,从社会秩序上来讲,安定和谐。"人不独亲其亲,不独子其子,使老有所终,壮有所用,幼有所长,鳏寡孤独废疾者皆有所养。"老而丧妻的人叫"鳏",老而丧夫的人叫"寡",少而无父母的人叫"孤",老而无子女的人叫"独"。孟子讲,老吾老以及人之老,幼吾幼以及人之幼,我们自己有老人、有孩子,所以我们要爱别的老人、爱别的孩子。前段时间有一个报道,北京有一个失独团体不断进行政策申诉,希望给失独家庭一些养老保障。这个诉求有其合理性,和我们每个人都是有关系的,人生的路谁知道走到哪一步呢?天有不测风云,人有旦夕祸福,我们往往难以预测未来。汶川地震以后,年轻人没有问题,可以再生一个,但是四五十岁的人,他可能失去了这个机会,成了一个失独家庭,你让他怎么面对漫漫的老年生活?我们叫"养儿防老",没了孩子,我靠谁养老呢?要实现靠社会养老。对于残疾人,我们希望他们的生活更便利。原来我们很羡慕一些发达国家,公共场所都有坡道,只要有台阶的地方都有坡道,今天欣喜地发现我们很多公共场合也有坡道。不要看门口只有几个台阶,可能使得残疾人朋友就无法上来。我们图书馆这儿有轮椅,非常好,这就是社会的进步。再比如我还发现一个现象,我们公交站的站牌底下有盲文,不是所有的都有,但已经开始有了。那么鳏寡孤独废疾者都是社会的组成部分,他们本应该得到社会更多的关爱,但往往他们被忽略掉了。一个社会的文明程度一定不是取决于有钱人过怎样的日子,一定不取决于高收入的人过怎样的日子,而是取决于鳏寡孤独废疾者过怎样的日子。如果有一天我们所有的老人都可以安享晚年,没有后顾之忧,我们的医疗教育能够进社区、进家庭,是不是更好呢? 所以社会的和谐是很多方面,点点滴滴的。到了那天,那就是"路不拾遗,夜不闭户"。

大同理想还要尊重生命。什么叫尊重生命? 有一天,如果人更值钱了,那么社会就进步了。早几年有一个山西黑砖窑事件,在座的年龄长一点的都知道,雇了很多童工,甚至于童工小小年纪就陨落了,没命了。《劳动法》对于个人的保护,一个企业一旦出现安全事故,赔偿金是几十万。我觉得还远远不够,如果死一个人企业需要赔偿几千万的话,那哪个企业还敢不高度重视安全生产而轻易发生事故吗? 马上到了暴雨的季节,每个人都有可能会不小心掉到窨井里,这个案件屡屡发生,有几个人得到赔偿了? 有人起诉了当地的市政,说你怎么没有把窨井弄牢靠呢? 你看一下德国的窨井,上面是金属的盖子,底下还有一个网,就算那个盖冲走了,金属网还在,所以人是掉不下去的。如果因为有人掉到窨井里而提起诉讼,赔偿金额高达到几千万,大家想想,我们的道路质量能不优良吗? 尊重生命不是说说而已的事情,和每个人都太有关系了。什么是真正的进步? 天下为公,社会和谐,尊重生命。所以如果有一天我们可以尊重生命,我们实现梦想的路也就不远了。

怎么实现呢? 那就是实现社会的小康。"小康"这个词来自于《诗经·大雅》:"民亦劳止,汔可小康。"它的特征是人各亲其亲,各子其子。你把自己的孩子养育好,把自己的老人赡养好,恪尽职守,在工作上兢兢业业,做一个遵纪守法的模范公民,有能力的话,还可以做一点社会公益,帮助别人,你也是社会的道德楷模,因为我们在为小康社会做着贡献。每个人爱自己的孩子,我们稍稍往前推一步,爱一下身边的孩子是不是可以? 我们还能够做到对我们身边稍微远一点的人伸出手,还可以对身边的老人伸手搀一把,离大同社会也就为时不远了。

第三,个人层面就是君子之道。君子之道是中国传统士人孜孜不倦的人格追求。我们对人最高的褒扬,说那个人是个君子。

首先,君子是"仁者不忧,知者不惑,勇着不惧"。一个君子是一个有仁爱之心的人,是一个有智慧的人,是一个勇敢的人。所以当国难当头的时候,他会挺身而出,同时他还是一个勇敢的人,狭路相逢勇者胜,同时他无所畏惧。一个人无所欲求,必然抱定不忧、不惑、不惧的人生态度。

其次,君子"不怨天,不尤人"。做到这点容易不容易? 太不容易了。生活中总是见一些人充满了抱怨,连夫妻之间也是这样,不管两个人之间出现什么问题,都在埋怨指责对方。有一句话叫"圣人常过,小人无错",圣人是自我反思,"君子求诸己,小人求诸人",君子总觉得这个事情自己做得不够好,小人则出现任何问题都是指责别人。举个小例子,村里有两户人家,都是大户人家,其中一户非常和睦安详,而另一户总是在吵闹争斗当中。日子过得不和睦的这家族长想知道到底出了什么问题,症结何在,就到另外一家看看。到了那家,刚一坐定,主人放上茶,还没来得及喝茶的时候,女主人正在擦地,主人家的大儿媳妇从门外进来,结果地是湿的,儿媳妇五体投地地倒在了地下。这个时候,摔倒的儿媳妇一骨碌爬起来说"抱歉,我没有看到您在擦地",婆婆冲上去抱住媳妇说"对不起,对不起,我在擦地,忘了说一声",更为可贵的,儿子抱住两个人说"抱歉,怪我没有及时提醒你俩"。来取经的这个人豁然开朗,找到问题的症结。生活当中都有这样那样的问题,每个人的思虑不可能是很周全,难免大错不断,小错不断,君子说的永远是"抱歉,我没做好",而小人说的是"都怪你",所以战争就会无休止地存在下去。因此,做到不怨天尤人,太不容易了。家庭有六个字就够了:不怨天,不尤人。

最后,君子是有道义、有担当、具有强烈的使命感。"士不可以不弘毅,任重而道远。仁以为己任,不亦重乎? 死而后已,不亦远乎?"一个君子的人格追求是丰满的,还表现为他在利益面前,"君子喻于义,小人喻于利。""君子怀德,小人怀土。君子怀刑,小人怀惠。""君子和而不同,小人同而不和。"一个君子不是一味地屈服于别人,而是求同存异,有原则地达到人际关系的和谐;而小人恰恰相反,为了一己私利,而刻意逢迎趋同,拍马谄媚。"君子周而不比,小人比而不周。"因此,君子是坦荡荡的,而小人则常戚戚。

中国梦有着深厚的文化积淀和历史渊源。博大精深、历久弥新的中国传统文化为实现中国梦提供了重要的思想资源、文化认同、精神动力。

有理由相信,中华民族伟大复兴的中国梦不仅是中华儿女的价值追求,更是可以通过每一个中国人脚踏实地的践行,而变为美好的未来。相信在座每一个人的未来不是梦,所有的梦想都开花,愿每一个人好梦成真,心想事成,共圆中国梦。

谢谢!

二〇一五年七月五日

乡土院落中的民族文化记忆

何建超

何建超，主要从事文化创意产业和文化遗产管理研究工作。已出版作品有：《大明宫之谜》（陕西人民出版社，2009年）；《大明宫唐诗辑注》（人民出版社，2011年，该书荣获西安市第七届社会科学奖三等奖）；《文化遗产城市的崛起——解读城市文化遗产的可持续发展》（人民日报出版社，2013年）。

文 以 载 道

何建超

2015. 11. 1

乡村正在经历一场前所未有的变革,新型城镇化建设要保护乡村的生态安全、文化基因、景观意象、土壤气候和村落文明。因此乡村必须建立一种新的秩序,必须从内生长出一种自发的生机,即由传统文化上升为乡村共识和国民性格,获得文化认同,包括道德是非观念、孝敬思想、公益精神、团结协作和荣辱观念等,以适应城市化的潮流,唯有如此,才能真正让人们诗意地栖息在大自然怀抱里,让乡村永恒。

非常荣幸能有这样一次机会与大家共同分享我对乡村文化的一些研究成果。我们知道,乡村之美在于环境美、风尚美、人文美、产业美,还有建筑美。而现状却是传统村落正在大量消失,乡村旅游和乡村遗产保护的矛盾愈加突出,特别是作为乡村身份认同的乡村建筑,在新型城镇化建设浪潮中逐渐在失去传统性、地域性特征。未来乡土民居走向何方,这值得我们深思。

今天的讲座分五个部分:第一部分是乡土建筑的发展历史;第二部分是民居分布及特点;第三部分是传统民居蕴含的哲学思想;第四部分是乡村文化灾难引发的思考;第五部分是文化创意让乡村再造。

下面就进入正题。

一、乡土建筑的发展历史

广义地说,乡土建筑就是土生土长的建筑,包括住宅、祠堂、寺庙、书院、商铺、桥梁、亭台楼阁和牌坊等。这些乡土建筑不是孤立的,而是相互组合的,从而形成千姿百态的村落文明。乡土建筑和水、周围环境、土地所组成的生活空间和环境,我们称之为乡土环境。

乡土建筑既是各民族物质文化和精神文化的重要载体,同时是传递乡土文明和乡土艺术、建筑艺术的载体,比如平遥古城、乔家大院、王家大院,都是北方民居的典范,是人类共有的文化遗产。

(一)原始社会:建造意识萌芽

在距今约5500年~5300年的新石器时代晚期,古人居无定所,饱受禽兽蛇虺荼毒。后来圣人发现在树上建筑房屋,既可挡风遮雨,又能躲避禽兽,古人欣喜无比,就拥立这位圣人为王,号"有巢氏"。这位圣人就是远古时期部落联盟首领之一,居住在古黄河下游一带。石镰、石斧等生产工具出现后,使得古人生活方式、居住方式发生变化。一部分选择山洞居住,一部分选择在树上栖息,一部分向平原迁徙,古人开始尝试对所谓的"居室"进行修缮,"建造"意识萌芽,并逐渐演化成巢居和穴居两种主要形式,而穴居又逐渐过渡到半穴居、地面起屋的建筑形式,这是后面要讲的。

穴居又经历了横穴、半穴居、原始地面建筑、分室建筑等几个阶段。最早的横穴是对自然山洞的简单模仿,是一种除了内部空间和穴口之外没有更多外观体形制的建筑形式。

原始社会末期,私有制萌芽,但基本上还是公有制为主。公元前21世纪,夏朝打破了原始公有制,人类社会有了等级划分,有了奴隶主和奴隶阶层。等级观念延伸到住宅领域,统治阶级住在宫廷御苑中,而庶民只能住在简陋风雨棚里。因此也有学者认为民居是阶级出现后的产物,民居是相对于宫廷建筑而言的。

(二)夏商时期:为中国建筑确立原则和规范

由于年代久远,夏商时期的建筑实物没有保留下来。

夏时期村落出现,共同的氏族或者宗教信仰使得人们在村落中和平相处,这就形成了最早的村落文明。村落是人类文明的摇篮,一方面能促进文明集团化发展,另一方面能形成共同价值观。一个村落中往往有着共同的神、图腾、信仰、价值观和生活哲学。

夏时期最具代表性的遗址有河南商丘二里头建筑遗址;河南偃师二里头遗址;内蒙古朱开沟遗址;山西夏县东下冯村二里头遗址等。考古发现,河南商丘二里头遗址房屋的基础为圆形,还有草、泥巴、砂石等建筑材料。考古还发现这个时候已经有了地面上台基建筑,而且台基上还有木骨,用泥巴裹着。这些考古发现验证了穴居已经发展到了在地面上进行分室建筑的结论。

西周时期,战争较少,建筑活动频繁且涉及面广,像城垣、宫殿、庙宇、祭坛、陵墓、道路、水系等出现建设热潮。这个时期还出现高台建筑,有了中轴线规划意识,为后世建筑活动确立了一些原则和规范。

(三)汉时期:各类民居相继出现,建筑出现第一个小高峰

汉代规模较小房屋布局为矩形或曲尺形,阔一间到三间,入户门位于中央或一侧,房屋多为一层或两层,达官贵人、士大夫住宅大多是前后两排或多排,中间有院落衔接,形成封闭的"口"字形,有的还附带园林。《后汉书》记载:"冀乃大起第舍,而寿亦对街为宅,殚极土木,互相夸竞。堂寝皆有阴阳奥室,连壁雕镂,加以铜漆,窗牖皆有绮疏青琐,图以云起仙灵。"足见当时达官贵人住宅已相当奢华。

出土的汉代画像砖、壁画、陶屋、陶灶等文物上都有大量民居图案。画像上,民居形状各异,有仓廪、牲畜圈、楼屋、塔楼、亭榭和水井等。各类民居基本完备,进入发展的小高峰。

(四)魏晋南北朝:追求舒适的田园之美

这个时期住宅继承了汉风规制,但由于政局动荡,社会各阶层不再局限于统一的文化,普遍崇尚老庄之学,盛行清谈,居室受其影响追求舒适、田园之美。正若"土地平旷,屋舍俨然;有良田美池桑竹之属。阡陌交通,鸡犬相闻"。

(五)隋唐时期:建筑出现第二个高峰

隋唐时期是民居发展的高潮时期。全木结构建筑大量出现并发展成为固定的建造格式,而此前建筑包括大型宫殿都是土木结构而非真正的全木结构。从建筑风格上来说,秦以后民居风格拙朴、严肃,而到了隋唐时期开始向富丽堂皇转变。诗人白居易曾在《登观音台望城》中盛赞长安城民居形若棋盘:"百千家似围棋局,十二街如种菜畦。"唐帝国对房屋规制严格限制,《营缮令》规定:"六品以下官员住宅和庶人住宅基本相同,大门阔一间,深两架,堂阔三间。进深上则是庶人四架,官员五架。"

(六)宋代:封建社会的最高水准

宋代建筑继承前朝风格,逐渐系统化,达到封建社会较高水平。单体建筑形式和技术都已完善,文化内涵更加丰富,住宅等级较前朝更为

明显。《宋史·舆服志》记载:"执政亲王曰府,余官曰宅,庶民曰家。"主要建筑布局有一字形、丁字形、曲尺形、工字形,其中又以"工"字形最普遍。总体而言宋代建筑表现出了新的风尚。

(七)明清时期:中国古典建筑的绝唱

明代建筑样式继承宋代营造法式,无显著变化,但建筑规模更宏大。明初建筑风格与宋元相近,古朴雄浑,等级森严。明洪武年间规定:"功臣宅舍之后,留空地十丈,左右皆五丈。不许挪移军民居址,更不许于宅前后左右多占地,构亭馆,开池塘,以资眺游。"这些严格规定使得唐、宋、元时期形成的丰富建筑造型和复杂布局不复存在,无论是深宅大院还是小户人家都严格遵循"前堂后寝"格局。明朝后期建筑风格愈加烦琐。这个时期四合院、窑洞、干栏式建筑等都成熟定型。

(八)1980年以来:迷失传统、克隆模仿、极度不自信

20世纪80年代以来,民居建筑出现建设高潮,大量使用新型建筑材料,这个时期普遍崇尚西学。建筑领域同样模仿克隆西方过时的城市规划和住宅建设,所谓的现代化就是西方化。那"燕子飞回绿水人家绕"的田园,"稻花香里说丰年"的景观,那"夕阳西下,断肠人在天涯"的淡淡乡愁渐行渐远。

二、民居分布及特点

中国南北地区气候各异,生活方式不同,因之形成了丰富多彩的民居。粗略统计全国各类民居有四十多种,大概可以划分为以下几个门类:

(一)窑洞式民居

窑洞院是从穴居形式发展起来的,在北方地区比如陕西、陕西北部比较普遍,祖先们从山洞里搬到平原上,按照既有经验盖房子,但是平原地带没有天然山洞,于是祖先们就在疏松的黄土上开凿窑洞。史料记载最早的窑洞始于六千多年前,至今在山西、甘肃、陕西还有大量居民居住在窑洞里。传统窑洞院是仿造四合院形式构建,有堂屋、卧室、厨房、仓库、花园,甚至围墙。窑洞是中国人创造的独特居住方式,将自

然图景和人文图景完美结合起来,节能环保、冬暖夏凉,窑洞体现了祖先们善假于物的智慧。

北方窑洞院还衍生出一个奇特的建筑——地坑院落。主要分布在陕西西部、河南陕县和甘肃部分农村,特点是"进村不见人,听声不见房。"为什么? 因为人都住在地下。这种建筑是在地面向下挖十丈见方大坑,用坡道和外围相连,根据太阳的直射区分确定正房、厢房、厨房和柴房。现在大部分居民已经搬离了坑院式建筑,当地把地坑式建筑作为文化旅游的重要卖点来打造。

(二)干栏式民居

干栏式民居主要分布在广西、贵州一带,建筑材料是当地盛产的毛竹或者木头,下面架空主要用于储藏物品或者作为仓库。干栏式建筑和南方的气候特点密不可分。

(三)庭院式民居

庭院式民居遍布大江南北,比较普遍,布局不拘一格,既有中轴对称也有局部对称。庭院式民居又以"四合院"最为著名,四合院是汉族地区居住的主流形式,13世纪以后逐渐发展完善成为现在的四合院。北方四合院基本分为前后两院,前院后院有游廊连接,尺度比较适合北方气候特点,是理想的居住空间。

江南天井院也是庭院式民居的一个重要分支。主要分布在浙江、江苏、安徽一带。天井院特点是面积小、长方形,像印章般朴素、简洁,不易受到太阳照射,能有效降低室内温度。多数天井院依水而建,舟楫往来,热闹非凡。

(四)福建永定土楼

福建永定土楼是民居大家庭中的一朵奇葩,主要分布在闽南地区,以永靖和南靖县最为典型。结构上有圆形、方形、八卦形等。已被纳入世界文化遗产,仅存有八千多座,规模非常大,而且坚实耐用,外围直径最宽能达到70米,外围房间最高达到4层,可居住300余人,而且就地取材,在楼中间开阔地带建有公共建筑,有仓库,遇到战乱的时候大门一关就将外面世界隔绝起来。

（五）蒙古毡房，藏族碉房

蒙古族通常居住在可移动的蒙古包和毡房中，在"天似穹庐，笼盖四野，天苍苍，野茫茫，风吹草低见牛羊"的草原上洁白的毡房珠翠散落、安静纯洁，成为草原上最美的风景。不同于草原毡房，藏族典型民居是碉房，藏北的毡房，藏南谷地的碉楼，雅鲁藏布江流域的木房都具有浓郁民族特点和地域色彩。

（六）徽派民居

徽派民居是徽州文化之精髓，又以西递、宏村为胜，迄今已有九百多年历史，青山做屏、清流抱村，祠堂、书院、牌坊一应俱全，实属民居瑰宝。

三、传统民居蕴含的哲学思想

前面讲了我国民居发展历史和分类特点，我国民居不同于西方民居，西方民居以石材为主，百年甚至千年矗立不倒。我们则是土木建筑，具有法天、法地、法自然的特点。

（一）天人合一

中华文明诞生于乡村。曹锦清先生曾讲过："任何一个小农家庭都将处于四种关系中：人与土地问题及与自然的物质交换问题；利用血缘关系和情感关系所维系的，非市场和人情市场的交换关系；人与市场的交换关系；家与国家的交换关系。"乡土建筑作为传统文化重要载体传递着中华民族的文化特征和哲学思想。首先是"天人合一"，正所谓"天地与我并存，万物与我合一。"天地是统一的物质体，"天人合一"就是住宅和自然和谐统一、相互交换，所以传统民居在选址、布局等方面都很讲究，大都背山面水、负阴抱阳、因地制宜。

（二）宗法思想

祠堂是乡村伦理思想和宗法思想的集中体现。祠堂从家庙演变而来，是安放祖先牌位的地方，也是乡村重要的公共空间。公共空间英文解释是"public space"，包括图书馆、广场、美术馆、音乐厅、公园等。公共空间是让人们社会活动、社会礼仪交往的空间，西方的乡村公共空间主要是围绕着教堂展开,教堂一度是最高建筑,钟声响起,人们就从四面八方纷至沓来。中国乡村公共空间包括庙宇、村口、祠堂、桥头、戏楼、磨面房、村委会和社区活动室等。公共空间是思想文化、地域文化、饮食文化等的集中体现,乡村公共活动大多是围绕家庙、祠堂展开的,祠堂在族人心目中神圣不可僭越,在祠堂举办的各种祭祀活动能强化宗族血缘关系,因此祠堂也成为封建家长制的象征,是礼法最集中的区域,具有浓厚宗教色彩。

(三)伦理思想

伦理诞生于家庭但又不局限于家庭。在文明社会法律主要在于规范言行,礼制是辅助,而在乡土社会礼是主要的行为规范。在汉民族文化意识中家长权威不可挑战,不像国外父子间可勾肩搭背,互相调侃。因此在住宅结构上正房、厢房尊卑有序,这种布局强化了伦理观,维系着道德秩序、男女交往甚至商品买卖。

(四)礼制精神

传统民居注重细节、重人文、重美化、重教育,提倡生活美学和美学生活,在屋脊、窗户、檐口、廊柱等角落的砖雕、木雕、石雕上大量绘有神话故事、民间传说、花鸟虫鱼等,中国人用这种独特的建筑符号传递着道德观念和礼制秩序,也传递着主人的美好愿望——家业兴旺,健康长寿,儿女有成。传统哲学影响民居,民居又强化了审美观、价值取向、伦理观念和宗法思想。

四、乡村文化灾难引发的思考

保罗·坎纳顿曾提出"习惯性记忆"的概念。他认为在一个文化中成长,人们需要学会用自己的身体和语言重复呈现仪式行为的恰当模式,在已有条件反射的心理状态下,一旦仪式的要求出现,人们很容易做出相应的反应。他同时认为"在习惯的记忆中,过去积淀在身体里"。

在乡土中国时代,这个"习惯性记忆"犹如著名油画《父亲》形象。他是我们共同的父亲——勤劳、朴实、耕耘一生却依然过不上有尊严的日子。"父亲"也是昔日中国象征——贫穷、落后、迷茫甚至绝望。但是不管他是多么刺痛人心，但他毕竟代表了中国人的民族文化身份。当上千年的农业文明逐渐退出社会经济主导地位时，农耕文明孕育的关于生存和繁衍的哲学随之土崩瓦解，而新的生存哲学尚未建立起来，必然出现身份认同危机。那么什么是民族身份？梁启超曾言："以界他国而自立于大地。""天处乎上，地处乎下，居天地之中者曰中国。"如果说《父亲》是过去农民身份界别，那么今天农民形象又是什么？是支撑城市这个容器高速运转的农民工，是空心化乡村里翘首期盼孤寡老人，还是留守儿童无助的眼神？

过去的三十多年中国进行着地球上有史以来最壮阔的城市化运动，消耗掉了全球三分之一钢材，四分之一水泥，用来建设城市！但是由于乡村没有和城市同步发展，大量乡村精英被选拔到城市工作，乡村空心化愈演愈烈。数据表明：截至2014年底，我国城市化率已达52.57%，每年还在以5%的速度递增，乡村文化断层在所难。在传统乡村社会里，人长期依附土地，具有不流动或较少流动的特征：

（一）乡土社会

一切以乡土为出发点。乡土建筑、乡土景观、乡土生活。费孝通先生就曾言："从农民一朝的拾粪起，到万里关山运柩回乡止，那一套所系维着人地关联，支持着历史未衰的中国文化。"

（二）熟人社会

传统意义上乡村具有"熟人社会"特征。在"熟人社会"里乡村是"亚普罗式的"（费孝通语），是稳定的。大伙有着共同文化圈，有着基本相同的价值观、生活态度和人情往来。所以在"熟人社会"偷鸡摸狗、作奸犯科、卖淫嫖娼概率相对少。而城市属于"市民社会"，是由陌生人组成的不稳定文化圈，大伙因利而交、因利而散，靠金钱和地位来维护尊严，这就构成对以"熟人社会"为基本特质的传统价值观的冲击。

（三）宗法社会

一个村落往往有一个或者多个姓氏，同一姓氏之间具有较强凝聚力，他们共同生产、生活，共同抵御外来侵略，同时由于家族堂祠堂氏族训导的无形约束，社会风气不至于败坏到无可救药，而宗族力量则在某种程度上起到社会稳压器作用。宗族里德高望重者往往充当"意见领袖"，他们调节乡村道德、教育、经济、文化和交往。在宗法社会有祭祀、仪式、议事等烦琐社会活动，这些都让乡村生活有了意义。当然，一种文明的衰落总有其规律，宗法社会有落后的一面，但也不乏可取之处。

（四）姻亲社会

（五）乡约社会

"德业相劝、过失相规、礼俗相交、患难相恤。"这曾是中国历史上著名的《吕氏乡约》。这套制度诞生于宋熙宁九年（1076），是由陕西蓝田乡绅吕和叔倡导发起。上千年来，在法律之外是乡约在规范着乡村道德，今天的乡村还能找得到这样理想化的道德典章吗？

随着经济全球化，中国迅速城市化，乡村从"熟人社会"向"半熟人社会"甚至"陌生人社会"过渡，必然出现大量社会问题，概括起来有以下几个方面：

第一，失地农民生活问题；第二，农民身份认同危机；第三，乡村空心化问题；第四，乡村养老问题；第五，乡村生态危机；第六，信仰缺失问题。

纵观今日之中国乡村不由得让人想起梁簌溟先生所言："中国的问题并不是什么旁的问题，就是失调——极严重的文化失调。"

五、文化创意推动乡村再造

2013年12月，全国新型城镇化工作会议强调新型城镇化建设要"让居民望得见山、看得见水、记得住乡愁"。有学者认为"如果说传统意义的乡愁所指向的多是有限的乡村场景、人物和故事的话，现代意义上的文化乡愁所指的则是一种具有人文意味、历史情怀的文化象征"。

梁漱溟先生认为中国文化的根在农村，没有农村的补给，文化就会出现断层。费孝通先生年轻时出国求学，在箱底里压一包故乡的泥土，想家的时候拿出来闻闻，心就安定下来。为什么呢？中国人的乡愁从秦时明月汉时雄关到千里江陵一日还，连绵不绝。乡愁早已融入中国人的骨子里。记得住乡愁就要保护好祖先留给我们的乡村文化遗产，包括物质的和非物质的文化遗产。"为什么我的眼里含着泪水，因为我对这片土地爱得深沉。"土地滋养万物，有人类所需要的一切丰饶产出。但是地球上最壮观的城市化让乡村衰落速度比想象的更快更彻底。2002—2012年，中国城镇化率以平均每年1.355个百分点的速度发展，城镇人口平均每年增长2102万人。2012年中国城镇人口比重达到52.57%，比2002年上升了13.48个百分点；城镇人口为71182万人，比2002年增加了20970万人；乡村人口64222万人，比2002年减少了14019万人。未来10年，中国将有65%的人口迁向城市，三分之二的城市缺水，流经大地的河流几乎找不到没有被污染的，地下水位每天都在下降，荒漠化面积不断扩大，有50%的湿地在消失或在消失的路上。本来城镇化集约了人口，可耕作土地因此可以增加，但是现实却相反，城镇化并没有腾挪出更多可耕种土地，而是占用国土空间过多，基本农田和优质耕地减少过多过快，粮食安全、生态安全、文化安全、景观安全都面临严重问题。

要找回乡愁首先要倡导新型土地伦理观。

土地伦理是美国作家奥尔多·利奥波德（Aldo Leopold）率先倡导的。土地伦理是"一种处理人与土地，以及人与在土地上生长的动物和植物之间的伦理观"。"土地伦理是要把人类在共同体中以征服者的面目出现的角色，变成这个共同体中的平等的一员和公民。它暗含着对每个成员的尊敬，也包括对这个共同体本身的尊敬。"我个人认为新型土地伦理观的核心是土地生态安全和乡村文化遗产保护传承。具体说包括以下几个方面：

第一，要严格控制乡村规划；第二，要逐步修复被污染的土壤；第三，要保护多样性的乡村物种；第四，要减少高效农药使用率；第五，要保护乡土风貌。

其次以文化创意推动乡村再造。乡村创意就是将创新思维、科学技术、营销方法和人文要素融合到农业生产中，通过整合资源、嫁接创意、拓展外延，将传统农业生产和农耕体验、生态保护、观光旅游、休闲度假、养生保健、文化传承和古民居保护结合起来的新型现代农业——

即创意农业。

在乡村发展文化创意产业需要嫁接的资源包括田、林、河、路、桥、居、食、具、山等自然元素和非自然元素,文化创意和乡村结合需要把握几个原则:

第一,保持乡村自然美;第二,保持乡村个性美;第三,保持乡村生态美;第四,保持乡村现代美;第五,保持乡村整体美;第六,保持乡村建筑美;第七,保持乡村文化美。

乡村只有在文化创意的滋养下百花齐放、百鸟争鸣,才会"各美其美,美人之美,美美与共,天下大同"。

结束语

乡村正在经历一场前所未有的变革,新型城镇化建设要保护乡村的生态安全、文化基因、景观意象、土壤气候和村落文明。因此乡村必须建立一种新的秩序,必须从内生长出一种自发的生机,即由传统文化上升为乡村共识和国民性格,获得文化认同,包括道德是非观念、孝敬思想、公益精神、团结协作和荣辱观念等,以适应城市化的潮流,唯有如此,才能真正让人们诗意地栖息在大自然怀抱里,让乡村永恒。

二〇一五年十一月一日

中医"健康·疾病·养生"观

梁瑞敏

梁瑞敏,主任医师,科主任,省优秀专家,山西名医,硕士研究生导师,山西省中医药研究院肝病研究所(肝病科)所长,肝病专业学科带头人。山西中医院——国家中医药管理局"中医(中西医结合)传染病基地"负责人。山西省中西医结合学会肝病专业委员会主委,中华中医药学会内科分会委员,国家中西医结合学会肝病分会委员会委员,山西省中医药学会常务理事,国家中医药管理局第一批"全国优秀中医临床人才研修"项目成员。从事临床肝病专业40年,擅长现代肝病慢性肝炎、肝硬化、肝脏肿瘤、脂肪肝的中医药治疗、研究,临床疗效显著,申报并完成多项省级科研课题。

继承中医，
传播中医，
造福人类。

刘吉祥。
2015. 11. 15.

《黄帝内经》里,提到的"形与神俱",这就是健康。"形"就是形体,它包括我们身体所有的有形之质,包括脏器、脏腑、五脏,这个是有形的;"神"就是我们生命的一种现象,也可以说是我们的精神活动。我们讲"形以神而立,神以形而存",形神俱在是生命的象征,形与神俱是健康的标准,脏腑要协调,气血要调畅,阴阳要平衡,只有这些东西都在的时候,才能产生很好的形质,表达出很好的神气。

大家好!今天是我第三次作客山西省图书馆,荣幸与大家再一次做有关健康与疾病、养生的讨论。我们知道,健康是人类追求的永恒主题,健康问题是个热门话题,不仅仅年纪大的人关注,年龄比较轻的也谈健康。不知道在座的有没有人去过医院,凡是去医院的要不自身有病,要不就是家人有病。生了病的人有一种心理,就是特别期盼病体能早日恢复,特别羡慕别人健康,更希望自己健康。所以说,凡是有病的人,才能真正体会到健康的重要性。

"养生"这个话题同样很热,到底养生是怎么回事?健康是什么?恐怕有些人还真答不上来。通俗讲,养生就是对生命的保健保养,身体能够抵御疾病就是健康。养生的目的就是为了减少疾病,延长生命,延缓衰老,长寿善终。中医在健康与养生方面有很多独到见解,并发挥着很好的作用。我们希望中医的这些内容能够对我们健康养生,预防疾病起到作用。

今天我谈这么几个内容:第一是"健康",看中医怎么样认识健康,中医的健康观。第二是"疾病",疾病与健康是对立的,它损害健康,甚至危及生命,从中医观点看疾病是怎么发生的。如果我们知道什么是健康,知道疾病怎么样发生,"养生"的内容和方法就容易理解了。最后,围绕养身保健与疾病治疗,简单谈一下中医的治病理念与方法,从健康养生角度普及一下这方面的知识。

一、健康

健健康康活着是每个人的追求。大家也都说健康是财富,是本钱,是资源,1和0之间的关系很多人解释过,健康是"1",1后边的"0"代表健康以外的其他所有,如果没有"1",那么其他都是"0",事业也好,财富也好,名誉也好,地位也好。如果有健康,那这一切都是真实存在;如果没有健康,那些所有不就都归"0"了吗?过去讲"身体是革命的本钱",健康对人来说也确实是本钱,经常说做生意要有本钱,没有本钱就做不了生意,所以要精打细算,苦心经营,生意才能做大、做成功。健康就是生命的本钱,学习、工作、家庭、事业若没有健康的体魄,那叫"心有余而力不足"。同做生意不能亏本一样,健康需要不断呵护,不能太过耗损。健康又是资源,某些资源有其不可再生性,对身体健康的消耗如同资源的消耗,要想找回将要消耗殆尽的健康资源,不是有钱就能解决的问题。人生离不开健康,这就是健康的重要性。

健康于人而言既然是财富、本钱、资源,就需要我们去保护,而且要用心去保护。如果谈健康的意义,我说健康是一种担当,或者说是一种责任。每个人的健康不仅仅是个人自己的事情(固然自己健康很重要),关乎周围及家人。大家想想,一个人如果长期生病,对家庭,对社会,会产生什么样的影响。有人说在单位你可能是一棵草,不一定那么重要,在家里却是一片天,如果你的健康出问题,那还不是"我的天哪"怎么得了?一个家庭中不论哪一个成员健康出了问题,都会影响其他成员,家庭生活秩序也会打乱;当然,某些重要人物健康出了问题,还会给所从事的事业带来难以弥补的损失,甚至波及更高层面。可以说社会全民健康素质高,社会整体生活质量就高,幸福指数也高。

(一)什么是健康

健康的概念其实不太容易简要概括,可以说不同的人对健康的要求会有所不同,这可能与社会、环境、教育、生活习惯、个体素质、年龄、条件不同等有关。有人说,没病就是健康,那要看什么病、多大的病,在一些人看来是病,但在别人身上可能就不是病;有的病在一些人眼里需要治疗,但换个人就不会去管它。所以在我看来不同的健康理念,产生不同对待健康的态度。健康有没有标准？健康的标准又是什么？世界卫生组织对健康提出的一个概念(标准)是：躯体没有疾病,最起码没有器质性疾病；第二,还要心理健康,身体和心理的适应性要好。这只能是一个"健康的人"的标准。按这个标准理解健康是不是很难界定？我是比较困惑。

中国有着上下五千年的悠久历史,在漫长的历史长河中,中国这片沃土上绽放了许许多多艳丽多彩的文化之花,中医文化就是其中绽放最绚丽的奇葩。在中华传统的哲学思想、思维方式影响下,中医形成特有的健康理念和表述方式。

中医对健康概念的表述很多？比如"阴阳自和"。传统观念认为,阴阳,代表一切事物的最基本对立关系,反映自然界的客观规律,是万事万物运动变化的本源,也是人类认识事物的基本法则。阴阳之间相互对立,互根互用,相互转化。我们在八卦图中看到的"阴阳鱼",就是你中有我,我中有你,一阴一阳,相互包容,互为一体,体现事物整体性、动态性、发展变化性。"阴阳自和"说明构成生命物质、结构、功能及表里、内外、上下的整体协调,对人体来说就是一种平衡,"阴阳和"则健康,失和则为疾病,所谓"阴平阳秘,精神乃治"。也有人讲"天人合一",或有"五脏一体"的论述,还有人讲"气血和顺"就是健康等。这些对健康的概括表述自成体系,各有所长,各具特点,但不够准确。

在《黄帝内经》里,一句经典名言叫作"形与神俱"。我认为这就是中医对健康状态(标准)的认识和完美表述。

《黄帝内经·素问·上古天真论》中记载,黄帝问于天师曰："余闻上古之人,春秋皆度百岁,而动作不衰；今时之人,年半百而动作皆衰者,时世异耶,人将失之耶？岐伯对曰：上古之人,其知道者,法于阴阳,和于术数,食饮有节,起居有常,不妄作劳,故能形与神俱,而尽终其天年,度百岁乃去。今时之人不然也,以酒为浆,以妄为常,醉以入房,以欲竭其精,以耗散其真,不知持满,不时御神,务快其心,逆于生乐,起居无节,故半百而衰也。"指出明白养生、懂得保健的古人就能形与神俱,生命就可以"尽终其天年,度百岁乃去",否则形神受损则身体"半百而衰"。形与神俱状态就是不同人群均可共同认可的生命健康,也是一种健康标准,突出强调"人的健康"概念,这与世卫组织提出的"健康的人"的概念、标准是有所不同的,哪个更好? 我们可以下来探讨。

(二)什么是"形与神俱"

第一,形与神俱是生命的象征。"形"即人之有形之体,包括了生命中的一切有形物质,如躯体、脏腑、经络、精血、津液等。"神"包括一切生命活动现象,诸如精神活动、思维意识、理想信念、情志欲望等。形与神俱就是人体生命必须形神皆备,有形有神,形神俱为一体,相得益彰。形神之间,形产生神,神表现形,形是神的物质基础,神是形的功能活动表现,但神对形在一定条件下发挥主导、支配作用,所谓形为神之体,神为形之用,形持神以立,神依形而存,神在即为生命,神去则为僵尸。从阴阳的观点看,有形的东西属于阴,无形的东西属于阳,所以形体属阴,精神属阳,形神之间"无阳则阴无以生,无阴则阳无以化",阴阳调和,平衡协调,乃为平人,"平人者不病也"。所以中医判断健康,首先观形察神,心中就大概有数了,然后四诊合参,通过形神表现就可以判断大体健康状况,最后才参考什么检查结果、检验指标。

第二,形与神俱有共同的基础。形与神俱是生命活动的象征,二者分曰形神,合为生命,之间有着共同的存在基础,就是脏腑协调,经络调畅,气血和顺,阴阳平衡,所谓"五脏神"就是内在脏腑决定外在形神,通过形神表现出来,只有五脏和五脏之间都处于好的状态的时候,才能产生好的形质,表现出好的神气。"有诸内必形于诸外"就是这个道理。临床可以形神变化来判断内脏状况。比如:中医认为肝开窍于目,五脏六腑之精气皆上注于目;人们常说"眼睛是心灵的窗户",眼神变化,既反映精神状态,也反应五脏功能。心情舒畅,就目光炯炯有神,虚弱不足,则目光黯淡少神,怒气伤肝,肝火上炎,会目赤红肿;视物清晰则肝血充盛,视物模糊则肝血不足。形神存在的共同基础就是健全的脏腑气血功能,没有正常的脏腑气血功能,形与神就失去存在的条件。所以说形与神俱是生命象征、健康的标准,包含了"五脏一体"内外的统一的整体观念,具有客观性、科学性。与世卫组织提到的,躯体没有疾病,心理要健康的标准比较,有更高深的内涵,是"人的健康"和"健康的人"的区别,是不是这样,大家可以思考。

第三,形与神俱是健康的标准。形体健壮的人精神焕发,思维敏捷,行动灵活,适应性强;相反,那些形体衰弱的人容易萎靡不振,精神涣散,目光无神,思维迟缓,行动不便,或者适应能力差,这些现象既反映了形的状态,也反映出神的变化,健康不健康通过形神来概括反映。这种形神统一,便于观察,易于掌握,特别实用于普通大众对日常生命健康的观察。简单举几个例子,便于大家加深理解,比如中医讲"心主血脉,其华在面"。用现在的话来说,心的功能,气血的运行,经络血脉的通畅可以从面部来分析,面色红润有光泽的人,心主血脉的功能会比好;心血瘀阻(冠心病)的人或有心绞痛发作时,经常容易口唇青紫,面色紫暗,没有光泽。这样大体能判断"心主血脉"的功能是否健全。再如"肝藏血,其华在爪"。肝是藏血的器官,主管对血液分布及调节,"人卧则血归肝,人动则血归于诸经",反映肝对血的调节和血养肝的功能。人休息的时候,外周的血液要回到肝里面储存以养肝,人在活动的时候,血液通过肝调节到全身,供活动之用。疾病时,血不养肝或肝不藏血,就会发生肝区隐痛,四肢无力,重则发生出血;有人看到自己指甲上面生发的"月牙"变小了或者没有了,或者指甲粗糙,以为会有什么病,因为"肝藏血其化在爪",其实年龄大一点的人都会这样,因为肝藏血的功能开始减退,指甲失于滋养。长期肝病患者会指甲干枯、变脆、纹理粗糙。"肾藏精,其华在发",每个人头发的疏密、润枯,在多数时候可以鉴别肾藏精功能的充盛与不足,因为"肾藏精"精血互生,"发为血之余"。当头发出现脱落、少白、枯燥不泽的问题,中医要考虑肾精够不够。中医看病"司外揣内",通过面色、指甲、头发、色泽、气质就可以评估你的健康状态,足见形与神俱有其理论内涵和实际意义,作为健康标准并非虚有其名。古往今来,很多英雄豪杰以及我们的体育健儿、长寿老人,他们的身躯形象和道德情操,给我们一种"形与神俱"的感觉。如山西的关公,赤面美髯,八面威风,忠义勇的英雄气概,使我们更容易理解中医形与神俱的健康概念;运动场上的体育健将,动作轻盈灵便,收放自如,及为国争光的拼搏精神,这也体现了形与神俱的健康美;有一对老人,虽然头发花白,形体偏老,但他们精神抖擞,老而不衰,轻轻一吻,会心一笑,既体现外在的形与神俱,也反映内在脏腑气血机能的充盛协调。 形与神俱健康观,建议大家看《黄帝内经·素问》,第一篇《上古天真论》。

第四,形神变化:人生在天地之间,和四时万物息息相关,同时生命也和四时万物一样,要经历阴阳消长、寒暑变迁,万物有生长收藏规律、生命有生长壮老的变化。"形与神俱"也会随生命周期的不同阶段发生演变转化,使人们健康从生到老处于动态过程。《黄帝内经》中记载:"帝曰:人年老而无子者,材力尽邪?将天数然也?岐伯曰:女子七岁,肾气盛,齿更发长;二七而天癸至,任脉通,太冲脉盛,月事以时下,故有子;三七,肾气平均,故真牙生而长极;四七,筋骨坚,发长极,身体盛壮;五七,阳明脉衰,面始焦,发始堕;六七,三阳脉衰于上,面皆焦,发始白;七七,任脉虚,太冲脉衰少,天癸竭,地道不通,故形坏而无子也。丈夫八岁,肾气实,发长齿更;二八,肾气盛,天癸至,精气溢泻,阴阳和,故能有子;三八,肾气平均,筋骨劲强,故真牙生而长极;四八,筋骨隆盛,肌肉满壮;五八,肾气衰,发堕齿槁;六八,阳气衰竭于上,面焦,发鬓斑白;七八,肝气衰,筋不能动;天癸竭,精少,肾藏衰,形体皆极;八八,则齿发去。肾者主水,受五脏六腑之精而藏之,故五藏盛,乃能泻。今五藏皆衰,筋骨解堕,天癸尽矣,故发鬓白,身体重,行步不正,而无子耳。"阐明人生由壮到老是一个过程,也是自然的发展规律,古人以七、八(七指女子,八指男子)作为男女的纪数,作为观察人生健康变化的重要时间节点。《黄帝内经》从生理的正常现象来说明男女生长发育、生长壮老变化,说明衰老不可避免,肾气的盛衰强弱,及肾气所产生的"天癸"是决定生命的生长发育、生殖繁衍和形神健康的关键。有人说人生过程就是一次生命的旅行,有人甚至统计了这个过程有三万多天,有一定道理。在我们的生命旅行中,身体健康状态在前半生呈现的是加法,后半生呈现的是减法,犹如一条抛物线,由盛到极,由衰到竭。中医认为,肾藏精主骨生髓,齿为骨之余,女子七岁、男子八岁肾气盛,齿更发长,是发育的初始。二七(14岁)、二八(16岁)天癸至,"天癸"有促进生殖器官和机能发育成熟的功能,所以女子要有月经,男子要有精泄。"女子二七天癸至,任脉通,太冲脉盛,月事以时下,故有子",也就是说二七十四岁的时候,奇经八脉中的任脉、冲脉通盛,开始有了生殖功能,可以怀孕生子,同样男子"精气溢写","阴阳和,故有子";女子到三七、四七的时候,中医认为是发育到最好的时候,身体对各种病邪侵袭有较好的抵抗能力和清除识别能力,脏腑也具备较强的损伤修复机能,在此阶段很少生病,即使生病也容易痊愈,形神到了最佳的阶段,从五七开始,"阳明脉衰,面始焦,发始堕",面色开始出现憔悴,或者出现衰老,头发开始脱落;以后到七七四十九,太冲脉衰,任脉不通,就不会再有月经和生育能力。形神状态随年龄发生从少到壮的生长、壮到老的衰减,出现一些阴阳失衡、心肾不交、卫表不固等,像更年期症候群的潮热出汗,性情急躁;抵抗力下降,容易感冒,身体适应能力差,记忆减退,反应变慢,潜在的一些健康问题也容易暴露出来;男子也一样,三八、四八是身体发育的鼎盛时期,到五八开始转弯,七八"肝气衰,筋不能动",到八八就肾气衰,形神衰减、形神不足。不论男女,自发育长成到四十岁以后,体内物质由高度发展而渐趋衰落,到五十岁会感到身体笨重,听觉和视觉都不够灵敏,到六十岁,性欲明显减退或消失,中气开始不足,表现在九窍的多涕多泪,二便不能约束,有了下虚上实的现象。了解生命现象和形神盛衰的过程,是为了让我们明白形神健康并非一劳永逸、一成不变,明白人体健康和衰老的客观规律,改变重"补养"轻"保养"、只想年轻恐惧衰老、重视形体不重视形神等不正确的生命健康观,在有限的生命过程树立正确的健康观,体现自己的人生价值。并在规律中及时摄养,强身健体,改变甚至阻止衰老的提前到来,否则不免早衰或衰老。如果已经发觉衰老,再想恢复强壮,那就非常困难了。另外古人以自己的观察体会告诉我们,身体的衰老和强健并不是互不相干的两件事,实际根源就是一个——形神能否充实,就在于重视养生决定。所以《黄帝内经》中有"智者察同。愚者察异,智者有余,有余则耳目聪明,身体轻强,老者复壮,壮者益治。故寿命无穷,与天地终"的精辟论述,告诫人们形神的强壮与衰老从同一基地出发,朝向两个不同方向发展的道理。聪明的人能认识到同根同源的真谛,生命的强壮、衰老就在一念之间,所以不但能长期保持体力壮实,精神饱满,即使年纪已老,身形精神也能和年轻人一样,老而不衰或不容易早衰。

(三)怎样保持健康

既然内经中明确提出肾气是生命生长壮老,及由盛到衰过程的关键。那么我们就要重视对肾气的保护,如果人到中年出现头发、牙齿、面容以及关节的生理性减退、形神发生变化时,说明已经出现肾精不足,肾气衰减,那就再也不要忽视对肾气的保护。生命健康和四时阴阳变化相关,四时可以重来,今年是春夏秋冬,明年仍然是春夏秋冬,而人不一样,身体状况年年都会有变化,长生不老那只是美好的愿望,年年岁岁花相似,岁岁年年人不同,因为形与神俱会随形神变化而变化。因此要树立"顺时养生,道法自然"的养生理念,丢弃那些遥不可及脱离实际的幻想,立足自身,积极向上,不因为有生就有死而悲观失望。人生短暂,好像我们六十多岁的人,常常会有刚刚开始怎么就谢幕了的困惑,乐观地对待人生"笑对人生"有益健康,也有益于社会、家庭,体现自己的人生价值。有的人比较悲观,认为老了没用,想坐着等死,精神委顿,消极心理产生心情抑郁,心理不阳光,不愿意和外界接触,更不能很好地适应外界的变化,这样可能促进衰老,生活质量当然也会下降。因此我们说,认识生命规律,树立正确的健康理念不但重要而且必要。总之,中医通过形与神俱阐释人体健康,通过形神变化阐释健康变化,就是希望青少年能健康成长,中年人不要早衰,老年人老而不衰,老当益壮,预防疾病,长寿善终。

(四)学会如何关注健康

保养生命,延缓衰老,道理大家都懂,但"知易行难",这方面"明知故犯"的医生很多,可能与工作性质及压力有关,对自身的健康不够重视。所以当今社会,经常见到、听到一些年轻大夫身体健康透支和早逝事件,提醒做医生的群体,医生也是人,不要不在乎,疾病面前人人平等,麻痹大意要不得。

关注什么? 看形体,看精神状态,合起来就是形神怎么样。

第一,精神好不好? 如果年轻人,或者中年人过早地感觉容易疲劳,不耐劳累,常常精神不振,可能是早衰的一些象征。另外前面提到过指甲、头发、牙齿、面容的色泽质地变化等容易早期观察到气血、肝肾、血脉方面的状态和是否有早衰存在。

第二,睡眠是否好?"胃口"好不好? 实际是在观察心、脾、肾的功能,心肾相交睡眠就好,心肾不交睡眠不实而且多梦;想吃饭、消化好,就是脾胃功能好,化生气血的功能也好,身体营养精微就不缺乏。好的睡眠、好的胃口是形神健康的基础。

第三,排便好不好,到了一定年龄,会逐步体会到排便是个大问题,排便不通顺,实际就是气机的升降出了问题,下面不通(不降),糟粕不能排泄,废物堆积,那么该升会不升,也就是清气不升,浊气不降,表现出没有食欲,腹部憋胀,头目昏沉,精神不爽。临床上"清肠保肝""清肠醒脑""清肠泄热"等,就是通过灌肠或服药泻下大便,治疗重症肝病、肝性脑病、感染性发热。中医认为肺与大肠相表里,小孩咳嗽,咳痰,发烧,我们也可用清肠的方法,泻热排毒,这是临床的一些经验。我们说在生理状态下,年龄大了以后,津液不足,大肠传导功能犹如"无水行舟",所以排便不通顺。如果中年人过早出现这种现象,应该引起注意,除了用药调理,还要调节饮食结构,改变久坐习惯,做足腹部拍打,在适当增加运动。对健康的关注和关注度,会决定人生的生命质量。这些内容后面养生当中还会谈到。

二、疾病

健康的天敌是疾病,什么是疾病? 借助《黄帝内经·阴阳应象大论》一句话概括"此阴阳更胜之变,病之形能(态)也。"古代哲学概念之阴阳,代表宇宙中万事万物的对立统一规律,是一切事物的本源,是万物发展变化的起源,也是生长、毁灭的根本。中医学运用阴阳对立统一的观念来阐述人体生命活动,以及人与自然、社会等外界环境之间相互依存的关系。阴阳对于人体来说,阴阳平衡是维持和保证人体生命活动的基础,阴阳失调则导致疾病发生的根源,所以健康和疾病也必须以阴阳为根本去进行考查。从阴阳变化来说,阳气积聚而上升,就成为天;阴气凝聚而下降,就成为地。阴的性质为静,阳则为动,阳主萌动,阴主成长,阳主杀伐,阴主收藏,阳主万物的气化,阴主万物的形体。寒极会生热,热极会生寒。寒气能产生浊阴,热气能产生清阳。清阳之气下陷,如不能上升,就会发生泄泻的病;浊阴之气上壅,不得下降就会发生胀满之病。所谓"阴胜则阳病,阳胜则阴病","阳胜则热,阴胜则寒","阳虚生外寒,阴虚生内热"。这些都是违背、破坏了阴阳之间平衡协调导致疾病的道理。发生疾病就会带来身体的不适和痛苦,影响健康、影响生活质量和幸福指数,甚至影响寿命。了解一些疾病的发生机制,对预防疾病,保护健康有重要意义。中医的发病学说内容丰富,论述也多,主要从正邪盛衰阐述,如"虚邪贼风,避之有时,恬淡虚无,真气从之,精神内守,病安从来。"教导人们避于邪气(包括感受外邪,不良精神情志),保养真气(元气、精气)。因为真气和邪气根本处于对立地位,真气胜则健康,邪气盛为疾病。健全的形神机能(真气、正气)是抵御疾病的主要因素。"正气存内,邪不可干",所以体质不好的人在节令变化、环境改变或者情志波动时往往容易生病。就好像作战守城,实力不够就不容易守得住,正气不足就容易受到病邪侵袭。正气不足是因为正气被过多的耗散,凡嗜好、欲望、忧虑、过劳等都是消耗机体正气的因素。当然导致身体发生疾病的病邪太甚,机体不容易及时抵御适应,也会生病,所谓"邪之所凑,其气必虚"。"风雨寒热不得虚,邪不得独伤人"强调身体正气充盛的人不管病邪强弱,总是能够抵御而不病,所以要不得病就要重视对正气的保养。《黄帝内经·经脉别论》指出:"春秋冬夏,四时阴阳,生病起于过用,此其常也。"阐述自然因素、体力劳作、精神情志过多地损耗脏腑精气和津液发生疾病的机制。"生病起于过用","过用"以今天的话就是健康的过度消耗,形神透支,正气的耗损。下面从养生保健的角度探讨"生病起于过用"怎样引起疾病。

人生长于天地之间,和四时万物息息相关,息息相通,自然界万物是人类生存发展的重要资源,重视对资源的保护,是为子孙后代造福,为国家发展的长治久安。机体的正气包括内在的脏腑、外在的形神是不是人体生命健康的资源?回答是肯定的。自然界植被森林需要风调雨顺,需要阳光充足,需要水土滋养,环境才会是田园风光。如果阳光、水土、空气环境和人类的保护任何环节出了问题,那就是另外一番景象,像今天我们周围很少能看到"清凌凌的河水,蓝格莹莹的天",也很难再见到"汾河流水哗啦啦"的景象,原因很多,但总和生态资源破坏相联系。如果把人的机体比作一棵大树,树干枝叶好像生命的形神,树根就是机体的生命之源,只有生命之源有源源不断的滋养,才能输送到树干、树梢,大树才能干壮叶茂。对人体而言精血、脏腑、经络生命的根,树的形神状态就是精血、脏腑、经络功能的精华,上面的风景如画,来自于地下的扎实根基。有人经常会问我怎样保护肝脏?我回答很简单,你会种树养花吗?保护肝脏和种树养花具有相同的道理,阳光、土壤、水源、环境都是树和花的必须,缺了不行,太过也不行。中医认为肝属木,功能藏血而主疏泄,特性是体阴而用阳,肝体需要滋养才能柔润,肝用需要疏理才能舒畅,阴阳之气就是阳光、脾之化生气血就像土壤,肾之元气好像水源……如果能珍惜这些物质资源,并学会加以保护,那保肝就不是神秘的之事。

"生病起于过用"我们从以下这几方面看:

(一)阴阳耗损对健康的影响

从阴阳平衡看,阴虚和阳虚是一种非平衡状态,阴阳耗损的后果是阴虚症和阳虚症。

1.阴虚症

阴指体内的体液,主要以精、血、津、液为主,像唾液、泪水、精液及其他分泌液都属于阴的范畴;阴具有与阳相和、滋养五脏、洒陈六腑、濡润肌肤、润滑关节等功能。阴虚症就是"阴"亏损不足,出现不能制阳,失却滋养濡润的病理现象。阴虚轻者口鼻眼干、皮肤粗糙、头发干枯;重者则见潮热多汗、形体消瘦、失眠多梦、头晕耳鸣、腰膝酸软,容易疲劳等;此外,阴虚体质还容易"上火",表现为性情急躁,心烦易怒,情绪激动,动不动就来"火气",所以常听人们说肝"火"大、"心"火太旺,医生则说阴虚火旺或虚热内生、虚火上炎,表象是"火盛",本质是阴虚,机体阴精阴液过多消耗,水不足导致火相对偏亢。可见于久病劳消耗或热病之后的阴液内耗之人,也见于情欲放纵、嗜酒无度、为精神情志所困日久及素体阴虚之人。"年过四十阴气自半",随年龄增大,会出现生理性消耗、功能性减退,部分人就容易出现"神经衰弱"症,表现有心悸、失眠多梦、记忆力减退,或男性梦遗、女性经闭、月经量减少现象,中医认为属于心肾不交(生理时心火下移、肾水上承谓心肾相交),由于思虑过度,耗伤心脾,心血暗耗,累及肾阴,或纵欲过度,精血太耗造成,所以治法给予滋阴降火"补不足,损有余","壮水之主以制阳光",像六味地黄丸、知柏地黄丸之类补充耗损的"阴"来纠正阴虚,在保养上也会给予劳逸结合、调节情志、节制房事的指导;中年之后,特别是女性平时可以用枸杞子、桑葚子、麦冬、山芋水煎代茶,补充阴液,也有预防阴虚出现的作用。

2. 阳虚症

阳虚症 是常见畏寒怕冷,四肢不温,神形疲惫,夜尿增多,涕泪汗出,表现看似寒象,本质是阳虚动力不足。它的出现和阳气过度消耗有关系,主要因为房事不节、体力劳作,或大病初愈,损伤阳气,或久居潮湿,阴寒内侵,阳气受损,以及年老阳衰,肾阳亏耗。《黄帝内经》中说:"阳气者,若天与日,失其所,则折寿而不彰"。阳虚失去温煦、气化的动力功能,所以形神疲惫,生气不足,寒象为标,阳虚为本。所以中医治疗不是祛寒,而是温阳,用金匮肾气丸之类温补肾阳,也叫作"益火之源,以消阴翳"。我为什么举这两个症候呢? 因为阴阳失衡可以高度概括很多疾病病理,也出现在生命过程的不同阶段,中年到老年的过渡阶段就容易出现阴虚症和阳虚症,尤其在女性更年期,男性更年期后,这种阴阳不足现象常见。所以在这个阶段,特别重视阴和阳的保养,不要过度消耗和损伤,一旦出些一些迹象,就要及早调理,以免带来更多麻烦。

(二)外感、内伤对健康的影响

《黄帝内经》中说:"天有四时五行,以生长收藏,以生寒暑燥湿风。

人有五脏化五气,以生喜怒悲忧恐。"自然界寒暑往来,机体中情志变化,都是生命中的正常现象。当这些太过或过用的时候就会伤害身体。每个致病的因素,都有致病的特点,像"风胜则痒"是说皮肤瘙痒和"风邪"有关,一些慢性皮肤瘙痒可能是"血"的耗损或津液的不足,称为"血虚生风",像老年性皮肤瘙痒,或"干燥综合征",所以治疗和保养的关键就是要养血、生津,然后才考虑祛风止痒。如湿邪的致病特点是"粘滞""缠绵",不容易治疗,在慢性肝病、慢性胃肠病,慢性肾病,总会有湿邪停留症候。中医治疗不是单纯祛湿,而多考虑健脾,脾有运化水湿的功能,原因就是久病多虚,或者日常饮食不节,酒食无度,多吃肥腻,这些"过用"损伤脾胃,致其功能下降,不足以运化水湿。再如"饮食饱甚伤胃,惊而夺精伤心,持重远行伤肾,疾走恐惧伤肝",这些不当的行为、习惯、方式使五脏因"过用"而受到伤害或发生疾病。大家都喜欢运动,生命在于运动,我也听一些健康节目讲,每天走18000步,而且要快,可以减肥、治高血压、高血脂、糖尿病……这个恐怕要看对什么人,年轻点儿的可以,但45岁以后不论男女,不建议这么走。中医认为肝藏血,主筋,运动和肝、筋有关系。《黄帝内经》中说,七八肝气衰,筋不能动,就是说年纪大的人要注意保护筋骨关节,俗话说"人老先老腿",年龄大了会膝关节疼痛,有的蹲不下,起不来,行走无力。现在有用关节腔注射的方法,就好像机器磨损太过加点儿油来治疗,可暂时缓解,因为到一定年龄,肝肾精血津液自身减退,加之平时行走、运动不当的损耗,筋骨失养属于内伤,还要靠自身的保护和自身的修复。有的人可能有肥胖,或有三高症运动,走路也需要要根据自身的条件,不要盲从每天走18000步,否则旧病未好,又添新伤。有喜欢每天爬楼梯、经常爬山的人,在中年以后就要注意了,这些运动会使关节负重增加,久行伤筋,走得太多,筋骨关节"过用",出了问题就悔之晚矣。所以任何活动要因人而异。

(三)不良习惯、情志活动对健康的影响

人们常用"五劳七伤"来形容身体虚弱多病。"久视伤血,久卧伤气,久坐伤肉,久立伤骨,久行伤筋",是谓五劳,视、卧、坐、立、行是人们日常生活中最普通的活动,如果习惯不好、节制不当会伤到血、气、肉、骨、筋,而且"过用"损害还波及五脏。现在晚上不睡觉,玩手机,看视频,小到四五岁,大到五六十,老少偕同,这就是健康透支。我预测在不久的将来,身体健康会受到这种不良习惯的惩罚,视力下降、心情焦虑、形神疲劳都会在列。因为"久视伤血",肝藏血,心行之,脾化生,肝不足则目不能辨五色,心不足则神不安,脾不足气血无以生,哪有不生病的道理。

　　人的情志与五脏密切相关,情志变化超过了人自身的调节能力,便可伤及五脏,导致疾病。所谓怒伤肝,喜伤心,忧思伤脾,悲伤肺,惊恐伤肾。怒则气上,喜则气缓,悲则气消,忧思气结,惊恐气下,所谓"百病皆生于气"。适度的喜乐能使人心情舒畅,营卫调和,若兴奋过度,将使心气涣散,出现心神不安,精神恍惚,甚至语无伦次,精神错乱,举止异常,大家都知道"范进中举"大喜过望的故事。怒伤肝,大怒可致肝失疏泄,就是气不顺,导致胸胁胀痛,或肝气上逆,急躁易怒;血随气上,头晕头痛,目赤面红,甚则气血蒙蔽清窍,而突然昏厥。高血压、动脉硬化的心脑血管病人,性格急躁,又容易发脾气,所以好犯肝阳上亢症;肝气横逆犯胃,则出现胃腹疼痛,呃逆呕吐,腹胀,泄泻;慢性肝病患者如果暴怒还有导致呕血、出血的风险;对慢性病、年龄大些的人,就要特别注重调节情志,加强修养,心情不好,气不顺,易生病。中医认为"气行则血行,气滞则血凝"凝就是不通,不通则痛,所以有胁痛、胸痛、胃腹痛发作。现在社会上有一种"退休综合征",退休离职后,心理准备不够,难以接受现状,思想不愉快,造成肝气郁结,弄出许多毛病。好像一退休就闹病,很巧。我一个朋友,做领导二十多年,单位工作搞得很好,退前又选了接班人,退休不到一年,胆囊病就犯了,到北京做手术,结果石头掉到胆管,黄疸、高烧病很重,到上海才取出。就是因自己退下来,现任领导和他在任时的计划安排不一样,心情不愉快,心情郁闷,时间一长,超过身体的适应能力犯了病。另外退下来以后有些人焦虑、抑郁,长期心境低落,对生活没有信心,靠镇静药睡眠,不愿意和周围人交往,走不出这种精神上的困境,天长日久健康状况会日趋下降,直至把身体搞坏,这些都属于情志"过用"。"生病起于过用"在三国演义中有不少"身体透支""情志抑郁""暴怒伤肝"的例子,诸葛亮事无巨细辅佐蜀国刘备,操劳过度,积劳成疾,壮志未酬身先死;刘备我认为他是过度悲伤致死,死因就是其人心胸不宽广,常为没有成就大业焦虑郁闷。加之他的结义兄弟关、张被害,严重的抑郁悲愤。"三气周瑜"的故事尽人皆知,东吴名将周瑜,足智多谋,勇冠三军,但年轻气盛,恃才傲物,脾气暴躁,在三次事件激怒之下,金疮迸裂,口吐鲜血而亡。故事虽属虚构,但罗贯中出神入化的文笔,描述的情志太过、剧烈波动伤害健康的后果不容小觑。

此外环境的影响也对我们的健康影响非常大,比如身边周围有年龄在生育期的不孕不育现象,特别是在城市,这在二十年前是不多见的,我没有做过统计,国家也没有公布过这方面的东西,直觉感到不正常,分析可能与环境变化及不好的生活习惯、方式有关。气候、环境变化,水源污染,蔬菜污染、食品添加剂、含防腐剂的食品被过多的食用,超出身体的适应能力范围,所以亚健康状态、过敏现象、内分泌病、心脑血管病、代谢性疾病、肿瘤等发病率较高,应该引起有关方面重视。

三、养生

健康和疾病的基本认识了解,有助于养生保健的理解,对健康的保养和疾病的预防就是养生的主要核心,养生保健追求的不仅仅是长寿,也包括生活质量的提高,使人活得更健康、更快乐。所以说养生就是对生命健康的保养。养生保健大致包括顺时养生、生活起居、饮食调养、身体锻炼、精神养护、克服不良习惯、注意生活节制等方方面面。按照中医养生理论和方法。我认为养生保健应当把握第一是形神共养:在不同的生命阶段,努力做到形体不衰,精神不倦,保持气质,充满活力,壮而不老,老而不衰。怎么才能达到这种境界呢?《黄帝内经》中提道:"上古圣人之教下也,皆谓之:虚邪贼风避之有时,恬淡虚无,真气从之。精神内守,病安从来。"教导人们养生保健,在外要避免一切邪气(影响形神的因素)侵袭,尊崇天人合一、人与自然环境统一规律、顺时养生观念;在内要减少情绪、情感、欲望等精神活动对生命的干扰,加强学习,提高修养,保持真气充盛。真气是什么? 有什么样的功能?《黄帝内经》曰:"真气者所受于天,与谷气并而充身者也。"是说真气是先天禀赋和后天营养的结合的产物,真气也称元气、精气,是生命的源泉和动力,贯穿于人的生长壮老过程。真气充盛,人就有了精气神,形神就充满活力,故而形神不衰,疾病也就不容易发生。虽然生长壮老不可避免,是自然规律,但不同的形神保养,在相同年龄的人会有"未老先衰"和"老而未衰"的不同结果。第二就是治未病。治未病思想是中医最重要的养生保健内容之一,它的核心内涵是"防",以人体健康为对象,未病先防,既病防变,主张预防在前,治疗在后,已病早治,知常达变。《黄帝内经·素问·四气调神大论》:"圣人不治已病治未病,不治已乱治未乱,此之谓也。夫病已成而后药之,乱已成而后治之,譬犹渴而穿井,斗而铸锥,不亦晚乎。" 这为我国传统预防医学和养生保健的发展奠定了基础。此论突出养生保健要未雨绸缪,防患于未然,如果疾病已发生、衰老已形成再去治疗、再去重视,那就是"亡羊补牢"很难补救了,彰显养生保健、防衰防病的最高境界。它不仅能够指导养生保健,也可作为治国安邦的策略,数千年来一直有效地指导了中医学的防治实践。

我们谈养生,就是要明确这两条,懂得这个道理就能顺时养生,及时规避外界不正常的气候和有害的致病因素,适应寒暑的变化,保持生命机体与外界环境的协调统一。调节情志,节制饮食,规律起居,适度劳逸,勤于锻炼,身体会很少闹病或不适,即使小伤小病,自己通过调节也会很快好起来;不懂这个道理的人则违背四时阴阳变化及人与自然的和谐统一,生活起居没有规律,以不尽的欲望和所谓的追求,贪图短暂眼前获利,常常被嗜好、忧虑困惑,食欲无穷,忧患不止,长久的耗损真气形神,甚至"以欲竭其精,以耗散其真",往往不重视健康细节,不知道预防,所以形神不振,吃不好,睡不香,生命无活力,生活没有质量,"年过半百而衰",生病习以为常。一旦生病,又诚惶诚恐,缺失好的心态,盲目检查,胡乱服药,形体上的不适,增重精神上的压力,抑郁焦虑徒使疾病加重,形成不良循环。所以这种人得病治疗较难奏效。顺便在这里和大家交流一点怎么样看待疾病的疗效问题。相信凡是得过病的人，都希望自己的病能看好，这就是看病的目的，也体现治疗的效果。就当下医学研究、技术水平看，并不是所有经治疗的疾病都能实现的目标。有些急性病可能进展太急，医生根本就来不及抢救；有些病太难，难到学术和临床还不能认识，也就是说不是所有的疾病只要到医院就能治好，这是科技水平问题；另外就是内科病的慢性病病种，像我们熟知的高血压病、冠心病、肺心病、肝病、糖尿病等，这些病都具有慢性、进展性的特点，所以治疗的目的应该定在：稳定病情、延缓进展、减少并发症，维持一定的生活质量上才比较客观。严格讲慢性病"彻底好"不符合实际，中医的治疗理念、治疗思路将慢性病的治疗目标确定为"以平为期"，也就是将病态经过治疗调整到好的形神状态，将脏腑气血的失调紊乱整合到协调有序，"以至和平"，可以带病生存，可以带病延年，但活的要有质量。举例慢性肝病发展到肝硬化，甚至出现腹水、黄疸、出血等就是疾病的进展过程，就现有技术还不能完全实现进展控制，由于肝脏结构上发生很大改变，功能也已经很差，对全身影响也很大。中医认为久病正气与病邪交争，呈现虚实错杂，以虚为主，真气耗损，元气衰败态势，控制当下病情就已属不易，如果再要求硬化逆转，那实在是不可能的事。除非有条件进行肝移植，肝脏移植？又谈何容易。中医用扶正化瘀补虚方法治疗，可以使一些病人实现疾病稳定，生存质量改善，生存期延长，但肝硬化依然存在，这样治疗目的就达到了。所以我们在看病的时候要有好心态，有可能要和医生多交流，避免被难以实现的期望值拖累，心里别扭，甚至产生没必要的医患纠纷。还有就是对一些检查指标不要太过苛求，有些检查是重要的，有些可能不是我们想象的那样，不要完全依赖于个别指标。现代人不论医生、不论民众，看病、体检"唯指标论"严重，把身体交给试剂、机器，看不起中医的整体观念，这样不好。指标稍微高一点儿，低一点儿那又怎么样？靠一种指标值不能反映疾病的全部，需要综合分析、整体分析才能得出正确的结论。当然这种分析最好请有专业特长的临床医生，大家到医院看病，环境陌生，难免会有恐惧感，不敢多问什么，我告诉大家，完全没必要，只要时间允许，多数医生都会重视你的问题，有问没答的只是少数。这是题外话,供大家参考。

到底应该怎么进行养生？我还是要向大家推荐读一读中医经典著作《黄帝内经》。在《黄帝内经》中对养生保健有着大量深刻而详细的论述,比如养生保健的目的就是形与神俱,尽终其天年;对养生保健提出了法于阴阳,和于术数,饮食有节,起居有常,不妄作劳,及顺时养生方法;指出养生保健的关键是保养真气,外避邪气,内养精神,强调人与环境的和谐统一;四季有生长收藏,生命有生长壮老,所谓春夏秋冬,分则为四时,合则为阴阳,四季更迭,寒暑往来,春夏为阳,秋冬为阴,春夏养阳,秋冬养阴,教导人们在不同的季节环境,采取不同的保养形神方法。《黄帝内经》中还列举了真人、至人、圣人、贤人四个级别不同养生家的养生理念、虽然养生方法有异,但共同之处在于掌握形神一体,精神内守,重视无形的精神对有形之体的支配主导地位。内经成书二千余年,对违背养生保健现象的批评和严重后果论述,与时下可以说不无二致:"今时之人不然也,以酒为浆,以妄为常,醉以入房,以欲竭其精,以耗散其真,不知持满,不时御神,务快其心,逆于生乐,起居无节,故半百而衰也。"冥冥之中,切中时弊。所以《黄帝内经》被推崇为中国传统医学四大经典之首,也是对中国医疗、疾病防治、健康保健影响最大的一部医学著作,为中华民族繁衍昌盛做出了巨大贡献,被奉为医之始祖。根据学习内经的体会,对怎样养生？我认为核心在:惜精、守神、全形。

（一）惜精

中医有"精脱者死"的说法,可见"精"是人体生命存亡的关键。中医认为精藏于肾,肾是精生成、储藏和排泄的重要场所,故称肾为"封藏之本"。精有先天之精和后天之精之分,均为构成人体生命的基本物质。先天之精与生俱来,禀受于父母,滋养于后天,功主生育繁殖育(即男女交媾功能),"人始生先成精","两精相搏谓之神","两精"就是父母生殖之精,"神"指新的生命。先天之精伴随并影响生命的生长发育和形神壮老,我前面谈到"二八,肾气盛,天癸至,精气溢泄,阴阳和,故能有子"之天癸即是"精中之精"。当禀赋不足、耗损过度就会产生肾精不足,男子遗精早泄,女子月经不调,或为不孕不育。肾精不足也会出现发育迟缓或未老先衰,牙齿不固,毛发稀疏等。"精者身之本",肾中精气包含的肾阴又叫"元阴"、"真阴",肾阳又称"元阳"、"真阳",具有极为广泛的生理效应为生命之根,性命之本。肾阴是人体阴液的根本,对各脏腑组织起着濡润、滋养的作用,宛若江河之源头,滋养着万物化生;肾阳是人体阳气的根本,对各脏腑组织起着推动、温煦的作用,激发生命机能的延续。这种阴阳的生理平衡和病理失调在内经中概括为:"阴平阳秘,精神乃治;阴阳离决,精气乃绝。"其重要可见一斑。后天之精来源有二,一为脾胃运化所产生的水谷精微,一为五脏六腑化生之精气,皆注于肾,脾胃化生的营养物质和五脏功能转化的精微之气,对先天之精进行源源不断的补充,而肾精之于五脏六腑则"五脏之阴气,非此不能滋","五脏之阳气非此不能发"。古人云:"肾为先天之本,脾胃为后天之本,两者之间相互滋养,相互为用,相互促进,并各司其职,维系机体生命脏腑气血阴阳的充盛与协调。肾精亏虚,平衡即有可能被打破,任何一脏腑均可能出现不同层次的与肾相关的功能失调,并呈现出相应的病理状态。《黄帝内经·素问·通评虚实论》:"邪气盛则实,精气夺则虚。"精气夺则虚,指精气耗损掠夺出现虚证。精气,即人体的正气。"精脱者耳聋"所以年老体衰之人可见耳鸣、耳聋,听力下降。精气被夺正气不足则面色无华、体倦神疲、心悸气短、形寒肢冷或五心烦热、自汗盗汗,脉细弱无力等,抗病能力就减退。如心与肾失调,可见健忘、失眠、多梦、心悸、遗精、精神萎靡等症状;肝与肾失调,多见头痛、头晕眼花、耳鸣、易怒;肾本脏精气不足即肾气不足,会出现诸如失眠健忘、精力不济、头发干枯、腰膝酸软以及性功能障碍。所以肾精充盛,犹如水有源,树有根,生命的动力也自源源而不竭。古人教导人们要"惜精如命"惜精就是保护资源,前面我讲过,资源一旦枯竭不可再生,精气之生息有限,而人之耗损无穷,房事不节,色欲太过,手淫过度的损耗;情志失调,思虑伤脾,惊恐伤肾的损害;饮食不节,劳倦过度的耗伤等皆致"精"的储备贮藏过多支出,不加以及时补充就会耗竭而空透支生命。惜精有三要:

一要节制性欲以藏精:放纵性欲,不加节制,太多泄精,会泄掉人的肾精,影响元阴元阳、形神健康。二要调节情志以养精:情志失调的根源在"欲望",如能心态平和"恬淡虚无",食欲不能劳其目,淫邪不能惑其心,就可以减少精气的耗损,"积精全神""积精全形";三要劳逸结合以保精:现代人健康经常处于一种透支状态。不正确的生活方式和不好的生活习惯,饮食不节,酒食无度,起居无常,经常熬夜,工作压力,体力透支,使精气一点一滴被消耗,且不能及时得到补偿,日久天长不加留意,坝之崩塌终有其时,所谓"千里大堤,毁于蚁穴"。精之耗是积久而致,精的补充也非一时之功可就。文武之道,一张一弛,生活的松紧和工作的劳逸要合理安排。有劳有逸,劳逸结合,保持生活节奏,特别不要因为种种不好得生活习惯和生活方式损伤到后天之本脾胃,"得谷者昌,失谷者亡",脾胃健旺身体精气才能更好底得到保养。营养是维持生命的重要手段,对身体物质代谢的科学规划,能够更好地实现人体内环境的平衡,从而使人更健康。

(二)守神

神是什么?神是精神、意志、知觉、运动等一切生命活动的最高统帅。神是生命活动的集中象征,是于"形"之外的生命现象。在形神关系中,"神"具主导地位,"神明则形安",我们经常说的"精神支柱"就是神针对形的主宰、调节作用。中医认识神的内容、范畴包括神、魂、魄、意、志、思、虑、智精神活动,《黄帝内经·灵枢本神》:"故生之来谓之精,两精相搏谓之神。随神往来者谓之魂,并精而出入者谓之魄。所以任物者谓之心,心有所忆谓之意,意之所存谓之志,因志而存变谓之思,因思而远慕谓之虑,因虑而处物谓之智"说明精神活动与生俱来,伴随生命全程,人们必须善于把握调节就有利于养生保健,达到健康长寿目的。一般说精神状态好,健康状况就好,如:目光炯炯有神。就是神旺的具体体现,否则,就是精神疲惫。神充则身强,神衰则身弱,神存则能生,神去则会死。中医治病时,用观察病人的"神",来判断病人的预后,有神气的,预后良好;没有神气的,预后不良。能够把握望诊、望神技术,医生的技术水平就会高,所以古有神医扁鹊。扁鹊见蔡桓公的故事,一方面反映蔡桓公不听扁鹊奉劝,固执己见,一意孤行,延误了性命,另一方面也反映扁鹊望诊望神技术精湛。

狭义的神指心神,就是人的意识思维精神活动。《黄帝内经》:"心为君主之官,神明出焉。……主明则下安,以此养生则寿……主不明则十二官危,使道闭塞而不通,形乃大伤,以此养生则殃。"说明心主神明于五脏而言在养生健康守神中具有重要地位,没有心神的主导就没有脏腑的健旺,这个神类似于现代医学大脑的功能。古人很重视人的神,《素问·移精变气论》也说:"得神者昌,失神者亡。"人体生命三宝曰精、气、神,神的重要之处在于神可以统摄魂、魄、思虑、意志、智慧活动、统领支配精气形体功能,是生命活力的综合体现,养神就是要达到神采奕奕的状态。又因为神主在心,所以心静则神宁,心不静则神乱,所以养心即可养神。神的耗损因素大致有过喜伤心、过劳伤神、过思伤神,前面已经谈到过一部分内容。从生命养生保健而言,神的特性就是宜内守而忌外越,内收则神思不乱,外越则神无所归,比如心不藏神,容易失眠,失眠的人往往也多梦,睡少梦多,睡眠质量低,每天做事没精神,影响生活质量。为什么?心神不能内守的缘故。大凡这类人,多数因心思太重,思虑过度,或欲望太多,心神耗散失于内敛所致。心神安静的人,睡得很踏实,梦也不会多,正如《黄帝内经》所言:"志闲而少欲,心安而不惧。"因此平日精神抖擞,吃得好,睡得香,工作效率高,生活质量也高。情志欲望是影响精神内守的重要因素,也是损害健康、影响养生保健的重要因素,《黄帝内经·素问·举痛论》曰:"余知百病生于气也,怒则气上,喜则气缓,悲则气消,恐则气下,寒则气收,炅则气泄,惊则气乱,劳则气耗,思则气结。""百病皆生于气",这种"气"就是不正常的精神状态,形成怒伤肝,喜伤心,忧思伤脾,悲伤肺,惊恐伤肾的结果,并指出"是故怵惕思虑者则伤神,神伤则恐惧流淫而不止。因悲哀动中者,竭绝而失生,喜乐者,神惮散而不藏,愁忧者,气闭塞而不行,盛怒者,迷惑而不治,恐惧者,神荡而不收"。以阐明情志过度失常本身也会引发异常的精神状态变化。中医养生保健中把"恬淡虚无""精神内守"作为养生保健的基本原则,注重避免欲望的影响,避免嗜好、欲望等外界诱惑因素对生命健康的干扰,告诫人们"志闲而少欲","气从以顺"以符合养生之道。如果欲望太多，不能遂其所愿，就会心情浮躁，焦虑不安等一系列精神活动，影响到人体脏腑气血，如果是负面的，会使气机闭塞，血行不畅，久则形成，气滞血瘀，出现心情不爽，周身不适，促进衰老到来，甚至使原有高血压、冠心病、肝病等复发加重，所以养心守神乃养生保健之要务。守神提倡四善于：

第一，善于清静养神。精神情志保持淡泊宁静状态，减少不必要名利和物质欲望，和情畅志，协调七情，使之平和。

第二，善于四气调。顺应一年四季阴阳变化调节精神，虽然不能像所谓真人那样，可以"提挈天地，把握阴阳，呼吸精气，独立守神，肌肉若一，寿敝天地"，但如果能掌握天地阴阳的变化，超然于世俗的干扰，让神气守持体内，使精神活动与四时五脏阴阳关系协调，养生就会达到较高境界。

第三，善于疏导养神。情志活动不可压抑，也不可太过，贵在有节适度。既要合理控制自己的情绪，也要有适度宣泄，以免郁而为患。

第四，善于修身怡神。通过修身养德，改变气质，优化性格，增强对来自内外环境的不良刺激的化解能力，排除客观丰物对自己主观意识的负面干扰，达到预防疾病，健康长寿。

有一种方法叫"闭目养神"，俗话说眼不见心不烦，"闭目养神"，调整心态，闭目守神调节欲望，当我们因为生活矛盾、人际关系、繁忙事务搞的心情不好、情绪不好没有办法控制的时候，可以闭上眼睛，放松呼吸，心态可能得到调节，心态平和了，神也就内守而安，这样不至于因情绪失控扰乱气血、伤到脏腑。总之，守神要善于从调神入手，就可以收获更好的守神。

（三）全形

形，指形体，包括人体体形及脏腑、皮肉、筋骨、脉络和充盈其间的精血，形是一切生命活动之宅。天地之间，万物俱备，没有一样东西比人更宝贵了。古人认为，人依靠天地之大气和水谷之精气生存，并随着四时生长收藏的规律而生活，上至君主，下至平民，任何人都希望保全形体的健康，只有"形体不蔽（坏），精神不散"，才能"尽终其天年，度百岁乃去"。全形就是保证形体健壮,脏腑发育健全正常,精血充盛健旺。历来养生家主张形神兼养,或从养神论述,或从养形发挥,但总的说来,认为善于护养,就能保精全形,守神全形,壮而不老,老而不衰,"老而全形,身年虽寿能生子也",即使年事虽高,但并不显得衰老,且能生育。如果有了病,不能及时察知,使病邪稽留,逐渐发展,乃至损伤形体,危害健康。故智者养生全形必法于阴阳,和于术数,饮食有节,起居有常,不妄作劳;顺四时适寒暑,和喜怒安居处,节阴阳调柔刚,以避免致病因素的侵袭干扰,保持身心健康。养生全形必定要依据阴阳转化、变化的法则,掌握一些强身健体,保养生命的方法比如太极拳、八段锦、五禽戏,经常进行一些适合自身状况的运动项目如登山、慢跑、散步、做早操,所谓"法于阴阳,和于术数"使形体健壮,抵御病邪的机能增强;其次要饮食有节,不暴饮暴食损伤后天之本脾胃,不因嗜酒无度扰乱气血,衰败形神;其三要养成好的睡眠习惯,好的睡眠质量不仅养神,而且养形,"人卧则血归于肝",睡眠好,肝才能得到滋养,发挥藏血调节气机的功能。养生全形还要顺应春夏秋冬时令,使身体适应寒暑变迁,并依据春生夏长秋收冬藏的变化特点来制定自己的养生全形计划,形神弛张有度,有收有放;保持情志平和,心智淡定,不因太过喜怒损害形体,阴阳协调,刚柔相济,防止出现偏盛偏衰,从而预防衰老,延长生命。

总之,惜精、守神、全形是养生保健核心内容和重要方法,自古以来备受养生学家所重视,在以《黄帝内经》为代表的古典书籍有大量的记载,并形成明确的理论,也积累了丰富的经验,对养生健康极具价值,我们应当加以继承,发扬光大。

四、中医的治法与养身保健

治病法在"攻、补、和",不仅用于治病,也由于养生保健。

所谓"补"即补虚、补养,针对虚损不足的现象或病症选择有补养作用的药物进行补益的方法,即"虚则补之"。从现在养生保健看,大家多数认为早衰和生病是身体虚弱造成,太过注重补,有的甚至乱补、滥补。生病起于过用也仅仅是疾病发生、衰老过程中的因素之一,如果补之不当,会反受其害。比如在慢性肝病过程当中,影响的因素很多,保养和治疗也绝不是用补就好,比如过度劳累可能更好的是要注意休息,减轻体力、脑力的疲劳,病情就会稳定;有些可能和心情不好有关,此时需要调节情志,平和心态;我们认为"病邪蕴结不散,气滞血瘀阻络,脏腑受损亏虚"是慢性肝病的主要病机,只是在不同人体、不同阶段会有所侧重,如果一味强调"虚"而过多用补法补药,药不对证,也会适得其反;另外,在多数慢性疾病可能是机体脏腑气血阴阳失和造成,应该调理、应该调和,反而用补也不对。这就是中医的辨证论治,所以养生也要辨证,要根据自身状态选择一些抗衰防老、强身防病的滋养品,而不是动辄人参、阿胶、黄芪、当归、枸杞等。现在的人乱补一气,除中药外,还选一些功效不明的进口保健品,谓之补铁、补钙、补蛋白、补充维生素等,这样不利于养生和健康。中医是"虚则补之",不虚就不补,所以说,如果大家喜欢中医,就要以用中医补养的原则和方式来养生保健,明白中医的养生保健不等于用补的道理。

所谓"攻法"就是祛除体内病邪的方法,即攻邪祛病。病邪侵袭,损害健康,引发疾病,就好像境外势力,虎视眈眈不断对我们国家的建设发展进行干扰破坏,那就需要以自己的实力,御敌于国门之外,保证国家和人民的安全。同样攻邪祛病也不仅用于治疗,同样用于养生,病邪有内伤外感,饮食积滞、气血瘀滞、痰湿水饮潴留等,导致经络不通,气血不行,就容易产生疼痛、憋胀、酸困、失眠、便秘等不适或病症。中医通过发汗、利尿、通便及清热泻火、活血化瘀、通经活络或祛风或散寒或利湿等药物和方法攻逐病邪,达到祛除病邪、养生保健的目的。如果感冒有怕冷、头疼,发汗就能祛邪;感受风寒,用辛温解表药,感受风热,用辛凉解表药。如果食积不化,胃腹疼痛,恶心反胃,就用刺激的方法吐一吐也能治病;当然经常"上火",大便干结,腹胀腹痛,用泻下通便就可以泻下热邪;如果身体有血瘀不行,就要活血化瘀,疏通经络气血。中医认为"邪气盛则实""实则泻之",用攻邪的方法,邪去才能正安。保养同治病一样,不能重"补"轻"攻",我国金元四大家之一著名医学家张从正(1156—1228,字小和,南宋人),后人称他为攻下派,他认为外邪是致病之因,治法应以祛邪为主,把真真会祛邪治病的称为良工,就是高明的医生,如果养生保健懂得祛邪养生,也会是高明的养生保健家。

所谓"和法",针对脏腑不和、气血不和、阴阳不和的临床病症和人体内外失调不和的身体状态,采用调理、调和的药物、方法使之恢复。所谓"和"有"和解""和谐"之意,临床上主要有和解少阳、调和肝脾、舒肝和胃、分消上下、调和肠胃等方法。和法体现了中华文化和合观的精神文化核心,中医在养生保健和防病治病中始终贯穿阴阳相合理念,《黄帝内经·素问。生气通天论》指出:"凡阴阳之要,阳密乃固。两者不和,若春无秋,若冬无夏,因而和之,是谓圣度。"说明阴阳协调是生命健康的关键,这种阴阳和合在于外面的阳气不耗散,才使内部阴气得以坚固。阴和阳的不相调和,正如季节有春夏没秋冬一样,所以两者必须要相和,才符合生命变化规律和养身之道。我们提到的惜精、守神、全形都是要在阴阳和合的基础上才能实现。

使身体阴阳脏腑、气血、经络协调,平衡,有序,平顺,以预防疾病,健康长寿。大到气血逆乱、脏腑失调,小到睡眠障碍、排便不顺都与失和有关,都可以通过用和法以和解、调和或缓和治疗。我们前面提到,文武之道,一张一弛,在养生保健里一张一弛可以理解为身体的一种自和,在日常工作中会有紧张,但也需要放松,白天工作做事这是"张",晚上休息睡觉就是"弛",生命需要有弛有张,劳逸结合,弛张有度,相互配合才能各得其所,有利于健康;只张不弛、只弛不张生活和健康就不会和谐,因此古人主张把两方面统一起来,践行"文武之道"。另外自身的修养提高和养生手段也可以纠正一些失调、失和现象,比如淡泊明志,宁静致远;法于阴阳,和于术数;心静淡定、闭目养神,就可以解决一些精神情志病变。

最后介绍两个方子,一个药,还有一个粥给大家。

1. 生化汤方:妇女和儿童的健康,是讨论健康的重要群体,生化汤是山西傅山先生的方子,处方来源于我们傅山的《傅青主女科》,功效为化瘀生新,温经止痛。用于产后瘀血腹痛,恶露不行,小腹冷痛。有研究认为用生化汤可增强产后子宫平滑肌收缩,具有抗血栓形成,补血,抗炎及镇痛作用；在预防产褥感染与促进泌乳机能方面也有调理作用。在过去，卫生条件落后，很多妇女患有产褥感染，恶露不绝，产后腹痛，甚至长期影响健康，生化汤活血补血，祛瘀生新，温经止痛，使产后妇女的气血得到调和，郁结的东西尽快清理。减少出血，减少感染，促进炎症损伤修复，所以在北方流传为产后必服具有实际意义。可以产后三天，服生化汤三剂，大家有兴趣，可以在产前提前备用。

2. 新生儿方：是流传于民间的一张经验方，20世纪70年带，我初入医道得到的两个方子（中药处方）之一，另一张就是生化汤。在新生儿出生就服，我的外孙生下，我也有给用。根据组方分析功用为活血祛瘀，清下积热。服用这个药的好处呢？第一，可以清除胎热或民间说的胎毒，从中医上讲，即为内热，内热的孩子容易有大便干、皮肤病，湿疹；第二，可以使新生儿尽早排出黑便，减少黑便吸收，减轻新生儿黄疸。现在新生儿黄疸不少见，有的还要住院观察，这个方子可以用，不会有不良反应。

3. 一味药：黄芪，山西的黄芪是地道药材。是中医常用的补益药，具有补脾气，促进运化，补肺气，预防感冒，助心气，强心功能，是用来提高身体免疫机能，防病抗病很好的药。历代的记载有补中益气，固表止汗，托毒生肌，壮脾胃，生血，利水等功能，是治疗气虚中气不足，中气下陷的要药，适用于倦怠乏力，中气下陷，久泻脱肛，便血崩漏，表虚自汗，血虚萎黄，内热消渴等等，只要有虚像，就可以用点儿黄芪。黄芪还有托毒生肌功效，像正气不足，气血两亏，痈疽难溃，久溃不敛，用黄芪补气生血，生肌收口，促进疮疡愈合；黄芪还用于肝硬化、心功能不全、肾病引起的腹水、水肿，具有利水消肿作用。

除药用外，黄芪可用作食疗、食补，比如年龄大了，又属气虚体质，用黄芪煮水代茶服。如果睡觉不好，心神不安，失眠多梦，加少许五味子；经常上火，口舌生疮，或者有年纪大引起的尿频、尿急，或慢性泌尿系感染，用黄芪加甘草煮水喝，经常用效果很好；再如男女更年期年龄阶段，容易出现潮热、自汗、盗汗、出汗过多，也用黄芪、山药、枸杞子煲汤、熬粥等。黄芪性味甘、微温。归肺、脾、肝、肾经，药性平和，不热不寒,温而不燥,补而不腻,配伍灵活,功效明显,值得大家关注。

4. 小米粥:小米是山西特产,武乡的小米更是誉满四方。吃过小米的都知道小米养人,是因为小米的营养价值很高,含蛋白质、脂肪及维生素、碳水化合物,所以体质虚弱之人,如果发生消化不良,腹胀腹痛、大便不调,食欲不好,山西老百姓都会熬点小米粥喝喝,既能恢复消化功能,又不会引起营养缺失。《本草纲目》记载,小米"养肾气,去脾胃中热,益气。陈者:苦,寒。治胃热消渴,利小便"。小米可和胃补中,具有滋阴养血的功效。作用体现在哪儿呢? 体现在产后,现在被不少人否定,其实是用不得法。产后体质虚弱,脾胃消化功能处于恢复过程,多吃肥甘厚腻食品,一方面加重脾胃负担,另外容易营养过剩,体重超重,适量进食小米粥、小米稀饭对产妇身体恢复有益,而且具有催乳效果。所谓通过"坐月子"调治一些慢性病或体质虚弱状态,小米粥功不可没,另外方便、便宜,而且农村小米无毒、安全。慢性病人、年龄大消化功能减退的人经常用小米粥,并在小米粥中适量添加红枣、枸杞、豆类、人参、黄芪、山药、百合、肉类、蔬菜等可起到防病治病、养生保健、预防衰老效果。

健康与养生是我国的优秀传统文化之一,在佛家、道家、医家学说中记载众多,各学派的养生学说自成体系,各有所长,又兼收并蓄,形成了我国独具特色的健康与养生保健理念。中医学中很多健康养生保健的观念和现代生命学相似,传统养生保健方法也很有效,需要我们好好学习,加以整理,更好为大众健康服务。以上只是作为临床中医医生自己的一些认识体会,错误之处,在所难免,望大家指正。谢谢大家!

二〇一五年十一月十五日

附录 2015年下半年文源讲坛讲座汇总

时间	主题	主讲人
7月5日	走近梦想 ——中国梦的传统文化底蕴	朱颖原 太原理工大学政法学院教授 硕士生导师
7月12日	坚持依法治国 建设法治政府	郭相宏 太原科技大学法学院院长、教授
7月19日	从甲午战败到抗战胜利 ——从神话到现实的抗日秘史	李骏虎 山西省作家协会副主席
7月26日	名伶的"票选"与"四大名旦"的定格 ——一次永载京剧史册的成功"造星"	张之薇 中国艺术研究院戏曲研究所 副研究员
8月2日	抗日战争与中华民族的复兴	荣维木 中国社会科学院近代史 研究中心主任、研究员
8月9日	国民党中统组织的台前幕后	杨颖奇 江苏省社会科学院研究员
8月12日	国际视野下的山西抗日战场	萨苏 旅日作家
8月16日	晋地抗日烽火 ——谈谈百团大战的战略地位	高春平 山西省社会科学院 历史学所副所长研究员
8月23日	以史为鉴 面向未来 ——纪念世界反法西斯 抗战胜利70周年谈	倪宁 山西大学军事理论教研室 教授
8月30日	由文学创作到电影实践的理想和现实	于雷 作家、编剧
9月5日	和平崛起 ——21世纪中国的强国之路	邵永灵 中国人民解放军第二炮兵 指挥学院教授、博士研究生导师 中国人民解放军外宣专家

时间	主题	主讲人
9月20日	中国共产党人的家国情怀 ——告诉你一个真实的习仲勋	贾巨川 中共陕西省委党史研究室副巡视员,研究员,渭南师范学院二级教授、渭华学者、马克思主义理论学科带头人
9月27日	读书与人生智慧 ——如何智慧地读和读出智慧	杨矗 太原师范学院教授、硕士生导师 山西大学商务学院教授
10月4日	风雨沧桑大晋北	常嗣新 中国民间文艺家协会副主席 山西省民间文艺家协会主席 王慧群 画家
10月11日	千古一相狄仁杰	郭天印 当代作家
10月18日	中国人的皇帝梦 ——解读中国帝王	张宏杰 历史学者、作家 央视《百家讲坛》主讲人
10月25日	德意志文学中的人性主题	聂军 西安外国语大学教授、博士生导师
11月1日	乡土院落中的民族文化记忆	何建超 西安市曲江新区文化产业中心副主任
11月8日	我国周边海上安全形势及其对策	蒋磊 中国人民解放军海军指挥学院教授、军事战略学博士生导师
11月15日	中医"健康·疾病·养生"观	梁瑞敏 山西省中医院肝病科主任 主任医师
11月22日	时间的囚徒 ——21世纪俄罗斯何去何从	唐驳虎 凤凰新闻客户端主笔
11月29日	住宅产业化的现在与未来 ——从法律视角解读	雷兰 太原理工大学政法学院教授

时间	主题	主讲人
12月6日	张居正改革的得与失	林 乾 中国政法大学法律史学 研究中心副主任、教授
12月13日	鲁迅小说中的知识分子	王耀文 太原师范学院文学院教授
12月20日	谈笑凯歌还 ——毛泽东诗词的睿思哲理	朱颖原 太原理工大学马克思主义教授 硕士生导师
12月27日	丝绸之路对古代中国人的影响	于赓哲 陕西师范大学历史文化学院教授 博士生导师《百家讲坛》主讲人